上　海　市　应　用　型　本　科　社　会　工　作　专　业　建　设　项　目　系　列　丛　书

上海政法学院社会工作丛书编写组　组织编写

SHEHUI GONGZUO YU
QINGNIAN JIUYE ZHICHI:
JIYU KANGNILI DE SHIJIAO

社会工作与青年就业支持：基于抗逆力的视角

华智亚 ◎ 著

知识产权出版社
全国百佳图书出版单位
—北 京—

图书在版编目（CIP）数据

社会工作与青年就业支持：基于抗逆力的视角 / 华智亚著 . —北京：知识产权出版社，2022. 7

（上海市应用型本科社会工作专业建设项目系列丛书）

ISBN 978 - 7 - 5130 - 8292 - 1

Ⅰ. ①社… Ⅱ. ①华… Ⅲ. ①青年—就业问题—研究—中国 Ⅳ. ①D669. 2

中国版本图书馆 CIP 数据核字（2022）第 146860 号

责任编辑： 雷春丽 **责任校对：** 潘风越

封面设计： 乾达文化 **责任印制：** 孙婷婷

社会工作与青年就业支持

基于抗逆力的视角

华智亚 著

出版发行： 知识产权出版社有限责任公司 **网 址：** http：//www. ipph. cn

社 址： 北京市海淀区气象路 50 号院 **邮 编：** 100081

责编电话： 010 - 82000860 转 8004 **责编邮箱：** leichunli@ cnipr. com

发行电话： 010 - 82000860 转 8101/8102 **发行传真：** 010 - 82000893/82005070/82000270

印 刷： 北京九州迅驰传媒文化有限公司 **经 销：** 新华书店、各大网上书店及相关专业书店

开 本： 720mm × 1000mm 1/16 **印 张：** 15. 25

版 次： 2022 年 7 月第 1 版 **印 次：** 2022 年 7 月第 1 次印刷

字 数： 210 千字 **定 价：** 78. 00 元

ISBN 978 - 7 - 5130 - 8292 - 1

序　言

我国社会发展已经进入新的发展阶段和历史时期。党的十九大报告指出“我国社会主要矛盾已经转化为人民日益增长的美好生活需要和不平衡不充分的发展之间的矛盾”。我国社会发展的目标不再局限于经济的增长，而是扩展到社会生活的各个方面。缩小收入差距，消除贫困，让不同的社会阶层都能享受到改革开放和经济增长的成果，就成了社会发展和社会治理的主要目标。这一目标的实现，不但需要政府机构、有关部门与公务人员的努力，也需要社会组织、社会机构和广大人民群众的参与。“共享、共建、共治”成为创造社会治理新格局的重要途径。

在解决社会主要矛盾，促进社会积极发展和社会治理新格局的形成过程中，社会工作就成为一种不可或缺的重要力量。社会工作专业是以以人为本、助人自助、平等公正等为价值观念，以尊重人和价值中立、自决和保密为职业原则，运用专业知识、专业技能与专业方法，通过激发服务对象的内在动力、整合社会资源、协调社会关系等途径，帮助处于社会弱势地位的个人、群体和社区，恢复、改善和发展其社会功能，克服困难、解决问题、摆脱困境并预防问题的发生的专业。如果说社会学的重要价值就是发现社会问题，分析产生社会问题的原因，那么社会工作的价值就是救助社会弱势群体、解决社会问题，促进社会公平正义的实现。从这个意义上说，社会工作专业在我国目前的社会建设和社会发展中的作用会越来越大，社会生活的各个领域对社会工作专业人才的需求将越来越多。为了适应社会对社会工作专业的要求，培养具有理论素养与实践能力的社会工作专业人才就成了社会工作专业教育的重要职责。

上海政法学院于2005年设立社会工作专业，专门培养社会工作专业人才，在十几年的专业建设中，我们始终把培养具有完整的生命意识和助人自助的专业理念，掌握个案工作、小组工作和社区工作方法与帮助社会弱势群体、解决社会问题能力的社会工作人才作为目标。经过专业教师十几年的努力，上海政法学院在应用型、复合型社会工作专业人才培养模式方面走出了一条自己的专业发展之路，探索出了具有自己专业特色的人才培养模式。上海政法学院社会工作专业2009年成为上海市教育高地建设专业，2010年成为以培养司法社工为特色的教育部认定的第六批国家特色专业，2017年成为上海市应用型本科专业。我们依托上海市教育高地和国家特色平台，探索应用型、复合型社会工作人才培养模式，以终身学习理念为指导，培养学生终身学习能力；以三十几家实践基地为平台，巩固学生专业理念与促进学生专业技能的提升；以多元智能理论为基础，建立多样化的学生专业能力评价体系；以开放的态度扩大对外交流；以精益求精、追求卓越的精神打造双师型专业教师队伍。

上海市应用型本科社会工作专业建设项目系列丛书是上海政法学院应用型社会工作专业人才培养建设项目的重要成果，它反映了上海政法学院社会工作专业建设的水平与成就。本丛书立足基层，结合鲜活的社会工作事例，选取社会工作重点服务对象，如社区老人、家庭弱势成员、失业青年、重病患者等，从制度构建、服务模式、心理疏导、社会资源调动等综合视角阐释如何发挥社会工作的作用，提高社会救助水平和社会服务能力，为促进社会公平正义的实现和社会治理水平的提升发挥社会工作的专业价值。

本丛书作者都是长期从事社会工作专业教学与实践研究的老师，不但具有一定的社会工作与社会学的理论造诣，也具有丰富的实践经验。我们组织撰写本丛书的核心目标就是为培养应用型社会工作人才和社会治理人才服务。希望通过我们的努力培养出既有社会工作专业理论，又有关注社会问题与解决社会问题能力的专业人才。为了实现这个目标，我们在组织撰写本丛书时，注重社会工作理论与社会实践的结合，注重社会工作理论和伦理的本土化，注重社会工作方法与我国社会工作实际的结合。具体来说，本丛书做到了三个统一：

第一，社会工作理论与社会工作实践经验的统一。本套应用型社会工作人才培养丛书涉及的话题都与社会生活中出现的问题有关。这些问题的解决，就需要以社会工作理论为指导，寻求解决问题的方法。我们追求理论性与实践性的统一。

第二，社会工作发展规律与中国社会工作本土特色的统一。社会工作作为一门专业，起源于西方，目前的专业理论与方法都具有西方文化的痕迹。在我国社会工作专业发展过程中，一方面我们需要掌握社会工作专业发展理论，遵循专业发展规律；另一方面我们又不能简单、生硬地理解这些规律，还需要探索适应中国文化传统与民族文化理念的社会工作方法。因此，在本丛书的撰写过程中，我们追求社会工作发展规律与本土化实践的结合。

第三，社会工作专业领域丰富性与社会工作对象聚焦性的统一。本丛书涉及的领域具有多样性，如青少年犯罪的预防、司法社会工作的实践模式探索、学校社会工作的理论与实践、心理治疗模式在社会工作领域的应用、失业青年抗逆力建设以及医疗社会工作、心理咨询与辅导等都是我们涉猎的话题。虽然涉及的领域具有多样性，但是每一个问题都是现代社会生活中需要关注的问题，所有问题都聚焦于发挥社会工作专业在现代社会治理中的作用。

本丛书撰写团队的所有成员，都是抱着真诚的态度从事这项工作的。希望我们的努力能为中国社会工作专业人才的培养工作发挥积极作用。我们也知道本丛书还存在不少的问题，我们愿意以真诚的态度与社会工作专业领域的学者和实务工作者交流，也渴望得到大家的指导与帮助。

本丛书得以出版与很多人的努力分不开。作为丛书的组织者，我真诚地感谢所有参与丛书撰写的成员，没有团队成员的参与，本丛书不可能完成；感谢知识产权出版社的领导与编辑们精心策划与审稿，他们的努力工作保证了本丛书的质量，特别感谢雷春丽编辑，她一丝不苟、兢兢业业的工作态度和严谨认真的工作方法使我们受益匪浅；感谢社会工作专业从成立到现在的所有学生，他们在专业学习中的发问与研讨学习中的参与给老师们很多有益的启发；感谢社会工作专业实践基地的实务专家，他们为我们提供了大量的实践案例与实务经验，丰富了本丛书的内容；感谢虽未参与丛书撰写，但一直从事社会工作专业与社会学专业教学的同事，本丛书的内容包含着他们理论与实践经验和辛勤工作的汗水；感谢我们所处的这个时代，时代的要求和发展进程为社会工作专业提供了可以发挥作用的舞台。

本丛书的出版不是我们探索社会工作专业人才培养途径和模式的结束，而是新征途的开始。我们抱着不悔过去、不负现在、不惧未来的态度，抱着爱和责任统一的理念，将继续在社会工作专业人才培养中探索。我们也期待在下一个十五年，社会工作专业在我国社会治理和社会建设中发挥更大的作用。

上海政法学院应用型社会工作专业本科人才培养项目负责人
上海政法学院社会工作专业硕士（MSW）教育项目负责人　张可创
2021 年 1 月于上海佘山野马浜

前　　言

就业不仅是民生之本，也是稳定之基和发展之源。近年来，就业的重要性进一步得到强调，党和国家把促进就业放在经济社会发展的优先地位，先后确立了积极就业政策和就业优先战略。这些政策和战略的最终目标是实现更加充分、更高质量的就业。显然，实现这一目标的底线是避免失业并解决与就业相关的问题。

进入21世纪之后，中国青年的就业形势发生了巨大变化。首先，年轻人的就业压力逐渐增大，这突出表现在高校毕业生等受教育程度较高的青年群体身上。近年来，随着毕业生规模屡创新高，高校毕业生的就业压力也成为社会热议的话题之一。其次，青年失业问题逐渐显性化。自2018年中国公布城镇调查失业率以来，青年组的失业率一直显著高于其他年龄组。同时，青年失业问题还衍生出非正规就业比重大、不充分就业增加、就业不安全感上升等问题。最后，既不就业也不受教育和培训的青年“尼特族”① 数量增长并进入公众视野。与严格意义上的失业者不同，尼特族虽处于无业状态但并没有就业的意愿，同时也没有通过接受教育和培训的方式为将来的就业做准备，因此，青年尼特族的大量出现不仅造成个人与家庭的现时困扰，还会影响青年将来的发展。

---

① “尼特”是对“NEET”的音译，后者是“not in employment，education，or training”的缩写，国内学术界有时也翻译成“啃老族”。但正如一些研究者指出的，“啃老”强调的是具有劳动能力的青年无偿地从父母那里获取物质资源和支持的情况，“啃老”者自身也可能有工作和收入，因此，为强调青年人自身非就业、非教育、非培训的状态，本书采用“尼特”这一直接的音译词并把相关群体称为“尼特族”。事实上，在中文中更接近尼特族本意的词汇是“失学失业青年”和“闲散青年”。

一些研究者认为“失业是一种极复杂的社会问题，是人类社会的一大挑战”①。与其他年龄段的人群相比，青年失业和就业问题更需引起关注，因为青年期正处于童年向成年的过渡阶段，往往也处于学校向社会的过渡阶段，所以青年能否成功就业直接关系到个体生命历程能否顺利发展。同样，作为社会的未来，青年一代的就业问题也影响到整体经济、整个社会的可持续发展。

作为劳动力市场的“新人”，年轻人求职和就业往往经验不足、资源薄弱。同时，个体的能力和努力在经济增速变化、社会结构转型、劳动力市场变动、风险危机冲击等宏观结构性力量面前也显得异常脆弱。因此，年轻人，尤其是遭遇失业和就业问题的年轻人需要得到就业方面的支持和援助。

事实上，就业支持与援助连同失业预防、失业保险一起构成现代社会就业保障的三大基础。就业支持是为了促进就业而采取的各种措施，而就业援助强调对有特殊困难的群体和个人提供就业方面的特别帮助，有时又称为“就业救助”“就业扶助”“就业帮扶”等。政府和社会是实施就业支持与援助的重要力量。相较于发达工业化国家，中国的就业支持与援助工作起步较晚，约于20世纪末21世纪初为应对城市居民下岗失业问题而出现。② 随后，随着青年失业问题的显性化，对青年的就业支持与援助才正式发展起来。早期，针对青年的就业支持与援助的对象主要是残疾人等具有特殊困难的弱势群体，但随着青年失业与就业问题的全面显现，就业支持与援助的对象几乎覆盖所有的失业青年和未就业青年，而求职和就业遇到困难的长期失业青年、高校应届毕业生等则成为重点对象。

目前，中国青年就业支持与援助体系的主体除了政府人力资源和社会保障部门的公共就业服务系统之外，还包括大中专学校的就业服务部门以

---

① 叶至诚．职业社会学［M］．台北：五南图书出版公司，2001：393－394.

② 张再生．中国城市社区就业促进研究［M］．天津：天津大学出版社，2007：2.

及少量公益性、慈善性社会组织。就具体方式而言，目前的青年就业支持与援助措施集中在劳动力市场的三个方面：一是通过就业信息的媒介来增加劳动力市场供求之间的对接和匹配；二是通过岗位创造来增加劳动力市场的需求；三是着眼于劳动力供给的质量，通过就业指导、职业培训、继续教育等方式提升青年的人力资本和竞争能力。第一种方式即传统的就业信息服务，在信息资讯高度发达的今天，其价值正在急剧衰减；而且其具有很强的可替代性，不大可能成为青年就业支持与援助的主要方式。第二种方式对残疾人等具有特殊困难的弱势群体较为有利，但市场经济中能够创造的公益性岗位数量有限；同时，这种方式忽略了个人能动性，不利于青年自身能力的提升，在解决就业问题上不具备可持续性，难以应对未来的失业风险。第三种方式强调解决青年就业问题的关键是青年自身，这正好契合“助人自助”的专业助人理念，因此，不仅成为青年就业支持与援助的主流方式，而且被认为是应对“劳动力市场弹性化”等新挑战的制胜法宝。[①]

对青年职业培训和继续教育的重视建立在人力资本假设之上。人力资本假设认为导致青年失业和就业问题的主要原因是其人力资本积累不够，尤其是在劳动力市场需要的职业技能、工作经验以及求职技巧等方面存在欠缺。因此，解决之道是通过就业支持与援助来强化青年们的人力资本。[②] 然而，基于人力资本假设的就业指导、培训和教育也存在一些局限。首先，它忽视了构成青年就业能力和劳动力市场竞争力的其他维度。除了人力资本之外，能力因素（如适应能力、转变能力以及对挫折、压力的吸收能力等）以及社会资本因素对个体的就业竞争力也有着深刻的影响，而这些因素不是简单的就业指导、培训和教育所能解决的。其次，它

① 吴小芳．欧洲福利政策的转型及其启示［J］．学术论坛，2013（1）：96－101.

② LIANG Jianqiang，NG G T，TSUI M，et al. Youth unemployment：Implications for social work practice［J］．Journal of social work，2017，17（5）：560－578.

遮蔽了导致青年就业问题的其他因素。例如，实务工作者发现，导致一些青年失业和待业的主要原因不是他们职业技能不足，而是缺乏求职与就业动机；对于这样的青年，即便提供了职业培训的机会，他们也不一定会参加，这在青年尼特族当中表现得尤为明显。最后，单纯的职业指导、培训和教育难以适应变化，也不能有效规避就业风险。劳动力市场同样处在变迁与发展当中，充满了不确定性，希望通过职业培训和教育的方式一劳永逸地应对就业风险，只是一厢情愿的幻想。例如，20 世纪 90 年代初，德国对一些失业人员进行了建筑业从业技能的再培训，不料不久之后，德国建筑业就出现了严重的衰退。[①] 类似地，电子商务兴起之后，中国很多地方针对失业青年开展了电子商务领域的培训工作，但事实上，中国的电子商务行业发展渐趋饱和，吸纳劳动力的能力已经大为下降。正因为存在以上这些局限，单纯提升青年人力资本的职业培训和继续教育成效有限，研究发现，“培训对于促进青年就业的效果并不十分显著”[②]。

这也意味着，要想向青年尤其是那些遭遇失业等就业问题的青年提供有效的就业支持与援助，还需要探索新的路径和模式，而这也正是本书的核心任务。

具体而言，本书关注的核心问题是，除了以人力资本为中心的职业培训和继续教育之外，如何向遭遇失业等就业问题的年轻人提供有效的就业支持与援助？在梳理世界范围内劳动力市场政策变迁和青年就业支持政策发展的基础上，本书借鉴抗逆力（resilience）和就业力（employability）理论，并结合实践中向青年提供就业支持与援助的探索经验，提出以失业青年抗逆力建设为中心的就业支持与援助的新路径，以期提供更为精细化的就业支持与援助。

---

① LECHNER M，MIQUEL R，WUNSCH C. The curse and blessing of training the unemployed in a changing economy：the case of east Germany after unification［J］. German economic review，2007，8（4）：468－509.

② 公雯雯. 社区青少年职业发展需求与职业培训政策应对［D］. 上海：华东师范大学，2011：2.

同时，既往的研究已经指出，中国目前的青年就业支持与援助工作主要依赖人力资源和社会保障部门主导的公共就业服务机构。作为政府部门，公共就业服务机构具有较高权威性和较强的资源动员能力等优势。在早期，公共就业服务机构主要承担政策宣传、信息媒介和统计报告等职能，现在虽然也发展出职业指导、创业指导、技能培训、求职训练、青年实习与见习等服务，但实际效果参差不齐。原因之一是公共就业服务机构的就业支持与援助服务高度依赖于失业青年的主动性。如果失业青年缺乏主动性，则难以获取相关服务。以上海市为例，该市建立了庞大且相对完善的公共就业服务体系，但据对该市静安区的调查，发现失业青年中主动与就业服务机构和就业援助员保持联系并通过其介绍工作岗位的只占28.36%，另有71.64%的失业青年很少或几乎不与就业服务机构和就业援助员接触。[①] 这导致公共就业服务的受益面和实际效果大打折扣，例如，一些地方试图组织失业青年参加职业技能培训和就业指导活动，但实际参加者寥寥无几。此外，工作人员的专业性不足也是影响服务效果的一个重要因素。虽然公共就业服务机构近年来也在强调工作人员的专业化建设，但主要囿于职业指导领域（表现为职业指导师资格），而实践当中，除了求职指导与职业培训之外，就业支持与援助服务往往还要用到心理咨询、压力管理、社会支持、资源链接、服务转介等专业领域的知识与技能。工作人员的专业性不足导致他们“开展具有实战指导意义的职业指导的力度也十分有限”[②]。这一问题同样表现在公益性的就业援助组织当中，调查发现，就业援助机构存在的一个突出问题是工作人员的专业性不足、社会工作机构和社会工作者的参与度很低[③]，因而无法向求职者提供“精细

---

① 张坚．从公共职介角度对城市失业青年就业问题的研究：以静安区为例［D］．上海：上海交通大学，2008：17.

② 张坚．从公共职介角度对城市失业青年就业问题的研究：以静安区为例［D］．上海：上海交通大学，2008：23.

③ 丁敏．社会组织参与失业青年就业援助项目研究：以A助业服务所就业援助项目为例［D］．上海：上海师范大学，2020：35－36.

化、专业化的服务”①。

因此，本书除了探索以抗逆力建设为中心的青年就业支持与援助服务的新路径之外，还强调社会工作的介入。如前所述，影响青年在劳动力市场表现的并非单纯的求职技巧与职业技能，而是包括职业动机、适应能力、人力资本和社会资本在内的一种综合能力。要建设和提升这种综合能力，社会工作等助人专业可能具有独特的优势。事实上，虽然目前社会工作等助人专业在青年失业与就业问题领域尚处于探索阶段，但一线工作者已经发现它们的重要价值与潜力。例如，广州一些街道家庭综合服务中心的基层工作者在开展社区青年就业服务工作中发现提供单纯的就业信息和求职技巧培训意义不大，于是提供技能培训和心态辅导等深入的社会工作服务。② 类似地，上海市人力资源和社会保障系统的一些就业服务人员发现单一的职业指导已经难以适应需求，于是发展出“个性化指导”“职业指导＋心理咨询”等新的工作模式，③ 这些新模式的共同特征是超越了以往以人力资本为核心的求职指导和职业培训，转而注重以能力为核心的综合性服务并吸纳社会工作、心理咨询等助人专业的方法与技巧。在吸纳这些新模式并借鉴国外经验的基础上，本书试图进一步探讨社会工作介入青年失业与就业问题的必要性和可能性，并具体分析社会工作在以抗逆力建设为中心的青年就业支持与援助服务中可以发挥什么作用以及如何发挥作用等问题。

在发达工业化国家，社会工作专业成长伊始就同失业者打交道，这主要是因为失业者往往是穷人的代名词，而社会工作最早期的使命就是帮助穷苦的人解决他们的生活困顿问题。虽然也能认识到贫穷与失业的关联，但帮助人们就业并不是早期社会工作的直接目标。同样，关于社会工作介

① 韩克庆．中国就业救助研究报告 2017［M］．北京：中国人民大学出版社，2018：26.

② 郑艳秋．广州市政府购买就业服务研究：以 A 区 B 街为例［D］．广州：暨南大学，2016：16.

③ 杨浦区人力资源和社会保障局．1600 余人次！这位“首席”凭实力出圈［EB/OL］．［2020－06－17］．http://rsj.sh.gov.cn/ttpxw_17107/20210723/t0035_1401088.html.

入失业与就业服务的研究出现得也比较晚。20 世纪 80 年代之后，随着西方世界大规模失业问题的出现，帮助人们尤其是失业青年就业成为一个直接而紧迫的任务，众多发达工业化国家调整了就业、福利和社会政策，使得积极劳动力市场政策出现“激活”转向。在此背景之下，一些社会工作专家也发出了倡导和呼吁，强调可以发挥社会工作等助人专业的优势，在促进失业者就业方面有所作为。在国内，社会工作介入青年就业支持与援助服务的历史更短。2004 年，上海市阳光社区青少年事务中心开始承接政府购买服务，向失学失业的社区青年提供就业支持服务。① 从 2010 年开始，广州市借鉴香港特别行政区的经验，依托街、镇家庭综合服务中心把社会工作专业服务引入就业援助领域并逐渐形成了以社会工作专业辅导为核心的就业援助新模式——“就业携行计划”。② 近年来，为了破解公共就业服务力量不足的难题，更多地区采取政府购买就业服务的模式，使得更多的社会工作机构开始介入这一领域。例如，成都市金牛区人力资源和社会保障局通过政府购买公共服务，与“成都市金牛区百事可托服务中心”“成都高新区爱有戏社会工作服务中心”等社会工作机构达成合作协议，由这些社会工作机构向辖区内群众提供专业化的就业服务。③ 这些项目大多是综合性的就业支持与援助服务，对象并不仅仅局限于青年人。

在研究方面，对社会工作介入失业支持与援助实践的经验总结并不多见。米勒（Jane Millar）和奥斯汀（Michael Austin）回顾了“从福利到工作”政策实施过程中社会工作的参与情况，发现不同国家和地区之间差异较大。在英国和美国，社会工作者的参与有限，相关工作主要由政府部门公务员实施，而一些北欧国家、澳大利亚以及中国香港地区，社会工作

① 蔡忆．论青年就业服务领域中社会工作的介入：以上海市阳光社区青年事务中心的实践为例［D］．上海：复旦大学，2007：28.

② 郑艳秋．广州市政府购买就业服务研究：以 A 区 B 街为例［D］．广州：暨南大学，2016.

③ 苏超峰，冯克荣．关于开展政府购买精准就业服务的探索实践［J］．四川劳动保障，2018（8）：31.

者发挥了重要的作用。例如，澳大利亚的社会工作者致力于服务质量的改善，而我国香港地区的社会工作者更直接地与弱势群体合作来促进就业。① 林桂碧总结了我国台湾地区的就业服务经验，认为借鉴社会工作的个案管理方法设置的“个案管理员”可以为失业者提供资源链接或情感支持、激发自主性、提升就业能力和就业意愿等个性化、专业化服务，与此同时，通过信息、经验分享可以提升传统的就业服务人员的专业能力。② 蔡忆基于上海市社会工作机构的实践经验总结出社会工作在青年就业支持与援助服务中的四项功能，认为社会工作机构和社会工作者可以提供心理支持、协助失业青年与就业服务者进行双向沟通、整合资源以开拓就业渠道以及推进相关社会政策的修订。③ 梁健强等社会工作学家在强调青年失业者面临的过渡性障碍和结构性障碍的基础上结合我国香港地区青年就业支持与援助的实践经验，根据前人提出的4E模型发展出社会工作介入失业青年就业问题的5E模型，主张社会工作最重要的功能是建立“生态联系”。④

在社会工作介入之后，就业支持与援助工作逐渐超越了早期就业服务仅仅关注信息媒介和人力资本提升的模式，开始考虑向失业者提供专业化的综合性帮扶。然而，除了极少数的例外，这类研究往往把所有的失业者视为一个整体，没有关注到青年失业者的特殊性，也没有注意到失业对青年与成年人的不同影响。青年处于从童年向成年的过渡阶段，能否顺利就业直接关系到个体生命历程的发展，因此，失业及相关就业问题对青年而言是一个重大挫折。从这一角度看，解决青年失业不仅是一个人力资本提

① MILLAR J, AUSTIN M. The role of social workers in welfare to work programs: International perspectives on policy and practice [J]. Journal of policy practice, 2006, 5 (2/3): 149 - 158.

② 林桂碧. 社会工作与就业服务：个案管理于就业服务之运用 [J]. 辅仁社会研究，2012 (2): 81 - 120.

③ 蔡忆. 论青年就业服务领域中社会工作的介入：以上海市阳光社区青年事务中心的实践为例 [D]. 上海：复旦大学，2007.

④ LIANG Jianqiang, NG G T, TSUI M, et al. Youth unemployment: Implications for social work practice [J]. Journal of social work, 2017, 17 (5): 560 - 578.

升的过程，还是一个积极应对挫折冲击并从挫折压力中破茧而出的过程。在此过程中，提升抗逆力不仅是帮助青年走出失业困境的应有之义，也是社会工作介入青年就业支持与援助工作的有效抓手。

就世界范围而言，抗逆力研究起步于心理学领域对弱势儿童在不利家庭环境中成长与发展的思考以及生态学领域对生态系统遭受风险冲击后保持平衡能力的分析，后来这一概念工具被广为接受，用于探讨从儿童到老年人等广泛的群体在贫困、暴力、虐待、灾难、疾病等一切逆境中的生存与发展问题。除了理论探讨之外，实践中如何建设、提升和促进抗逆力也受到关注，这在心理治疗、社会工作、社区发展、城市规划、应对气候变化等实践领域表现得尤为明显。虽然如此，关于失业青年如何应对失业挫折的抗逆力研究却受到忽视。在为数不多的研究中，布西（Margherita Bussi）等人通过对英国和挪威两国失业青年的经验调查，发现教育背景、公共就业服务、志愿服务经历以及个人的社会网络等因素都有利于提升失业青年的抗逆力和转变能力。[①] 但这类研究并不多见，而且也没有深入探讨如何提升失业青年抗逆力等实践问题。

相对于西方，中国学界对抗逆力的研究起步较晚。进入21世纪之后，"抗逆力"等概念才进入中国研究者的视野。在一开始，抗逆力研究关注的焦点并非弱势群体，例如，2005年，陈志成提出"抗逆力是公务员能力建设的关键"这一命题。[②] 2007年，出现了本土第一篇针对留守儿童抗逆力的专门研究。[③] 随后，关于网瘾中学生、回城知青子女、流浪儿童、艾滋病孤儿、残疾学生等弱势群体的抗逆力研究开始出现并呈快速增长态势。但检索发现，中文文献中从抗逆力视角探讨失业问题及其应对的研究

---

① BUSSI M, SCHOYEN M A, VEDELER J S, et al. Social resilience in facing precarity: Young people "rising to the occasion" [M] // Negotiating early job insecurity: Well-being, scarring and resilience of European youth. London: Edward Elgar, 2019: 139 – 160.

② 陈志成．抗逆力：公务员能力建设的关键［J］．中国行政管理，2005（6）：73 – 76.

③ 赵茜．留守儿童的抗逆力：内蒙古赤峰市巴林右旗留守儿童个案研究［D］．北京：中国人民大学，2007.

屈指可数。蒋楚麟等人研究了北京周边地区为防治首都污染而关停企业导致的“绿色失业群体”，发现这些失业人口在政府、企业、社区等外部保护因子失效之后会转而利用自身“显性优势资源”以及精神、态度、意志等“隐性优势资源”去提升抗逆力，积极应对失业带来的困境。[①] 高中建与李鹏军把“拥有大专以上学历、有劳动能力和工作意愿但未就业的毕业生”称为“新失业群体”，并从抗逆力的视角探讨了造成这一群体就业困难的原因以及通过挖掘内在优势和利用外部支持来促进就业的方法。[②] 另外，李宇提出，抗逆力（心理韧性）作为一种积极心理品质和心理资本的组成部分有助于度过失业危机。[③] 这几项研究开始把抗逆力视角引入失业研究领域，但尚不够深入，同时也没有涉及社会工作在其中的地位和作用问题。

总体上来看，虽然青年就业问题和抗逆力都是热门的研究领域，但无论是国内还是国外，关于社会工作如何介入失业青年抗逆力建设的研究都付之阙如。本书聚焦于失业青年抗逆力建设问题，探讨社会工作如何介入失业青年抗逆力建设进而对遭遇就业困境的青年提供就业支持与援助。这既有利于弥补相关研究之缺失，又有利于丰富对抗逆力以及青年就业支持与援助的一般性研究。

具体而言，本书的目标在于从抗逆力的视角探讨社会工作介入青年就业支持与援助领域的必要性和可能性问题。为此，本书将会探索以下具体问题：第一，当前中国青年失业问题及就业困境的现状如何，演变趋势如何，会产生何种影响？第二，青年就业支持政策是如何演变的？社会工作何时开始介入青年就业支持与援助工作，获得了哪些经验？第三，抗逆力

---

① 蒋楚麟，杨力超，谢坚，等. 抗逆力视角下的“绿色失业群体”研究［J］. 贵州社会科学，2018（11）：135－142.

② 高中建，李鹏军. “新失业群体”就业困境的“抗逆力”介入研究［J］. 青少年研究，2011（1）：6－9.

③ 李宇. 生涯低谷中的触底反弹：失业期积极心理资本开发策略［J］. 心理与健康，2020（9）：12－13.

是什么？抗逆力建设对于遭遇就业困境的青年具有什么意义？第四，对于失业青年的抗逆力建设，社会工作者和社会工作机构可以做些什么，如何做？最终，通过对这些问题的回答，试图探寻社会工作介入青年就业支持与援助的新路径和新模式。

从理论深化和学科发展的维度来看，本书探讨的问题既有利于从新的视角来审视青年就业困境，获得增进失业青年抗逆力和就业力的新知识，拓展抗逆力的研究领域，丰富相关理论思考；又有利于推动社会工作学科的发展，有助于开辟“就业社会工作”这一新的领域，拓宽社会工作理论思考和实践干预的范围。从实践的维度来看，本书的研究可以为解决青年就业困境、应对失业挑战提供理论支持和政策依据。青年失业和就业问题看似是一个单一的经济现象或社会现象，实则是社会变迁所带来众多挑战的一个集中爆发点。在其背后，隐藏着经济增长、人口结构、教育体制、家庭结构、劳动力市场等众多的变化。如不能妥善解决，后果不容小觑。本书未采用常见的经济学分析思路，而是从社会学、心理学和社会工作的视角，探讨社会工作介入青年就业支持与援助的新方法和新路径，强调通过提升抗逆力来激发失业青年的主体能动性，帮助他们实现“自助”，积极应对失业压力并顺利实现再就业，从而走出就业困境。除此以外，青年抗逆力的提升也有利于年轻一代从容应对此后职业生涯中的风险变化，保障劳动力市场在产业结构转型和经济模式升级中保持弹性，确保中国经济在新一轮国际角逐中获取竞争优势，从而提升中国整体的经济韧性、社会韧性和发展韧性。

为了实现这些目标，本书总体上采用了以问题为导向的混合式研究设计。既对青年就业困境进行了现状分析，也对青年就业支持政策的演变进行了政策分析，还对相关社会工作干预项目进行了行动研究和评估研究，并试图在此基础上结合理论分析提出可操作的工作模式。正如美国社会学家威尔逊（William Wilson）所言，为了“更为清楚地说明问题”，需要把不同类型的资料整合起来。[①] 在具体分析资料的选择上，本书既采用了官方机构的统计数据、其他研究者的调查发现、媒体报道的现实案例等“第二手”资料，也采用了一部分直接调查获取的“第一手”经验材料[②]。

除了前言和结语，全书分为七章。第一章在界定基本概念的基础上分析了当前中国青年的失业及相关的就业问题，为后续的讨论提供了一个整体性的背景。第二章从生命历程过渡的角度讨论了失业对青年带来的冲击，并结合经验调查材料分析了青年的因应方式以及失业对青年身心健康、行为态度的影响及其社会后果。第三章回顾了世界范围内就业支持与援助政策的演变，发现共同的趋势是从消极的生活保障转向积极的就业支持与促进，在此过程中，青年群体是重点对象。第四章专门梳理了社会工作介入青年就业支持与援助的历程，总结了现有工作模式的优势与局限性。第五章引入了抗逆力这一新的视角，在厘清抗逆力内涵演进、抗逆力建设的一般原则与机制的基础上讨论了提升失业青年抗逆力的重要意义。第六章着重从认知改变、能力培养和资本培育三个维度探讨了社会工作参与失业青年抗逆力建设的基本内容。第七章结合实践经验探索了社会工作介入失业青年抗逆力建设的具体路径，讨论了个案、小组、家庭和社区方法在失业青年抗逆力建设中的具体应用。

总体上，本书是想回答在青年就业支持与援助领域，社会工作可以做些什么以及如何去做的问题。当然，囿于能力的限制、知识的欠缺和研究的不深入，书中也存在很多问题和局限，愿这些问题和局限能成为推动更进一步讨论的基础。

---

① 威尔逊．当工作消失时：城市新穷人的世界［M］．成伯清，王佳鹏，译．上海：上海人民出版社，2016：11.

② 本书的经验研究部分主要在上海市进行，这是一项关于当代中国青年就业状况与职业变迁的更大研究计划的组成部分。这项研究主要通过问卷调查和访谈获取数据，本书主要使用了其中部分访谈材料。

目　录

CONTENTS

第一章

青年失业与就业问题

CHAPTER 1

在现代社会，让处于劳动年龄的人口实现充分就业既是宏观经济政策的目标之一，也是促进社会稳定、和谐与可持续发展的基石，在这当中，青年就业状况是影响整个国家就业局势的关键一环。本章在介绍相关概念与描绘全球青年就业问题概况的背景下，着重分析当代中国青年失业和就业问题的现状、原因及其演变趋势。

一、青年失业：一个世界性的现象与问题

按照国际劳工组织（ILO）的正式决议，就业人员“指那些在某一短期参照期内，为获取工资或利润而从事任何生产产品或提供服务活动的工作年龄段的人员”①。在国际劳工组织定义基础上，中国政府相关机构把就业定义为“劳动者在法定劳动年龄内，从事一定的社会经济活动，并获得合法劳动报酬或经营收入”②。因此可以简单地认为，就业就是从事合法的有回报的工作，其中回报可以泛指一切以现金或实物为表现形式的报酬或收益。

就业不仅能满足经济需求，也是现代社会中公民的一项基本权利。中华人民共和国制定的第一部《宪法》第91条就明确规定：“中华人民共和国公民有劳动的权利。国家通过国民经济有计划的发展，逐步扩大劳动就业，改善劳动条件和工资待遇，以保证公民享受这种权利。”1994年通过的《中华人民共和国劳动法》也强调了劳动者享有平等就业的权利。在世界范围内，联合国成立伊始，《联合国宪章》就把“全民就业”确立为联合国应促进的工作之一。此后，“实现充分就业”多次被写入联合国发展目标。例如，在2000年9月通过的“联合国千年发展目标”（MDGs）中提出“使所有人包括妇女和青年人都享有充分的生产就业和体面工作”③。2015年通过的“联合国可持续发展目标”

① 马永堂．关于就业、失业和不充分就业的国际定义与统计方法［J］．中国劳动，2015（1）：21－26．

② 谭永生．中国高校毕业生失业问题及其治理［M］．北京：中国劳动社会保障出版社，2011：17．

③ 联合国．联合国千年发展目标［EB/OL］．［2021－08－06］．https：//www.un.org/zh/millenniumgoals/poverty.shtml．

（SDGs）再次强调要“促进充分的生产性就业和人人获得体面工作”[①]。一般认为，只有稳定和体面的工作才能消除贫穷、促进包容和可持续的经济增长，然而，要实现这一目标并非易事，需要跨越重重障碍，其中一个方面就是遍及各国的青年就业问题。

失业是青年就业问题集中而尖锐的表现。很久以前，人们就发现，年轻人失业的比例要高于成年人。

“失业”是一个常用词汇，但正如英国经济学家庇古（Arthur Cecil Pigou）指出的：“人们能够理解这一名词的一般意义，但要对此作出准确的定义，却是多少有些困难的。”[②] 虽然存在众多争议，当前研究界一般接受国际劳工组织对“失业”的定义：“失业”是“失业者”所处的状态，“失业者”是处于劳动年龄内并在调查参考期内没有工作，但可以工作并积极寻求工作的人。[③] 具体而言，失业者要同时具备三个方面的条件：首先，在一定时期内不从事有偿工作或者有偿工作的时间很短[④]；其次，具有从事有偿工作的能力和一般条件，它表现为一旦获得工作机会就马上能开始工作；最后，具有从事有偿工作的意愿，这种意愿常常表现为积极地求职或为建立企业而开展各项准备活动。与严谨的科学定义不同，公众在谈论失业问题时往往只关注第一个条件，即是否从事有偿工作的状态，这也是导致公众对失业的感知往往与官方公布的失业率有所出入的原因之一。

在汉语中，“失业”既可以指一种生活状态，也可以指一个生活事件。在英语中，一般用“unemployment”指代连续性的状态，而“失去工作”作为一种离散性的事件可以有“job loss”“job displacement”“job

① 联合国．联合国可持续发展目标［EB/OL］．［2021－08－06］．https：//www. un. org/sustainabledevelopment/zh/sustainable-development-goals/.

② 庇古．论失业问题［M］．包玉香，译．北京：商务印书馆，2014：5.

③ O'HIGGINS N. The challenge of youth unemployment［R］．Geneva：Internatioal Labour Office，1997：1.

④ 具体的时间标准因国家和地区而不同，例如，国际劳工组织认定的标准是调查参考期内有偿工作时间不超过1小时，而荷兰的失业认定标准是每周有偿工作不超过12小时。

separation”等不同的表示方法。一般认为，这三者在“失去工作”的具体原因、主体意愿、表现形式等方面存在着微妙的差异。同时，一些研究者提出，“失去工作”的形式不同，对个体的影响也会产生差异。例如，裁员导致的失去工作可能比因工厂倒闭而失去工作对失业者心理健康的影响更大，因为前者更可能让人们把工作的失去归因于当事人的个人缺陷，从而对其自我认知和社会关系产生负面影响。[①] 虽然如此，失业状态是失去工作的一个潜在后果，但需要注意的是，失业状态不一定必须由“失去工作”引发，例如，学生离开学校后不找工作或没找到工作也进入了失业状态。因此，失去工作的人并不一定是失业人口的一般性代表，这在年轻人中表现得尤为明显。

失业的概念本质上是要考察人们对劳动力市场和劳动的参与情况。近年来，一些研究者已经提出，失业概念并不足以完整地把握人们与劳动力市场的复杂关系，主要原因在于在排除了那些退出劳动力市场的人口之后，失业这个概念隐含着“失业－就业”的二分法，而这种二分法过于简单。例如，人们发现，除了“失业”之外，劳动力市场还存在“不充分就业”（underemployment）[②] 现象。“不充分就业”是指虽然找到了工作，但劳动者不得不接受其能力或经验没有得到充分利用的工作，导致工作并不令人满意的情况。不充分就业的一个突出表现是就业时间不足，国外研究者有时又称之为“非自愿的兼职就业”（involuntary part-time employment），即就业者愿意且有能力工作更长的时间，但基于经济或非经济的原因，每周实际工作时间不足35小时。在中国，一些研究者同时使用劳动时间和劳动报酬这两个指标来界定不充分就业，认为劳动时间少于法定工作时间且劳动报酬低于当地最低工资标准但高于城市居民最低生活保障标准的就业情况为不充分就业。[③] 20世纪后期，不充

---

① MILLER, M V, HOPPE S K. Attributions for job termination and psychological distress [J]. Human relations, 1994, 47 (3): 307-328.

② 也译作“就业不足”或“就业不充分”。

③ 谭永生．中国高校毕业生失业问题及其治理［M］．北京：中国劳动社会保障出版社，2011：17.

分就业现象逐渐暴露并愈演愈烈。例如，美国的非自愿兼职就业率从1967 年的 2.8% 上升到 1985 年的 4.8% 。[①] 2008 年国际金融危机爆发之后，美国的非自愿兼职就业率急剧上升，2009 年美国 18 ~ 64 岁女性的非自愿兼职就业率达到 8.0% ，2010 年全美有超过 900 万人处于非自愿兼职就业状态。[②] 与此同时，获得贫困工资的全职工人的比例也有所上升。显然，仅仅使用“失业 - 就业”的两分法难以反映这些非自愿兼职者和拿着低水平工资的人在劳动力市场的真实境况以及可能会产生的问题。为了应对就业领域的这些变化，近年来，有研究者提出使用“失业—不充分就业—充分就业—过度就业”的连续体来更精确地把握人们对劳动力市场的参与情况以及个体对经济发展的经验情况，[③] 如图 1 所示。

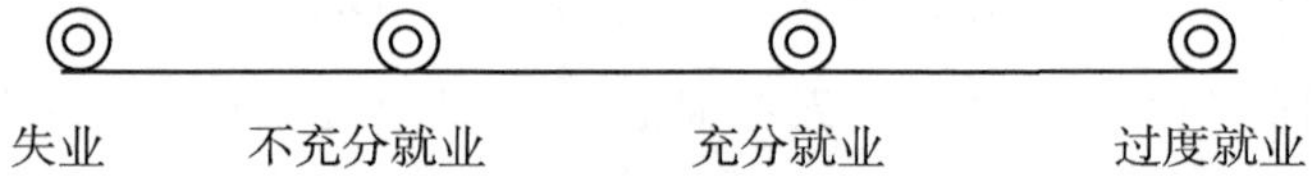

图 1　就业状况连续体

虽然存在一些缺陷，但直至目前，“失业”依然是把握经济社会发展情况的一个重要概念。在宏观上，失业作为一种社会现象不仅可以观察到，而且可以使用失业率等指标来进行精确的测量。失业率一般用正在找工作的人数（失业人口）除以劳动力总人数的比值来表示，其中劳动力总人数等于失业人口与就业人口之和。同样，这一定义也存在争议，因为“找工作的人”不包括那些有工作意愿但基于种种原因而放弃找工作的人。这些人一般被称为“气馁工人”（discouraged workers），有时也被称为“准失业者”或者“隐性失业人口”[④]，在官方统计中，他们常常和全

① LEPPEL K, CLAIN S H. The growth in involuntary part-time employment of men and women [J]. Applied economics, 1988, 20 (9): 1155 - 1166.

② GLAUBER, R K. Involuntary part-time employment: A slow and uneven economic recovery [EB/OL]. [2021 - 07 - 19]. https://scholars.unh.edu/carsey/300.

③ DOOLEY D, FIELDING J, LEVI L. Health and unemployment [J]. Annual review of public health, 1996, 17 (1): 449 - 465.

④ 叶至诚. 职业社会学 [M]. 台北：五南图书出版公司，2001：397.

日制学生以及退休人员等一起被归为“非劳动力”。由于“气馁工人”的存在，利用失业率来观测宏观经济运行情况就可能被扭曲，因而失业率的下降不一定是因为越来越多的失业者找到了工作，从而预示经济情况好转，也有可能是经济情况更糟糕了，导致越来越多的求职者放弃了找工作。实践当中，失业率又分为登记失业率和调查失业率两种。前者把失业者界定为领取失业救济金并主动自愿前往失业登记机构或就业服务机构登记的人口。但是，并不是所有失业的人都有资格领取失业救济金，也并不是所有失业者都会主动前往相关机构登记；同时，在大多数国家，失业救济金都有领取的时限，时限一到，不论是否找到工作，都会丧失领取资格。因此，登记失业率经常被认为会低估实际的失业情况。与登记失业率不同，调查失业率是通过实际调查获得的失业人口总数除以全部劳动力人数所得的百分比。登记失业率和调查失业率是对失业情况的不同测量方法，两者存在差异。中国从 2005 年开始由国家统计局实施全国劳动力调查，每半年进行一次。2009 年开始在 31 个大城市实施月度劳动力调查。2016 年上述两个调查被合并，形成覆盖全国所有地级市的全国劳动力月度调查。2018 年，城镇调查失业率作为经济社会发展指标之一被纳入政府工作报告，同年 4 月起，国家统计局按月定期发布全国城镇调查失业率和 31 个大城市城镇调查失业率。①

可以看出，登记失业率和调查失业率都无法反映不充分就业的情况。即便不考虑不充分就业的存在，华盛顿大学的社会工作专家布瑞尔（Katharine Briar）认为，无论是登记失业率还是调查失业率都低估了实际的失业人数。这主要是因为失业和就业存在动态性，总是处于变化当中，一些人处于失业状态的时候，另一些可能刚好返回到就业状态，因此，她估算，每年受失业直接影响的人数是官方公布的失业人数的两到三倍，而

① 根据国家统计局的说明，中国公布的调查失业率实际为“城镇常住人口调查失业率”，即根据抽样调查推算的城镇常住人口中失业人口占就业人口与失业人口之和的百分比。

年轻人、妇女、老年人的失业情况更要高于一般人。①

事实上确实如此。在不同的国家和地区，如何界定年轻人也存在争议，但按照联合国有关组织的通行界定，青年是指年龄介于 15 ~ 24 岁的人。经济学家尼尔·奥希金斯（Niall O'Higgins）曾比较世界上不同类型国家的失业率数据，发现 15 ~ 19 岁和 20 ~ 24 岁年龄组的失业率无一例外都要显著高于 25 ~ 54 岁年龄组，因此，他把年轻人失业率高于成年人失业率看作青年失业现象的首要特征。② 国际劳工组织根据对多年数据的分析指出，15 ~ 24 岁的年轻人失业的可能性是 25 岁及以上成年人的 3 倍。③ 在发达工业化国家，这一现象及其可能的影响经过媒体的渲染之后甚至演变成一种夺人眼目的“社会问题”。例如，凯斯·瓦特森（Keith Watson）说：

> 如果你去问西方工业化国家的任何一个年轻人，什么是他们这一代人在八十年代以致八十年代后所面临的问题？毫无疑问，除了核裁军以外，他（或她）会立刻回答：“失业问题。”在很多年轻人的心目中，“失业”已成为时代的显著特点；而在许多老年人的心目中，“失业”唤起了他们对三十年代的记忆——大量的失业和接踵而来的世界大战。④

1997 年，尼尔·奥希金斯在一份关于世界青年失业问题的报告中忧心忡忡地指出：“青年失业问题不会在不久的将来通过人口变化自动消失。”⑤ 如今，四分之一个世纪过去了，事实证明奥希金斯所言不虚，全球青年失业率一直处于高位，并且一直是成年人失业率的 3 倍多，如

---

① BRIAR K. Unemployment: toward a social work agenda [J]. Social work, 1983 (3): 211 - 216.

② O'HIGGINS N. The challenge of youth unemployment [R]. Geneva: Internatioal Labour Office, 1997: 4 - 16.

③ ILO. World employment and social outlook: trend 2019 [R]. Geneva: Internatioal Labour Office, 2019.

④ 凯斯·瓦特森. 八十年代西方国家青年失业问题 [J]. 莫慧芳, 译. 青年研究, 1984 (6): 63 - 65.

⑤ O'HIGGINS N. The challenge of youth unemployment [R]. Geneva: Internatioal Labour Office, 1997: 53.

图2所示。

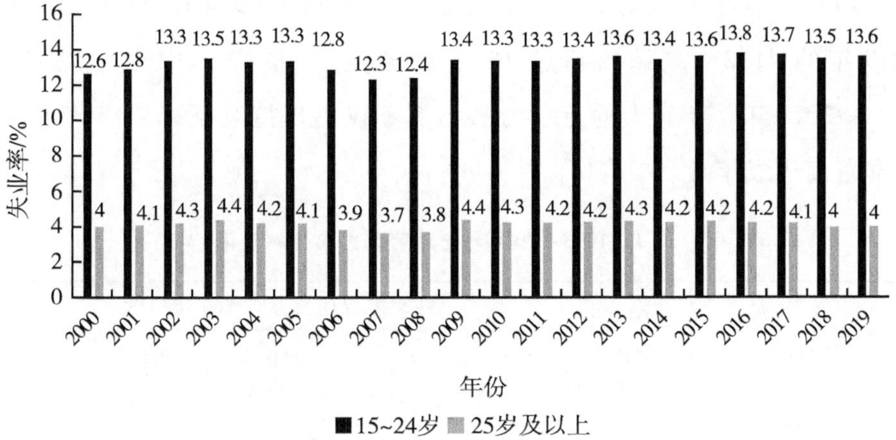

图2 2000—2019年全球青年与成人失业率

资料来源：ILO. ILO modelled estimates，2020［EB/OL］.［2021－08－02］. ILO. ILOSTAT explorer［EB/OL］.［2021－08－02］. https：//www. ilo. org/shinyapps/bulkexplorer11/.

根据国际劳工组织2020年发布的《全球青年就业趋势报告》，全球近13亿15~24岁的年轻人中，4.29亿处于就业状态，正在寻找工作的失业青年有6800万，此外还有2.67亿年轻人处在非就业、非教育、非培训的“尼特”状态。①2019年，全球青年失业率为13.6%，国际劳工组织预计，这一数字在2020年和2021年还会继续上升。②

由于失业率是用失业人口（定义为正在找工作的人）数量除以劳动力（定义为失业人口与就业人口之和）总数量得到的，因而它无法反映那些既不就业也不找工作的年轻人的情况。为了评估人们对于劳动力市场的参与情况，另一个常用的有意义的指标是劳动力参与率（labour force participation rate，LFPR）。某一年龄段的劳动力参与率是参与劳动力市场

① ILO. Global employment trends for youth 2020［R］. Geneva：International Labour Office，2020：22.

② ILO. Global employment trends for youth 2020［R］. Geneva：International Labour Office，2020：33.

的人数（就业者与失业者之和）与该年龄段人口总数的比值。近二十年来，15～24岁年轻人对劳动力市场的参与率从1999年的53.1%下降到2019年的41.2%，降幅超过10个百分点。[①] 从表1中也可以看出，1993—2018年，年轻人的劳动力参与率不仅呈现持续下降趋势，而且降幅显著高于成年人。

表1　1993—2018年全球劳动力参与率变化

年龄组	2018年劳动力参与率/%	每5年劳动力参与率变化幅度/%				
		1993—1998	1998—2003	2003—2008	2008—2013	2013—2018
青年（15～24岁）	42.1	−3.3	−3.1	−2.6	−3.7	−2.2
成年（25岁及以上）	66.6	0.2	−0.2	−0.6	−0.8	−0.5

资料来源：ILO. World employment social outlook trends 2019［R］. Geneva：International Labour Office，2019：10.

处于劳动年龄阶段而没有参与劳动力市场的人可能在接受教育，但也可能是尼特族。尼特族是指那些既没有就业，也没有接受教育或培训的人，在中国有时又被称为“啃老族”。公众会轻易地把尼特族认定为失业者，但在失业研究中，尼特族因为没有就业意愿和求职行动因而不包括在失业人口中。尼特族是一个多样化的群体，年轻人进入尼特状态的原因各异。一些是失学但又没有达到法定劳动年龄的青少年；一些是因失去工作或求职失败而认为无法找到合适工作的气馁的年轻人；一些是暂时不找工作而等待合适时机的人；一些是没有想过或者不知如何找工作的人；还有一些是基于疾病、残疾、家庭责任等原因而不具备工作能力和条件的人。无论具体原因为何，青年尼特族没有就业同时也不找工作，而这种状态又会限制他们将来获得就业的可能性，因此造成了较大的人力资源浪费。

除了失业率这一指标外，尼特族的比重也常常被作为衡量年轻人就业

① ILO. Global employment trends for youth 2020［R］. Geneva：International Labour Office，2020：25.

情况的一个补充指标。2015 年通过的“联合国可持续发展目标”曾提出到 2020 年要显著降低青年尼特族的比重，但这一目标未能实现。近年来，全球青年人口中尼特族比重居高不下，其中女性尼特族比重显著高于男性，如表 2 所示。国际劳工组织的最新数据显示，2020 年，全球 15～24 岁的年轻人中尼特族高达 2.67 亿，占该年龄段总人口的 21%，[①] 这一数字远远高于同年龄组的失业人数。有机构还指出，由于国际劳工组织缺乏某些国家和地区的数据，上述数字可能低估了全球青年尼特族的实际数量。[②]

表 2　2010—2019 年全球 15～24 岁青年中尼特族数量与比例

年份	总数		男性		女性	
	数量/百万人	比例/%	数量/百万人	比例/%	数量/百万人	比例/%
2010	265.8	21.9	78.9	12.6	186.9	31.6
2011	263.9	21.7	78.4	12.6	185.5	31.4
2012	261.8	21.6	77.7	12.5	184.1	31.3
2013	263.3	21.8	79.6	12.8	183.7	31.4
2014	260.7	21.7	79.2	12.8	181.5	31.2
2015	260.0	21.7	80.0	12.9	180.0	31.0
2016	259.0	21.6	80.5	13.0	178.5	30.8
2017	260.3	21.7	81.8	13.2	178.5	30.8
2018	263.2	21.9	84.0	13.5	179.2	30.8
2019	267.0	22.2	86.1	13.8	180.9	31.1

资料来源：ILO. Global employment trends for youth 2020 [R]. Geneva: International Labour Office, 2020: 148－149.

在正式的失业研究和失业调查中，尼特族虽然不被认定为失业者，但与就业者和失业者相比，他们不仅无法通过工作来创造价值，也无法通过

---

① ILO. Global employment trends for youth 2020 [R]. Geneva: International Labour Office, 2020: 22.

② UN. World youth report: Youth social entrepreneurship and the 2030 agenda [R]. New York: United Nations, 2020: 48.

教育或培训来获得工作所需的技能，会在经济社会发展中被边缘化。因此，青年尼特族的大量存在既不利于年轻人自身发展，也难以促进国家、社会的发展。

考虑到失业的特定意涵以及无法用失业者来涵盖就业者之外的广泛人群，有人建议使用“非就业”（non-employment）来代替“失业”这个概念。[①] 间接与之对应的指标是就业人口比率（employment-to-population ratio，简称 EPR），即排除了非就业人口之后的就业人口占总人口的比重。2010—2019 年青年就业人口比率如图 3 所示，可以看出，年轻人当中就业者所占的比重不断下降，这也就意味着非就业的年轻人越来越多。

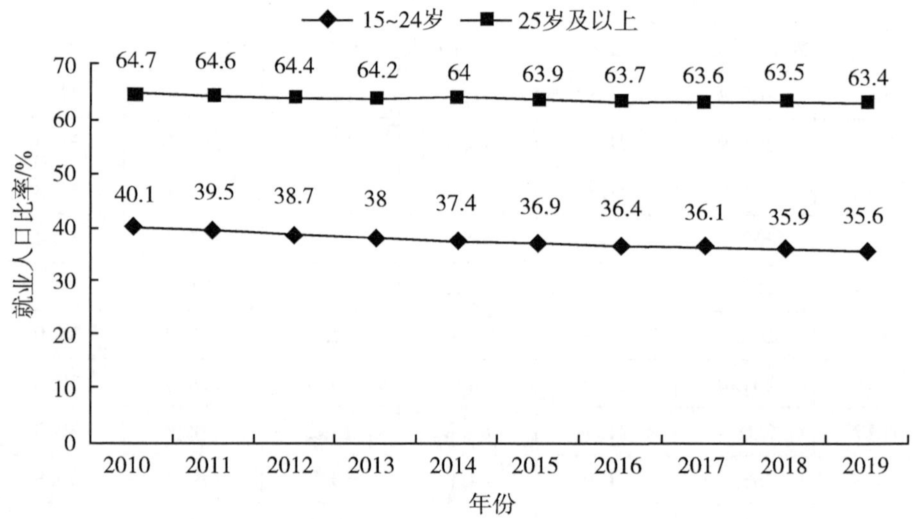

图 3　2010—2019 年全球青年与成年人就业人口比率

资料来源：ILO. Employment-to-population ratio by sex and age，ILO modelled estimates [EB/OL]. [2021-08-02]. https：//www. ilo. org/shinyapps/bulkexplorer11/.

可以发现，在世界范围内，无论是劳动力参与率还是就业人口比率，其演变趋势与青年失业率基本一致，这说明青年在劳动参与和职业发展方

① O'HIGGINS N. The challenge of youth unemployment [R]. Geneva：Internatioal Labour Office，1997：1.

面面临不利处境。国际劳工组织认为，这不仅影响到青年自身的职业和收入前景，也会影响他们国家的发展轨迹。

以上数据反映的是全球平均情况，有些地区和国家的青年失业现象更为严重。从分地区的青年失业情况统计可以看出，北非和阿拉伯国家的青年失业率偏高，北欧、南欧和西欧在2010年前后青年失业率也一度攀高，其中葡萄牙、意大利、希腊、西班牙四国尤为突出，如表3和图4所示。

表3　2010—2019年全球分地区15～24岁青年失业率

（单位:%）

年份	阿拉伯国家	中亚与西亚	东亚	东欧	拉丁美洲与加勒比海	北非	北美	北欧、南欧与西欧	东南亚与太平洋	南亚	撒哈拉以南非洲
2010	19.5	15.3	9.8	18.4	14.3	24.2	17.9	21.0	9.6	16.2	9.3
2011	19.5	13.9	9.9	17.9	13.7	27.8	16.8	21.3	10.0	16.5	9.0
2012	19.5	13.3	10.0	17.9	13.6	30.9	16.2	22.9	9.2	17.1	8.8
2013	20.5	13.7	10.2	17.6	13.6	30.4	15.2	23.2	9.4	17.6	8.6
2014	21.1	14.2	10.3	17.8	13.5	29.8	13.3	22.1	9.5	17.5	8.3
2015	21.7	14.5	10.4	18.1	14.8	31.5	11.7	20.5	10.1	18.0	8.4
2016	21.7	15.0	10.3	17.5	17.6	31.0	10.6	19.1	9.8	18.2	8.9
2017	22.8	15.7	10.1	15.9	18.1	31.2	9.4	17.3	10.0	18.3	8.9
2018	22.8	15.6	9.7	15.3	17.9	31.1	8.8	15.7	10.2	18.3	8.7
2019	22.9	17.8	9.8	14.9	17.9	30.2	8.8	14.8	10.5	18.7	8.7

资料来源：ILO. Global employment trends for youth 2020 [R]. Geneva: International Labour Office, 2020. 其中，阿拉伯国家的数据在第158～159页，中亚与西亚地区的数据在第170～171页，东亚地区的数据在第160～161页，东欧地区的数据在第168～169页，拉丁美洲与加勒比海地区的数据在第156～157页，北非地区的数据在第150～151页，北美地区的数据在第154～155页，北欧、南欧与西欧地区的数据在第166～167页，东南亚与太平洋地区的数据在第162～163页，南亚地区的数据在第164～165页，撒哈拉以南非洲地区的数据在第152～153页。

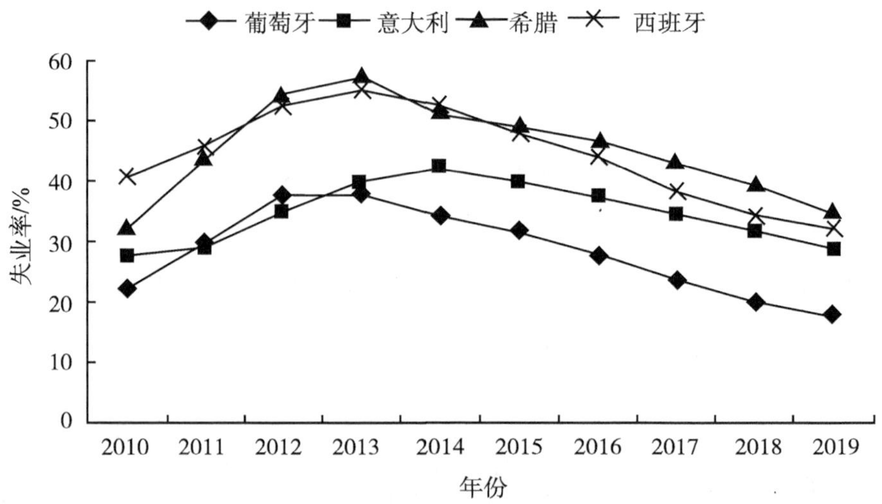

图4　南欧四国15～24岁青年失业率

资料来源：ILO. SDG indicator 8.5.2 – Unemployment rate（%） – Annual [EB/OL]. [2021-08-04]. https://www.ilo.org/shinyapps/bulkexplorer11/.

青年失业大军的存在导致找工作不易，由此还会衍生出一系列与就业相关的问题。例如，由于高企的就业压力，很多年轻人不得不接受那些不稳定的、低收入的、无保障的工作，这些都会导致他们的就业质量不高。

由于正规经济中机会有限，很多年轻人不得不在非正规经济中寻求就业机会。非正规经济中的就业不仅不稳定，而且往往缺少法律和社会保障。2019年，全世界在非正规经济中就业的年轻人达到77%。[①] 这在欠发达地区表现得更为惊人。国际劳工组织估计，2016年，阿拉伯国家和北非地区分别有85.1%和87.5%的青年就业者服务于非正规经济。[②] 此外，不充分就业在年轻人当中也很普遍，一些研究者指出，与成年人相比，年轻人更有可能遭遇不充分就业问题。例如，对美国的研究已经发现，

① ILO. Global employment trends for youth 2020 [R]. Geneva: International Labour Office, 2020: 23.

② ILO. Global employment trends for youth 2020 [R]. Geneva: International Labour Office, 2020: 39.

在青年（18～24 岁）和老年（55～64 岁）年龄组中，不充分就业的流行率最高。① 2017 年国际劳工组织分析了 79 个国家的数据后发现，73 个国家青年不充分就业的比率高于成年人，其中阿塞拜疆青年不充分就业比例高达 29%。②

由此导致的一个结果是“工作贫困”现象。工作贫困是指虽然有工作，但收入很低因而无法使就业者及其家人摆脱贫困状态。按国际劳工组织的标准，每天家庭人均收入不足 3.2 美元等于或高于 1.9 美元属于中等程度工作贫困，如果低于 1.9 美元，则属于极度的工作贫困。2019 年，全球 4.29 亿就业的青年当中，有 1.26 亿处于极度或中等贫困状态，占就业人数的 29%③，在某些地区，如撒哈拉以南非洲，超过 40% 就业的青年依然处于极度贫困状态④。

青年是世界的未来，但近几十年来，青年当中失业者或尼特族比重居高不下。未参与就业的适龄青年不仅无法通过劳动获得收入，还可能会遭遇经济和社会排斥，从而影响到他们潜能的发挥，妨碍个人成长与发展。对社会而言，这会造成劳动力的浪费，加重老龄化压力，影响经济的长远发展与社会进步。同时可以看出，除了没有就业的失业青年或青年尼特族之外，已就业青年中出现的不充分就业、非正规就业、工作贫困等就业问题也与高企的青年失业率有关，这些问题可以看作青年失业的衍生问题。因此，失业是一系列与青年就业相关的问题的枢纽，正如联合国《世界青年报告》指出的，青年失业问题是当今世界面临的最

① JENSEN L, SLACK T. Underemployment in America: measurement and evidence [J]. American journal of community psychology, 2003, 32 (1/2): 21-31.

② UN. World youth report: youth social entrepreneurship and the 2030 agenda [R]. New York: United Nations, 2020: 47.

③ ILO. Global employment trends for youth 2020 [R]. Geneva: International Labour Office, 2020: 24.

④ ILO. Global employment trends for youth 2020 [R]. Geneva: International Labour Office, 2020: 46.

大挑战之一。[①] 要想促进全球经济持久、包容和可持续增长，实现充分就业和人人获得体面工作的目标，必须解决青年失业问题。

二、当代中国青年的失业问题

在当代中国，“青年失业”作为一种显性社会现象，其出现有一个较长的发展过程。

中华人民共和国成立初期，城市中出现的青年失业现象被看作“旧社会”遗留下来的社会弊病，经过政府救济、返乡劳动、技术培训、安置生产等措施，这一问题不久之后就得到了解决。1956年，社会主义基本制度初步建立之后，尤其是计划经济体制建立之后，中国在城镇实行“统包统配”的就业制度，适龄城镇青年和大中专毕业生由国家统一计划、统一调配、统一安排工作岗位；农村青年如果没有考上大中专学校，则会回乡参加农业生产。因此，改革开放之前，中国没有明显的青年失业问题。[②] 20世纪70年代末、80年代初，随着“上山下乡”知识青年的集中回城，统包统配就业制度开始承受巨大的压力，一部分无法及时安置的青年成为“待业青年”。但随着就业渠道的拓宽，尤其是个体、私营经济在20世纪80年代之后的快速发展，“待业青年”问题逐步被消化。20世纪90年代后期，随着国有企业改革中“下岗工人”的涌现和《失业保险条例》的颁布实施，失业现象逐渐被公众所接受。但彼时，受社会关注的失业人员主要是指从国有或集体企业“下岗”的职工，他们以30岁以上的中年人居多。

进入21世纪，青年失业现象开始受到一部分研究者的关注。2004

① UN. World youth report：youth social entrepreneurship and the 2030 agenda［R］. New York：United Nations，2020：45.

② 这没有考虑农村中存在的“隐性失业”现象。例如，有些研究者认为，随着农业生产率的提升和农村人口的膨胀，中国农村中存在一些处于隐性失业状态的过剩劳动力。参见徐章辉. 青年失业现状与再就业政策评估研究［M］. 北京：中国大百科全书出版社，2005.

年，孙立平提出“新失业群体”概念，认为“新失业群体”由待业和无业青年构成，以与由国有和集体企业下岗人员构成的“老失业群体”相区别。孙立平认为，由于自身的特点和社会关注不足，“新失业群体”比“老失业群体”更为弱势。同时，他判断，在一些地区，“新失业群体”在人数上已超过“老失业群体”，而且“新失业群体”在将来会构成中国失业人员的主体。① 事实证明这一判断是准确的。例如，根据对2001年上海市城镇登记失业人员的统计，16～25岁青年失业人员占失业总人口的39.3%，26～35岁失业人员占比22.9%，36～45岁失业人员占比25%，46岁及以上失业人员占比12.2%。② 就全国而言，2002年之后，失业人员中新成长失业青年的比重就一直在缓慢上升，而下岗职工的比重则明显下降。2005年第一季度的全国劳动力市场供求状况显示，新成长失业青年占到了失业人员总数的18.1%，下岗职工只占5.8%。③ 2005年发布的《中国青年就业状况调查报告》显示，我国15～29岁的青年总体失业率为9%，高于当时6.1%左右的社会平均失业率。④

2014年，人力资源和社会保障部公布的由中国就业促进会承担的课题报告《关于就业结构性问题的研究》指出，以高校毕业生为主体的青年就业难问题日益突出并会进一步加剧。其中，16～24岁青年失业率近年来一直高于城镇全口径的失业率，并且从2011年1月起呈逐月升高趋势，到2013年10月已达9%以上。⑤ 从2018年6月开始，国家统计局逐月发布城镇调查失业率，如图5所示。可以看出，近三年来，青年失业率总体呈上升趋势；同时，青年失业率要显著高于25岁及以上成年人的失业率。

---

① 孙立平．关注“新失业群体”［J］．发展，2004（1）：21．
② 周斌．上海着手应对青年失业问题［J］．劳动保障通讯，2002（9）：20－21．
③ 白天亮．青年就业：真难？假难？［N］．人民日报，2005－06－27（13）．
④ 张守列．近30年中国青年失业群体分类比较［J］．中国青年研究，2010（11）：28－31．
⑤ 白天亮．就业供求　匹配度差距扩大［N］．人民日报，2014－02－19（13）．

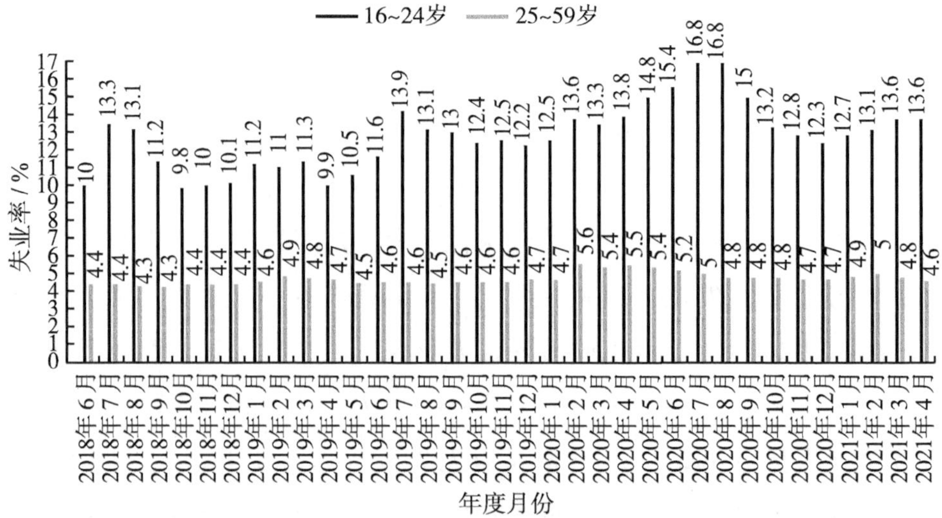

图 5　中国城镇青年与成人调查失业率

资料来源：国家统计局．城镇调查失业率月度数据［EB/OL］．［2021－08－06］．https：//data. stats. gov. cn/easyquery. htm？ cn = A01.

2010—2019 年，中国青年失业率呈上升趋势，与此相一致，中国青年就业人口比呈下降趋势，如图 6 所示，十年间下降了近十个百分点。

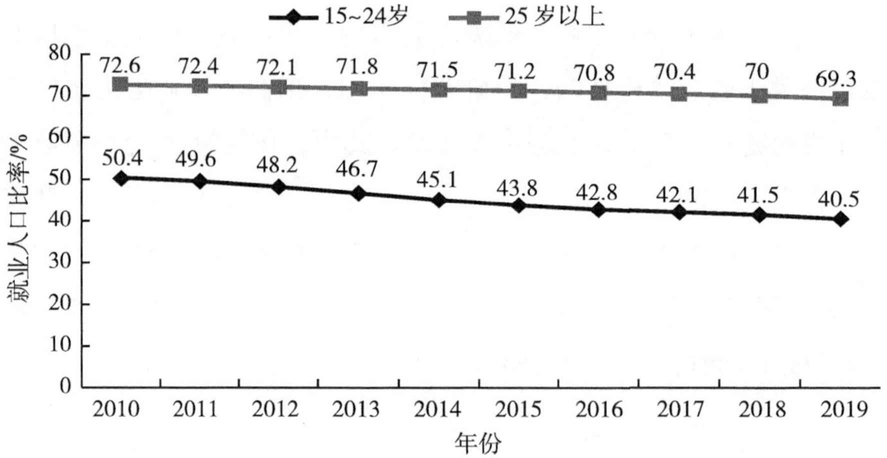

图 6　国际劳工组织统计的中国青年与成人就业人口比率

资料来源：ILO. Employment-to-population ratio by sex and age，ILO modelled estimates，Nov. 2021（%） – Annual［EB/OL］．［2022－07－20］．https：//www. ilo. org/shinyapps/bulkexplorer11/.

"新失业群体"概念提出之后，一些研究者开始关注"新失业群体"的生存状况以及他们的学历、工作经验、户籍、家庭等特征。但随着实践的发展，青年失业现象已今非昔比。同时，"新""老"概念由于具有相对性而不易操作，因此，更多的时候，人们直接用"青年失业群体"或"失业青年"来代替"新失业群体"这一概念。

正如一些研究者注意到的，当代中国的失业青年在户籍、家庭出身、受教育程度、工作经验、家庭结构方面情况各异，并非一个同质化的群体，① 但从历史、社会发展的角度来看，他们仍然存在一些共同点。

首先，青年失业是一个发展中的"新生"问题。正如"新失业群体"这一概念本身所隐含的意思，在一些观察者看来，青年失业现象是中华人民共和国历史上的新情况。如前所述，计划经济时代，中国青年的就业总体上由国家安排，是政府的责任。改革开放前期，得益于中国经济的长期高速发展，劳动力需求旺盛，对有意就业的年轻人而言，找一份工作并非难事。1977 年恢复高考之后，由于高学历青年供不应求，加上统包统配的就业制度，使得那时考上大中专学校就意味着获得了稳定的就业。但如今，青年走出校门之后就要面临就业难问题。在不到半个世纪的历程里，两代青年的就业境遇却形成了较大的反差，导致当代失业青年的心理落差较大。

其次，当代中国失业青年的主体是"95 后"一代，其中相当一部分是独生子女。与他们的父辈相比，他们的成长环境较为优越、受教育程度相对较高，但这也意味着他们在教育上的投入较高，于是对职业和人生发展的期望较高。同时，他们的教育以应试教育为主，上学时不会思考也没有预料到失业问题。因此，当他们走出校门，一旦不能顺利就业，会带来强烈的挫折感。

最后，从大的社会变迁历程来看，当代中国社会正处于剧烈的转型

---

① 例如，张守列把当代中国的失业青年分为"城镇青年失业群体""农村青年失业群体"和"大学生青年失业群体"三大类，并分析了各自的群体特征。参见张守列．近30年中国青年失业群体分类比较［J］．中国青年研究，2010（11）：28 －31．

期。当前中国既要由计划经济体制向市场经济体制转变，又要由高速发展向中高速发展“换挡”，其间制度衔接有可能不到位，甚至出现“真空”状态，失业及其衍生问题有可能被忽视，失业青年也可能得不到应有的保障和扶助。例如，中国的社会保障制度常常与户籍和正规就业挂钩。外来务工人员和大学毕业生难以及时拿到居住地的户口，因而被一些社会保障项目所遗漏。2010 年调查发现，青年农民工工伤和失业保险的参与率只有 21.8% 和 4.1% 。[①] 他们一旦受伤或失业，很难得到社会保护。大学毕业生如果不能获得正规就业，也会成为“边缘人”，难以享受失业保险等保障。这样不仅导致失业青年的利益受损，而且可能激发他们的失落感。

虽然中国青年失业率低于世界平均水平，但考虑到庞大的人口基数，中国失业青年的总量也不是一个小数目。当代中国的失业青年也可以被视为一种新生的弱势群体。社会转型和分化背景下出现的新生弱势群体往往具有强烈的相对剥夺感、较高的敏感性、封闭性心理及情绪化处世方式等新的特征。[②] 这意味着，青年失业不仅是青年个人的事，还可能影响整个社会的稳定与发展。

三、当代中国青年失业的原因

对于失业问题的产生，庇古认为使用单一因素来解释是不可能的，他主张：“我们面临的问题不是造成失业的相互独立的单个原因之和——其中每个原因能够解释一部分失业；而是由各个相互关联的因素组成的一个系统——这些因素的共同作用导致了整个失业。”[③] 同样道理，导致青年失业的因素既有宏观结构方面的，也有个人特质方面的，多重因素的叠加和相互作用导致了当代中国青年失业问题的显现。

---

① 国家统计局住户调查办公室．新生代农民工的数量、结构和特点［EB/OL］．［2021 - 03 - 17］．http：//www. stats. gov. cn/ztjc/ztfx/fxbg/201103/t20110310_16148. html.

② 华智亚．新生弱势群体与社会和谐探析［J］．四川行政学院学报，2005（6）：61.

③ 庇古．就业与均衡［M］．王远林，译．北京：商务印书馆，2017：2.

（一）供求不平衡

从劳动经济学的视角来看，就业和失业本质上都是劳动力市场上供求双方相互作用的结果，供过于求时，失业就不可避免。

从供给方面来看，新中国成立之后先后出现了三次生育高峰。第一次为 1953—1957 年，平均每年增加 1460 万人，人口年均增长率为 24%；第二次为 1963—1972 年，平均每年净增人口 1940 万，年均增长率为 26%；第三次为 1986—1995 年，平均每年净增人口约 1500 万。[①] 中国法定最低劳动年龄为 16 岁，按此计算，第三波生育高峰出生的人口最早于 2002 年进入劳动力市场，最晚将延续至 21 世纪 20 年代。因此，这波人口将影响 21 世纪前 20 年的劳动力供给。同时，随着农业劳动生产率的提高，农村每年还会释放出大量剩余劳动力。从图 7 可以看出，2001—2019 年，中国劳动力供给呈上升趋势，年均净增约 380 万人。

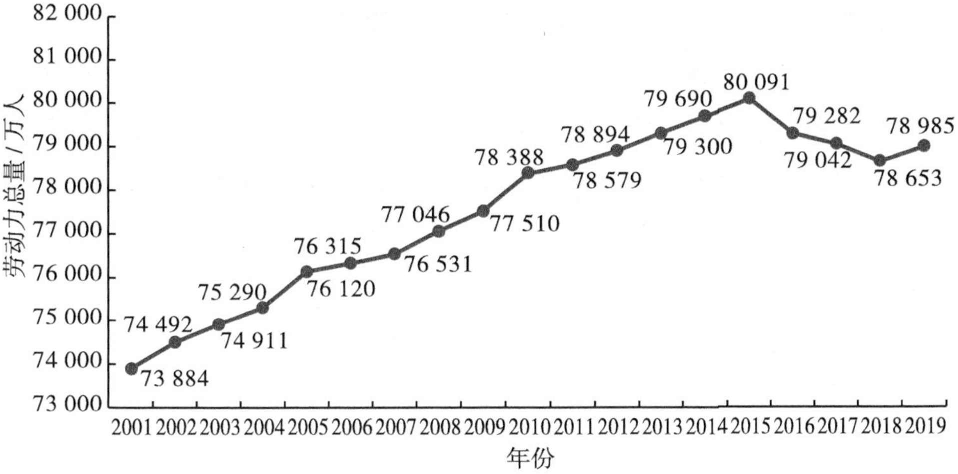

图 7　2001—2019 年中国劳动力总量

资料来源：国家统计局．年度统计数据［EB/OL］．［2021 - 08 - 10］．https：//data. stats. gov. cn/easyquery. htm？ cn = C01. 其中“劳动力”是指“16 周岁及以上，有劳动能力，参加或要求参加社会经济活动的人口。包括就业人员和失业人员”。

---

① 刘利民．中国的三次人口生育高峰［J］．经济工作通讯，1989（5）：20.

劳动力供给在不断增长，但中国经济发展进入新常态后，就业岗位增长的情况却不容乐观。

首先，经济增速和对外贸易放缓，对劳动力需求下降。改革开放之后，中国创造了国民经济长时间高速增长的奇迹。1980—1990 年，GDP 年均增长 9.2%；1991—2000 年，GDP 年均增长 10.5%；2001—2009 年，GDP 年均增长 10.5%。[①] 2009 年，中国经济总量在世界排名由改革开放之初的第 11 位跃居至第 2 位，仅次于美国。但从 2012 年开始，受世界经济低迷和国内产业结构转型的影响，经济增速开始回落。2012 年 GDP 增速为 7.8%[②]，回落至 8% 以下；2016 年 GDP 增速为 6.7%[③]，回落至 7% 以下；2019 年 GDP 增速降为 6.1%[④]，回落至 6% 附近。世界各国的经验普遍表明，经济增长放缓会挤压工作岗位需求。人力资源和社会保障部课题组的一项研究指出，当 GDP 增速由 8% 下降至 7% 时，将会减少 114 万个就业岗位。[⑤] 在国内经济增速放缓的同时，国际贸易和分工环境亦趋恶化。改革开放之后，我国经济高速增长的引擎之一是对国际贸易和国际分工的积极参与，但 2008 年国际金融危机爆发之后，西方国家贸易保护主义抬头，贸易摩擦甚至贸易战此起彼伏，中国货物出口增速下降。商务部研究发现，虽然中国单位出口对本国就业的拉动作用相对较小，但总出口对国内就业有显著的促进作用。以 2012 年为例，中国每百万美元出口额会拉动 59 人次就业，受益于出口总额巨大，全年货物出口共产生 12 097

---

① 人力资源和社会保障部课题组，张小建．促进经济发展与就业增长良性互动［J］．中国劳动，2012（2）：6.

② 国家统计局．中华人民共和国 2012 年国民经济和社会发展统计公报［R/OL］．［2022-07-19］．http://www.stats.gov.cn/tjsj/tjgb/ndtjgb/qgndtjgb/201302/t20130221_30027.html.

③ 国家统计局．中华人民共和国 2016 年国民经济和社会发展统计公报［R/OL］．［2022-07-19］．http://www.stats.gov.cn/tjsj/zxfb/201702/t20170228_1467424.html.

④ 国家统计局．中华人民共和国 2019 年国民经济和社会发展统计公报［R/OL］．［2022-07-19］．http://www.stats.gov.cn/tjsj/zxfb/202002/t20200228_1728913.html.

⑤ 人力资源和社会保障部课题组，张小建．促进经济发展与就业增长良性互动［J］．中国劳动，2012（2）：8.

万个就业岗位。[1] 按此测算，中国出口额每下降 100 万美元，将会损失 59 个就业岗位。与此同时，一些发展中国家积极同中国竞争国际投资和订单，导致大量代工制造业岗位转移到东南亚等工人工资较低的国家和地区，这同样也会降低国内劳动力市场的需求。

其次，发展方式由规模速度型转向质量效率型意味着产业结构会进行大的转型和调整。在改革开放前期，中国经济发展主要依赖增量扩能的粗放型增长。在这种发展形态中，就业增长与经济增长保持正向关系。例如，有研究指出，中国经济每增长 1 个百分点在 20 世纪 80 年代平均能够拉动 48 万个城镇就业，90 年代平均能拉动 65 万个，21 世纪前 10 年平均能拉动 86 万个。[2] 但进入发展新常态后，随着经济结构的转型调整，情况开始发生变化。一方面，要“调整存量”，也就是要压缩过剩产能、去库存、去杠杆，这意味着一批企业要关停并转，这样不仅不会增加就业岗位，反而会因机构关闭、裁员而释放出一批存量劳动力。例如，为压缩过剩产能、治理大气污染，河北省在 2016 年之后关停了大量钢铁、水泥、玻璃等企业，导致相关企业大量工人失去工作。仅在河北邢台一市，有近 5 万个就业岗位受到直接影响。[3] 另据业内人士预测，2019—2022 年，因环保关停而失去工作岗位的人数将高达 500 万 ~ 600 万。[4] 他们当中的大部分将会加入求职大军寻求再就业。另一方面，产业结构转型意味着劳动力更多地由第一产业转向第二产业并进而转向第三产业。根据欧洲的经验，皮尔森（Paul Pierson）提出，生产率和经济增速下降是与制造业向

---

① 商务部．商务部发布《全球价值链与我国贸易增加值核算报告》［EB/OL］．［2021 - 03 - 24］．http：//chinawto. mofcom. gov. cn/article/e/r/201412/20141200852722. shtml.

② 人力资源和社会保障部课题组，张小建．促进经济发展与就业增长良性互动［J］．中国劳动，2012（2）：7.

③ 石建鑫，赵语．压减产能，职工就业问题怎么办［J］．中国人力资源社会保障，2016（3）：15 - 17.

④ 佚名．2019 环保更严，大面积关停将导致 500 万人失业［EB/OL］．［2021 - 03 - 29］．https：//www. sohu. com/a/296835212_100293847.

服务业转型相伴随的必然趋势。① 这一转型对就业的影响可以说是立竿见影。根据上海市人力资源和社会保障局、共青团上海市委员会在2019年的联合调查，与2013年相比，该市从事第二产业的青年锐减28.2%，而从事第三产业的青年增加14.9%。② 这意味着，这一转变不仅减少了对受教育程度较低的蓝领工人的需求，而且造成就业的不稳定性，因为与制造业相比，服务业等产业员工的流动性更大。

最后，新常态要求发展动力从依靠资源和劳动力等要素投入转向创新驱动，这意味着技术进步将会受到更多重视。技术进步可以创造更多新的产业形态和工作岗位，但同时，技术进步尤其是自动化、智能化的发展将会取代那些简单化、常规化的工作岗位，因此也会减少一部分对劳动力的需求。例如，刘书祥和曾国彪利用1978—2006年时间序列数据分析发现，由于短期内技术水平的提高使技术和资本对劳动产生排斥作用，纯技术进步对就业具有比较显著的负效应。③ 由于年轻人，尤其是受教育程度有限的年轻人，在进入正式劳动市场时更有可能从事这些简单化和常规化的工作，他们的就业更易受到技术进步的负面影响。④ 当前，第四次工业革命已悄然到来，技术进步的步伐不断加速，机器人、人工智能、大数据、物联网、区块链等新技术方兴未艾，这也意味着年轻人将面临更大的就业压力。

尼尔·奥希金斯在分析了欧洲各国的青年失业问题之后指出，劳动力的规模会影响到青年失业水平，但劳动力需求的影响更大。⑤ 当劳动力市

① PIERSON P. Post-industrial pressures on the mature welfare states [M] // The New Politics of the Welfare State. Oxford: Oxford University Press, 2001: 80－104.

② 申仁宝. 上海: 发布2019年青年就业状况报告 [EB/OL]. [2021－05－03]. http://www.mohrss.gov.cn/SYrlzyhshbzb/dongtaixinwen/dfdt/201907/t20190709_323231.html.

③ 刘书祥，曾国彪. 技术进步对中国就业影响的实证分析: 1978—2006 [J]. 经济学家，2010 (4): 93－100.

④ UN. World youth report: youth social entrepreneurship and the 2030 agenda [R]. New York: United Nations, 2020: 53.

⑤ O'HIGGINS N. The challenge of youth unemployment [R]. Geneva: Internatioal Labour Office, 1997: 38.

场上需求减少时，年轻人受到的影响更大。一方面，当需求减少时，企业和机构更倾向于减少招聘新人而不是解雇老员工，于是，年轻人因为进入劳动力市场的时机较晚导致找到工作的机会大为减少；另一方面，就一般情况而言，需求减少需要裁员时，无论就劳动力培训成本还是就解约成本而言，解雇或辞退年轻员工的成本比年长的员工都要低。因此，可以认为，供求不平衡特别是需求不足是造成青年失业的首要原因。

（二）结构不匹配

除了总量不平衡之外，劳动力供求之间的结构不匹配也是影响青年就业和失业的重要因素。

在劳动力市场上，如果供给的劳动力不符合就业岗位的要求，即便需求真实存在，依然有一部分劳动力无法顺利就业，同时还可能导致部分需求无法得到满足，最后的结果是失业和岗位空缺并存。

“布鲁塞尔悖论”（Brussels paradox）就是一个例证。布鲁塞尔是比利时的首都，同时也是欧盟委员会所在地，劳动力市场尤其是中高端劳动力市场需求旺盛。然而，吊诡的是，布鲁塞尔地区的失业率却居高不下，原因就在于当地劳动力供给与工作岗位需求不匹配。布鲁塞尔地区的就业岗位大多需要就职者受过较高教育，但本地劳动力平均受教育程度不高，最终该地区大量的就业岗位需要周边地区受过较高教育的劳动力来填充，本地人口的失业率却一直高企。[①] 相反，如果产业发展速度跟不上劳动力受教育程度的提升也会导致劳动力的供求不匹配，进而产生失业问题。在韩国，由于近年来国际竞争力下降，再加上自动化的发展，韩国的高科技企业提供的就业岗位不多，导致韩国出现“学历通胀”，高等教育毕业生近一半都在从事低于其学历要求的工作，大学以上的高学历者占到失业青年

---

① HUEGAERTS K, PUIG-BARRACHINA V, VANROELEN C. The mental health of unemployed Brussels youth: The role of social and material resources [J]. Archives of public health, 2017, 75 (1).

的四成。[①] 在印度，虽然服务业和工业产值分别占到其国内生产总值的65%和18%，但这两个产业只吸纳了24.3%和26.8%的就业人口。在这样的产业结构和就业结构背景下，印度高等教育却快速扩张，入学率在2010年前后增长了一倍，结果导致印度青年学历与失业率的倒挂：接受过高等教育的青年失业率高达28%，而具有小学及以下文化教育程度的青年失业率只有4%，文盲的失业率仅为2%。[②]

近年来，中国劳动力市场也存在一定的结构不匹配问题，突出的表现是大学毕业生“就业难”与企业“招工难”并存。

1999年，高校扩招拉开了中国高等教育快速发展的帷幕，与之相应，从2002年开始，高校本专科毕业生数量迅速攀升，如图8所示。

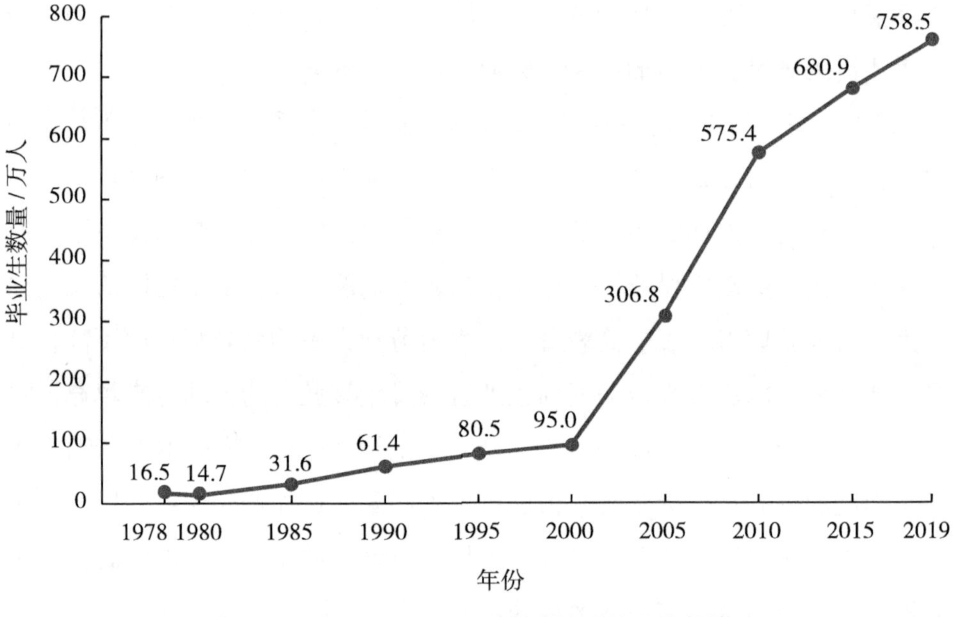

图8　1978—2019年中国高校本专科毕业生数量

资料来源：国家统计局．中国统计年鉴（2020）：各级各类学校毕业生情况［EB/OL］．［2021－08－12］．http：//www. stats. gov. cn/tjsj/ndsj/2020/indexch. htm.

① 佚名．韩国：学历也“通胀”［N/OL］．人民日报，2010－06－01（21）［2022－07－19］．https：//news. ifeng. com/c/7fYr2PmtjHG.

② 吕鹏飞．印度　高学历青年期待“用武之地”［N］．人民日报，2015－07－24（22）．

随着高等教育毕业生数量的快速增长，再叠加上人口老龄化的影响，大学生逐渐占据中国新生劳动力供给近一半的水平。与此同时，产业转型升级创造高端岗位的速度远远跟不上高校毕业生数量的增速，中低端加工制造业和服务业依然构成中国劳动力需求的六成以上。① 这就意味大学毕业生的供给超出了劳动力市场的适当岗位需求，这种结构不匹配必然造成大学毕业生的就业问题。进入 21 世纪之后，大中专毕业生就业难问题开始浮现。例如，据 2001 年深圳市的一项调查发现，该市大专以上学历的失业人员数量上升，占失业人员总数的 12.34% 。②2010 年，人力资源和社会保障部就业问题专家莫荣指出："今年高校毕业生总量更大，而就业市场的需求结构不会有明显改变，这意味着找份合适的工作并不容易。高校毕业生就业仍是难中之难。"③ 谭永生发现，自 2003 年至 2010 年前后，普通高校毕业生初次就业率大约为 70% ，因此每年约有三成应届毕业生面临"毕业即失业"问题。④ "十三五"期间，全国高校毕业生初次就业率保持在 77% 以上⑤，虽然取得不小的成绩，但这意味着每年依然有超过两成的高校毕业生不能及时就业。

除了宏观上的结构性不匹配之外，学校教育与劳动力市场也存在脱节现象，具体表现在学科专业与劳动力市场联系松散、课程设计与职业需求不匹配、课程内容老旧等方面。早在 20 世纪 80 年代，人们就发现，那些没有经过专门训练或者没有取得任何资格证书或专门文凭的青年人是最容

---

① 白天亮．就业供求 匹配度差距扩大［N］．人民日报，2014-02-19（13）.

② 裴云．中国大学生就业难深层原因分析［J］．广东外语外贸大学学报，2003（1）：87-89，96.

③ 朱隽，白天亮，晓白．用工荒与就业难［N］．人民日报，2010-03-25（17）.

④ 谭永生．中国高校毕业生失业问题及其治理［M］．北京：中国劳动社会保障出版社，2011：3.

⑤ 佚名．全国高校毕业生初次就业率多年超 77%［EB/OL］．［2021-04-12］．http：//www.moe.gov.cn/fbh/live/2020/52692/mtbd/202012/t20201202_502835.html.

易失业的人。[①] 而忽视职业能力训练恰恰是中国教育的通病，由此造成大学毕业生“眼高手低”的特征。2001 年首届上海高校学生职业资格考试通过率仅为 19.5% 。[②] 调查发现，造成青年失业的一个重要原因是青年的知识结构、职业技能和实践能力不符合用人单位的实际需求。[③]

供求不匹配造成的直接结果就是年轻人走出校门之后难以找到合适的工作。近年来，这一趋势愈演愈烈。《中国青年人口与发展统计报告(2018)》指出，“毕业后未工作”已成为城镇青年失业的首要原因，分别占到 16 ~ 19 岁失业青年的 55.8% 和 20 ~ 24 岁失业青年的 54.4% 。[④] 这意味着“毕业即失业”已成为一种寻常现象，由此也不难理解为何高校毕业生与农民工一起成为“保就业”政策关注的重点群体。

（三）观念有影响

就业观念是人们对就业问题的基本看法和评判标准，一般具体表现为职业理想，它会左右人们是否就业、如何就业、如何择业等一系列与就业相关的选择。

就业观念影响年轻人的就业和失业，这在受教育程度较高的青年当中表现得尤为明显。例如，韩国虽然出现了“学历通胀”现象，但受过高等教育的年轻人都期望在大企业找到一份体面的工作，甚至宁愿失业也不愿到小企业工作，而中小企业却经常出现“用工荒”。[⑤]

进入 21 世纪之后，中国出现类似现象。例如，天津市劳动和社会保障局统计发现，该市 2004 年新增就业岗位 20 万个，2005 年新增就业岗位 25 万个，均多于新增劳动力和新增下岗失业人员数量之和，年轻人只要

---

① 凯斯·瓦特森．八十年代西方国家青年失业问题［J］．莫慧芳，译．青年研究，1984（6）：63 – 65.

② 周斌．上海着手应对青年失业问题［J］．劳动保障通讯，2002（9）：20 – 21.

③ 陆晓文．上海近 4 成失业者为“啃老族”［J］．社会观察，2008（10）：51.

④ 邓希泉，李倢，徐洪芳．中国青年人口与发展统计报告（2018）［J］．广东青年职业学院学报，2018（4）：5 – 13.

⑤ 陈尚文．韩国青年失业率攀高［N］．人民日报，2018 – 02 – 02（22）.

就业态度积极、就业观念实际，就业压力并不大，但是还是有一批年轻人一边抱怨就业难，一边又放弃了一个又一个就业机会。据统计，这类人员占到失业青年的20%左右，其中既包括嫌工作苦、收入低的受教育程度不高的青年以及目标不明确的“创业幻想型”青年，也包括期望较高的高校毕业生。[①] 随着20世纪末中国高等教育的扩张，大学毕业生供给规模在21世纪初开始膨胀。虽然存在一定的供需结构不匹配问题，但总体上大学毕业生在劳动力市场上依然具有明显的人力资本竞争优势，只要自己愿意，就不至于毕业后找不到一份工作而进入失业状态。然而，现实当中，很多受过高等教育的年轻人却不愿意“屈尊就职”，结果导致大学生就业难与中小企业招工难并存的现象。近年来，更是衍生出大学毕业后“不就业”“慢就业”等现象，不仅推高了青年失业率，也催生了更多的青年尼特族。

正如众多研究者已经指出的，造成这一现象的核心问题是大学毕业生受到陈旧就业观念的阻碍，具体而言就是固执于自我理想、不接受社会现实。根据赖德胜等人的调查，中国大学毕业生对职业期望较高，在就业的地点、岗位、薪资等方面都有着特定的偏好，总体来看，是倾向于在沿海地区和城市、国家机关、外企和高新技术企业就业，而且薪资期望较高。[②] 近年来，这些偏好更被人们形象地总结为“钱多事少离家近”。这些偏好的形成有一定的历史基础，20世纪80年代和90年代前期，受当时高等教育规模的限制，大学毕业生数量有限，总体上处于“稀缺”状态，再加上“包分配”政策的实行，大学生不愁就业问题，成为受人羡慕的“天之骄子”。然而，进入21世纪之后，现实已经发生重大变化。一方面，劳动就业制度由“统包统配”转向彻底的市场选择，这意味大学毕业生

---

① 任悦．城市出现“懈怠就业族”[J]．山东劳动保障，2005（9）：39.

② 赖德胜，孟大虎，等．中国大学毕业生失业问题研究［M］．北京：中国劳动社会保障出版社，2008：161.

也必须进入劳动力市场，同其他人一样通过竞争来获得工作岗位。另一方面，大学毕业生供给持续增加，2010 年和 2020 年大学毕业生数量分别达到 1980 年的 33 倍和 59 倍，中国受过高等教育的劳动力已进入“买方市场”，大学毕业生的竞争优势逐渐缩水。在此背景之下，大学毕业生如果固守陈旧的就业观念，只会限制自己的就业机会。例如，陈成文和胡桂英发现，大学毕业生对工作单位性质的要求每高一个等级，获得就业的可能性就会下降 14.4%；对职业类型的要求每高一个等级，获得就业的可能性就会下降 7.3%。[①] 这也就意味着，大学毕业生越固守自己的“理想要求”，就越有可能找不到工作而进入失业状态。在上海的一项调查证实了这一点，该调查发现，对职业和收入预期过高、谋求不到中意岗位是造成青年失业和“啃老”的三大原因之一。[②]

就业观念除了影响大学毕业生之类的首次求职者之外，对在职者的职业流动、职业发展也会产生一定作用。对在职者而言，就业观念中的“工作观”更显重要。简言之，所从事的工作是否是一份“好工作”或者说工作现状能否满足自身对“好工作”的理想期待会直接影响在职者的行为和决策。一般而言，人们会从薪酬福利、工作环境、工作体验、晋升空间等方面去评估所从事的工作是否符合自己的理想期待。一旦现实与理想反差较大，年轻人更有可能选择辞职去寻找新的机会。这是因为，一方面，年轻人对工作的期望较高；另一方面，年轻人辞职再求职的机会成本比年长者低。因此，近年来“跳槽”“裸辞”“闪辞”“秒辞”等现象逐渐在年轻人中流行起来。据调查，“90 后”本科毕业生工作 3 年内离职率达到 40%，平均每 7 个月就离职 1 次。[③] 麦可思研究院发现，2015—2017 届大学毕业生工作半年内的离职率分别是 34%、34% 和 33%，其中 90%

---

① 陈成文，胡桂英．择业观念对大学毕业生就业的影响：基于 2007 届大学毕业生的实证研究［J］．高等教育研究，2008（1）：46－52.

② 陆晓文．上海近 4 成失业者为“啃老族”［J］．社会观察，2008（10）：51.

③ 佚名．“90 后”为何跳槽频繁［J］．中国就业，2020（1）：59.

以上都是主动离职。[①] 这意味着近几年就业的应届毕业生中有 1/3 都会在半年内辞职一次。作为一种社会现象，主动辞职和频繁“跳槽”并不一定会影响青年发展，但客观上都有可能产生摩擦性失业从而推升青年失业率。

(四) 有风险受冲击

人们的就业状况也会受到风险因素的冲击。风险往往具有难以预测、骤然而至的特点。在过去，造成失业的风险和突发事件最常见的是经济和金融危机。20 世纪 20 年代末开始的大萧条造成了美国近 1300 万人失业。2008 年全球金融危机造成了自大萧条以来世界上最严重的失业状况。根据美国劳工部在 2009 年 3 月初的报告，过去半年中美国累积失业人数高达 330 万人，失业率逼近 10%，创下了 1983 年以来失业率的最高纪录。[②] 2009 年欧债危机爆发，西班牙是受冲击最严重的国家之一，该国经济出现衰退，就业市场遭受重创，失业率一度飙升至 26%，其中 25 岁以下青年人的失业率甚至超过 50%。[③] 希腊债务危机爆发以来，希腊经济缩水 1/4，失业率高达 25%，而希腊年轻人失业率从 2009 年开始持续上扬，青年失业率接近 50%。[④]

除了经济和金融危机之外，战争、政变、骚乱、难民潮等政治风险同样会影响青年就业和失业。例如，叙利亚危机爆发之后，引发了近两百万的难民，这些难民进入邻近的黎巴嫩、约旦和土耳其之后，给这些邻国带来了沉重的负担。部分黎巴嫩人抱怨，一些年富力强的叙利亚难民抢走了黎巴嫩人的工作岗位，使当地黎巴嫩人特别是青年的失业率上升。[⑤] 另

---

① 余秀兰．大学毕业生为何偏爱跳槽［J］．人民论坛，2019（2）：110－111．

② 徐启生．美国失业状况持续恶化［N］．光明日报，2009－03－09（11）．

③ 佚名．“消费换养老”背后的老龄化问题［N/OL］．人民日报，2018－05－30（21）［2022－07－19］．http：//epaper. sxrb. com/wap/sxnmb/20210420/630656. shtml．

④ 任彦．希腊经济缘何伤不起［N/OL］．人民日报，2015－04－30（22）［2022－07－19］．http：//world. people. com. cn/n/2015/0430/c1002－26928559. html．

⑤ 刘水明，焦翔，刘睿．叙利亚难民问题困扰邻国［N］．人民日报，2013－08－10（11）．

外，研究还发现，青年尼特族比率与和平指数密切相关，越是政局不稳定的国家，青年尼特族比率就越高。①

改革开放之后，中国社会保持了长期稳定发展的良好局面，经济、政治风险得到了有效的管控。但由于改革开放之后，中国不断融入世界经济体系，因而有时也会受到世界经济波动的连带影响。2008 年金融危机爆发之后，沿海地区大量出口加工型企业受到冲击，致使上千万名农民工失业、停业或提早返乡。② 在为数不多的影响就业的风险事件中，新型冠状病毒肺炎疫情（以下简称新冠肺炎疫情）是令人印象最为深刻的案例。受新冠肺炎疫情冲击，大量工作场所暂时关闭或不能正常运营，一些企业和机构倒闭。据国际劳工组织测算，新冠肺炎疫情导致了就业者工作时间的显著缩减，如图 9 所示，与此同时劳动收入也相应降低，2020 年全球大约损失 3.7 万亿美元，约占全球 GDP 总量的 4.4% 。③

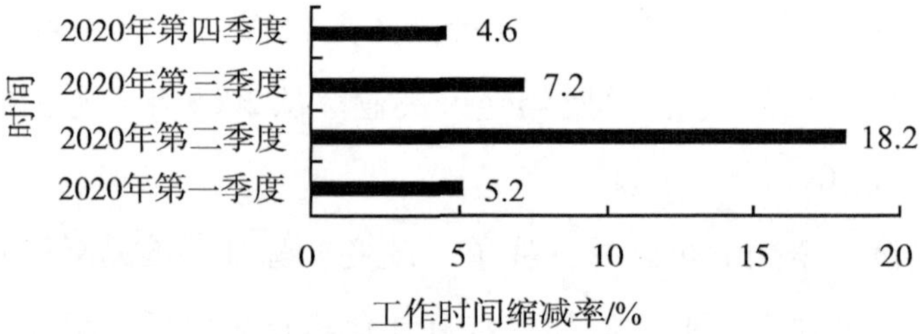

图 9　全球因新冠肺炎疫情导致的工作时间缩减率

注：本图数据以 2019 年第四季度为基准。

资料来源：ILO. ILO monitor on the world of work（ninth edition）［R］. Geneva：International Labour Office，2022：4.

---

① UN. World youth report：youth social entrepreneurship and the 2030 agenda［R］. New York：United Nations，2020：51－52.

② 人力资源和社会保障部课题组，张小建．促进经济发展与就业增长良性互动［J］. 中国劳动，2012（2）：5－12.

③ ILO. ILO monitor on the world of work（ninth edition）［R］. Geneva：International Labour Office，2022：9.

2020 年全球劳动力参与率下降 2.2%，失业率提升 1.1%，超过 2009 年的增幅，彼时受全球金融危机冲击，全球失业率上升了 0.6%。[①] 但失业率的变化并不能反映新冠肺炎疫情对就业的全部影响。据国际劳工组织分析，新冠肺炎疫情对就业的影响出现新的特点，全球有 3300 万人在失去工作后转而积极地寻找新工作（因而被定义为“失业者”），但同时另有 8100 万人则在失去工作后退出了劳动力市场，因此全球共有 1.14 亿人失去工作岗位。[②] 此外，疫情对就业的影响在不同年龄群体之间并非均衡分布的，青年群体受到的冲击最大，失去工作岗位的比率达到 8.7%，远高于成年人 3.7% 的水平。而且，相当大的一部分年轻人在失去工作岗位后加入了尼特族，直接退出或者推迟进入劳动力市场。[③] 疫情冲击之下，一些企业、机构倒闭，未倒闭的企业、机构也降低了招聘数量，因此，那些从教育机构毕业的年轻人首当其冲，他们的被雇用机会大为减少。

在疫情暴发之初，中国经济受到很大冲击。但随着强有力抗击疫情措施的实施，中国率先走出疫情的阴霾，并推动经济有序恢复。这一轨迹同样表现在就业和失业方面。2020 年月度失业率非常清晰地反映出疫情对青年就业的影响。疫情最严重时，虽然所有年龄段的失业率都在上升，但青年失业率上升幅度更大，且持续时间更长。其中，2020 年 7 月和 8 月，因叠加高等学校毕业季的影响，青年失业率急剧攀升至 16.8%，创下了中国有调查失业率记录以来的最高值，如图 10 所示。

---

① ILO. ILO monitor: COVID-19 and the world of work (seventh edition) [R/OL]. 2021: 9. https://www.ilo.org/wcmsp5/groups/public/@dgreports/@dcomm/documents/briefingnote/wcms_767028.pdf.

② ILO. ILO monitor: COVID-19 and the world of work (seventh edition) [R]. Geneva: International Labour Office, 2021: 7.

③ ILO. ILO monitor: COVID-19 and the world of work (seventh edition) [R]. Geneva: International Labour Office, 2021: 10.

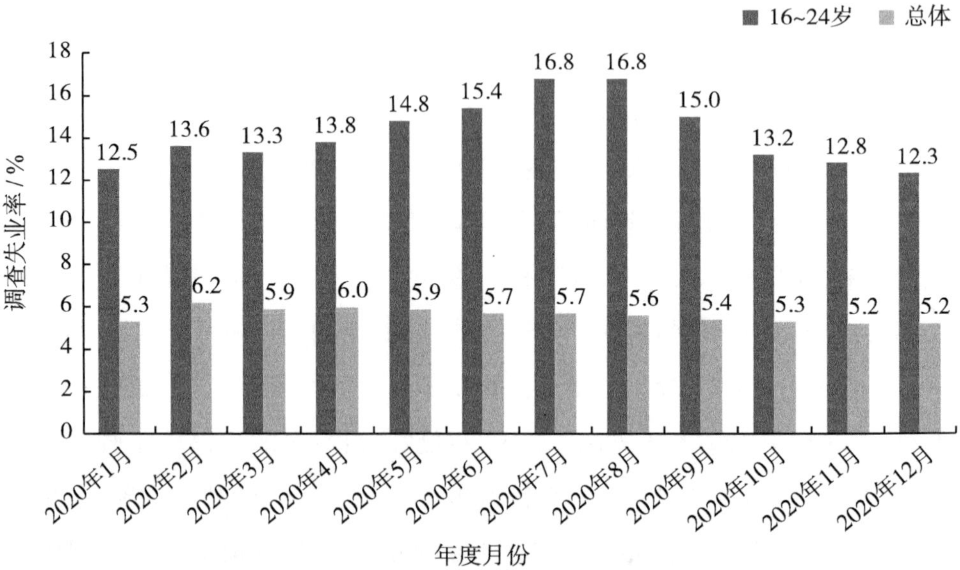

图 10　2020 年月度城镇总体失业率与青年失业率

资料来源：国家统计局．城镇调查失业率［EB/OL］．［2021－08－20］．https：//data.stats.gov.cn/easyquery.htm？cn＝A01.

四、当代中国青年就业与失业问题的演变趋势

（一）青年就业压力将会在相当长的一段时间内持续存在

早在 2010 年，人力资源和社会保障部相关负责人就谈到，就业难将在中国长期存在，中国就业的主要矛盾仍然是劳动力供大于求这种总量矛盾，这种局面在未来一段时期不太可能有根本性的转变。① 近年来，中国经济发展进入新常态，随着经济发展增速回落和结构调整，青年失业问题将更趋显性化。国际经验已经证明，在经历严重衰退或经济增长缓慢的经济体中，青年失业问题是难以解决的。② 事实上，青年劳动力的安置已成

① 朱隽，白天亮，晓白．用工荒与就业难［N］．人民日报，2010－03－25（17）.

② LIANG Jianqiang，NG G T，TSUI M，et al. Youth unemployment：Implications for social work practice［J］．Journal of social work，2017，17（5）：560－578.

为中国社会面临的挑战之一。中国青年劳动力供求不平衡的基本面在相当长的一段时间内都难以改变，根据谭永生对中国 16 ~ 24 岁青年劳动力的供求预测，2030 年之前，中国青年失业率都将维持在 10% 以上，高峰时期，青年失业人数将逼近 1000 万，而且青年尼特族规模也有扩大的迹象。[①] 庞大青年失业人口和青年尼特族的存在和积累意味着至少在 10 年之内，青年就业压力将有增无减。

（二）青年失业结构发生变化，高学历青年失业现象增多

失业结构是指失业人口中不同属性的失业群体所占的比例及其相互之间的关系。不同社会和时期，失业结构可能大相径庭，而通过对失业结构的分析可以发现失业变迁的深层次轨迹。例如，在美国，20 世纪 80 年代，男性、黑人和拉美裔人失业的可能性高于女性和白人；家庭背景不利、蓝领和制造业工作、职业地位低、工作年限少和受教育水平低也增加了这一时期失业的风险。但到了 20 世纪 90 年代，女性和白人的失业率上升，受过大学教育的工人失业率也上升。布兰德（Jennie Brand）认为，美国几十年来的失业结构变迁说明整个人口失业的脆弱性都在增加。[②] 在当代中国，青年失业结构变化的一个突出的方面是受过高等教育的年轻人失业风险增加了。中国青少年研究中心邓希泉等人发现，“城镇失业青年的高学历占比大，存在年龄段越低、高学历占比越高的现象”，其中，大专及以上文化程度的失业者分别占到 30 ~ 34 岁、25 ~ 29 岁以及 20 ~ 24 岁年龄组的失业青年总体的 28. 1% 、38. 7% 和 56. 1% 。[③] 这意味着城镇 20 ~ 24 岁的失业人口中超过一半都接受过高等教育。在相当长的一段时间内，

---

① 谭永生．经济新常态对中国青年失业的影响及趋势研究［J］．中国青年研究，2016（9）：105 – 109.

② BRAND J. The far-reaching impact of job loss and unemployment［J］. Annual review of sociology，2013，41：359 – 375.

③ 邓希泉，李健，徐洪芳．中国青年人口与发展统计报告（2018）［J］．广东青年职业学院学报，2018（4）：5 – 13.

高校毕业生数量都将维持在高位，因此，高学历青年失业现象将会在一段时间内持续。与此同时，高等教育中学历越高，失业可能性反而越大。例如，据陕西省统计，截至2015年12月31日，陕西省高校2015届毕业生中，博士毕业生就业率最低，为88.76%，硕士毕业生为90.97%，本科毕业生为91.61%，而高职和专科毕业生则达到92.74%。[①]

（三）青年失业时间有延长的趋势

在早期，一些关注当代中国青年失业问题的研究者曾乐观地认为：青年失业现象“在本质上是过渡性的、暂时的。……而随着年龄的增长和工作阅历的增多，失业率将会逐年递减。”[②] 但现实中，青年失业时间有延长的趋势。2010年第六次全国人口普查发现，青年失业人员平均失业期为10.4个月，长期失业者比重接近20%。[③] 根据上海市相关机构的摸排，2011年年底全市失业一年以上的长期失业青年人数超过2万名。[④]

2018年，侯立文通过对上海等国内6个大中城市中900余名16～35岁、失业1年以上的长期失业青年的调查发现，超过10%的调查对象失业时间超过3年，而且年龄越大、失业时间越长，就业意愿越低。[⑤] 失业时间延长之后，失业者的心理压力、再就业难度都会成倍增加。这实际上形成了一种恶性循环，年轻人一旦进入失业状态，如果不能通过就业及时走出困境，就有可能“越陷越深”。

（四）就业竞争加剧，年轻人不充分就业与非正规就业比重上升

青年劳动力供求失衡和就业竞争的加剧会迫使一部分年轻人接受、留在或者转移到不满意、不安全的工作岗位上，这意味着年轻人当中不充分

---

① 孙海华．陕西高校研究生就业率不及本科生［N］．中国青年报，2016－01－21（4）．

② 张守列．近30年中国青年失业群体分类比较［J］．中国青年研究，2010（11）：28－31．

③ 侯立文．长期失业青年就业状况分析及对策［J］．当代青年研究，2020（6）：77－82．

④ 孙璐，陈栋渊．助“宅男宅女”重燃梦想：上海实施“启航”计划助失业青年走出“三重门”［J］．中国人力资源社会保障，2013（6）：16－18．

⑤ 侯立文．长期失业青年就业状况分析及对策［J］．当代青年研究，2020（6）：77－82．

就业、非正规就业等与就业质量相关的问题会逐渐凸显。

就业竞争加剧会驱使一部分青年进入非正规就业系统。“非正规就业”是指与雇主未签订正式的劳动合同因而无法享受“五险一金”等正式劳动保障与福利权利的就业。根据《劳动法》的规定，“用人单位和劳动者必须依法参加社会保险，缴纳社会保险费”，用人单位应承担起为职工购买社会保险的义务，但对于非正规就业而言，雇主和用人单位往往会逃避这一义务。2005 年的一项调查发现，38% 的就业青年没有签订任何劳动合同，20% 的就业青年仅签订了 1 年以内的临时合同。[①] 2006 年对上海市静安区失业青年群体的调查则发现，近 50% 的调查对象虽然从事一定的有偿工作，但没有进行就业登记，也没有参加社会保险。[②] 对青年人而言，非正规就业的增长带来很多问题：一方面，失业的风险增加，非正规就业中裁员和解雇存在很大随意性；另一方面，一旦失业，劳动者无法享受失业补贴或失业保险等经济补偿，失业者的经济压力会更大。但在劳动力供过于求的情况下，一些年轻人为获得工作也不得不接受这些非正规就业部门的岗位。近年来出现的“蚁族”“校漂族”中相当一部分是非正规就业的年轻人。据廉思的估计，全国各地毕业后处于失业、半失业或从事非正规就业同时在城乡接合部聚众而居的“蚁族”总量接近一百万。[③] 近年来，伴随着移动互联网技术的突飞猛进，零工工作和平台工作不断扩张，而年轻人是零工工作和平台工作的主要从业者，据粗略估计，中国目前有上亿名快递小哥、外卖骑手、网约车司机、网络主播等零工工作者。[④] 他们当中有相当一部分也属于非正规就业，他们的职业安全、工作

---

① 代小琳．青年失业率攀新高　七成人为长期失业［J］．发展，2005（8）：38．

② 张坚．从公共职介角度对城市失业青年就业问题的研究：以静安区为例［D］．上海：上海交通大学，2008：17．

③ 廉思．“蚁族”现象研究：问题、借鉴与对策［R］//潘晨光．中国人才发展报告 2010．北京：社会科学文献出版社，2010：159．

④ 谢飞君．快递小哥、外卖骑手、网约车司机，谁为“零工经济”保驾护航［EB/OL］．［2021－06－06］．https：//export. shobserver. com/baijiahao/html/348380. html．

权益、职业发展往往缺乏保障。

（五）在职者工作压力增加

为了避免失业，在职者很多时候不得不接受苛刻的工作条件和过重的工作任务，导致工作时间延长、工作压力增大。2005 年的一项调查发现，就业青年平均每周工作 48 小时，1/3 以上的就业青年每周工作时间超过 50 小时。[①] 近年备受关注的“996”“007”现象表明这些问题有愈演愈烈的趋势。同时，在职者工作的不安全感上升，表现为对失去工作的担心和恐惧。这种担心也会影响身心健康、经济发展和社会运行。一些研究表明，持续的工作不安全感可能比真的失去工作更有害于身心健康。[②]

得益于国民经济在过去四十多年里的高速发展，中国年轻人中的工作贫困现象并不突出。但值得注意的是，随着就业压力的凸显，一些年轻人在面临失业和低收入工作的选择时不得不无奈地接受后者。2005 年的一项调查发现，60% 的就业青年平均月收入在 600 ~ 1500 元。[③] 由此导致的最直接后果就是年轻人实际工作收入与理想的落差。这种落差经过高房价、高物价的放大之后，不仅加剧了有工作的年轻人的生活压力，也催生了年轻人中流行的“丧”“佛系”“躺平”等亚文化。

几十年来，世界青年失业率高企，青年尼特族比重居高不下，不充分就业、非正规就业和工作贫困等就业问题中青年所占比例也较高，青年失业和就业问题已成为世界面临的巨大挑战之一。进入 21 世纪之后，中国青年失业问题逐步显性化。虽然中国青年失业率低于世界平均水平，但鉴于中国庞大的人口基数，中国失业青年的绝对数量不可小觑。研究者常常把失业分为摩擦性失业、结构性失业和周期性失业三种类型。中国经济发展进入新常态后，经济增速回落，劳动力尤其是青年劳动力的供求失衡局

---

① 代小琳．青年失业率攀新高　七成人为长期失业［J］．发展，2005（8）：38.

② 高原．经常担心失业，比真失业对身心危害大［N］．新华每日电讯，2009－09－05（3）.

③ 代小琳．青年失业率攀新高　七成人为长期失业［J］．发展，2005（8）：38.

面短期内难以改变，这意味着周期性失业压力增大。产业结构调整速度跟不上高等教育扩张的速度，而产业结构调整本身也会产生一部分失业，因此，青年结构性失业将会持续一段时间。同时，世界各国的经验表明，与成年人相比，青年人发生摩擦性失业的可能性更高。三种失业压力叠加，导致中国青年的失业和就业问题还将持续相当长的一段时间。中国青年的失业结构也发生了改变，失业时间有延长趋势。此外，青年失业问题还引发了就业竞争加剧、工作压力增大、工作不安全感上升等问题。这些问题的存在既妨碍青年福祉和劳动就业权利的实现，也会影响整体经济、社会的可持续发展，需要引起注意。

第二章

失业的冲击与青年的因应

CHAPTER 2

世界大多数国家的青年失业率都大幅度高于成年人失业率，这是一个全球性的普遍现象。出现这一现象的原因之一是年轻人会频繁地变换工作，由此导致青年中摩擦性失业较多。考虑到即便是自愿更换工作，也不能保证所有的工作之间都处于“无缝衔接”状态，这意味着，无论是自愿还是非自愿，也不管持续时间长短，失业成了现代社会很多年轻人生命历程中必不可少的组成部分。因此，乐观主义者认为，青年期的失业问题也是一种“成长的烦恼”，与成年人失业相比，青年失业期或长或短，但终究都是暂时性的，会随着时间的流逝而解决。从社会学的视角来看，青年期失业的影响与成年期失业的影响有重大差异，这是因为，青年期正好处在未成年向成年的过渡阶段，同时往往也是从学校向社会的过渡阶段。社会学家和心理学家认为，在儿童期和少年期，个体无论在生理发育还是在心理发展上都不够成熟，经济上也不能独立，需要其他成年人的养育和照顾。这段时期被称为“依赖生活期”。与其他动物不同，人类不仅有依赖生活期，而且这一时期长达十几年。但到了青年期，个体生理、心理发育渐趋成熟，对世界、人生开始具有独立且明确的看法，这就意味着“心理断乳”，要向成年期过渡了。因此，社会学家和心理学家又把青年期称为人的“第二次诞生”。

对于“第二次诞生”而言，就业，即找到一份工作并自食其力，具有重要的实际和象征意义。实际意义在于，通过工作获得劳动报酬并养活自己才有可能摆脱对父母等其他人的依赖，取得经济独立，从而真正告别依赖生活期。象征意义在于，现代社会中工作被看作“成年生活的核心体验”①，只有拥有一份工作，才能真正完成向成年的过渡。从这个意义上看，找到人生的第一份工作才是现代社会真正的成年礼。

与此同时，处于人生转换期的青年还要满足一些社会和文化期待。首

① 威尔逊．当工作消失时：城市新穷人的世界［M］．成伯清，王佳鹏，译．上海：上海人民出版社，2016：69.

先，在中国以及其他一些社会的文化中，“成家”与“立业”是并重的，20岁左右的年轻人不仅被期望找到一份工作，而且被期待谈婚论嫁，进而顺利走入婚姻的殿堂。其次，结婚之后，青年还被希望能够生儿育女，由为人子女转向为人父母，从而践履人生使命并尽到对家庭和社会的义务。

可见，处于人生过渡阶段的年轻人要完成众多的人生“任务”和社会期待，而对于大多数年轻人而言，找到一份工作并顺利就业是其中不可或缺的一个支点。因此，不难理解，失业——无论是失去工作还是无法找到工作——对大多数年轻人而言都是一个沉重的打击，会冲击和干扰他们向成年的过渡。

一、失业的冲击与压力

1967年，心理学家霍尔姆斯（T. H. Holmes）与雷赫（R. H. Rahe）根据对美国人的调查编制了著名的“社会再适应量表”。这份量表包含43项生活事件，按它们给人们带来的生活变化和压力大小排序，其中失业排在第八位。在此基础上，中国学者杨德森、张亚林于20世纪80年代编制了“生活事件量表”，其中，“待业、无业”作为可能产生精神上影响的事件也位列其中。[①] 这些都说明人们很早就意识到失业是一项重大的压力性生活事件。

对当代中国的青年来说，如果把失业界定为一种失业者不愿意接受的生活状态，从他们进入这种状态的缘由来看，存在三种类型：毕业后无法找到工作、主动失去工作（主动辞职）、被动失去工作。无论哪种类型，失业者都有可能感受到巨大的挫折感。

挫折是个体在追求理想的过程中因受阻碍而不能顺利实现目标时产生的消极体验和感受，可以说，目标愈明确、清晰，其受阻时的挫折感愈强

① 汪向东，王希林，马弘．心理卫生评定量表手册［Z］．中国心理卫生杂志社，1999：105.

烈。毕业后无法找到工作而失业的年轻人的挫折感就来自现实与理想的巨大反差。

我家里祖上三代，家族里混得最好的也就是在镇上做干部，包括爸爸这边和妈妈那边都没有过大学生。我考上了大学，不仅家里欢天喜地，自己也胡思乱想，那时的梦想就是毕业以后就会有一份体面的工作、不菲的收入、人人羡慕的社会地位……上大学后学了个“天坑”专业，成绩不好不坏，但也没学到什么核心技能。没人指导，也不知道去实习积累经验。大四的时候看着同学保研的保研，工作的工作，就开始慌了。到毕业时，总共投了417份简历，接到面试邀请的连零头都不到，然后所有面试都没过。……等到毕业了，无处可去，只能卷铺盖回家。这时再想想刚考上大学那会儿的想法，真是太可笑了，别说“体面的工作”，就是一份有“五险一金”的正式工作都不容易找。(IB031)[①]

如上一章所述，新中国自成立之后，直至20世纪末，在近半个世纪的时间内对大中专毕业生实行统包统配的“包分配”政策，再加上1977年恢复高考之后，高校招生规模有限，总人口中受过高等教育的比例不高，大中专毕业生就业不成问题，由此导致全社会形成“受过高等教育者不愁就业”的氛围。受此影响，一些家长和青年人也产生“考上大学就进了就业保险箱”的感知，进而对就业前景产生过高期待。然而，进入21世纪之后，无论是就业政策还是劳动力市场供求情况都发生了巨大变化，大中专毕业生就业难已成为一个现实问题。因此，很多大学生在毕业时找不到工作才猛然发现梦想被现实击碎，巨大的挫折感就会油然而生。

虽然官方并不倡导，但在大众的心目中，我国的高等教育机构是存在

① 为保护调查对象隐私，同时也遵从研究惯例，本书中只显示调查对象编号（其中，IB为研究项目编号，阿拉伯数字为调查对象序号），同时对访谈中涉及的人名也进行了技术处理。

一定等级阶序的。"好"与"普通"、"重点"与"非重点"、"一本""二本"与"三本"、"985""211"与"双非"以及"双一流"与"非双一流"就是这种阶序的表现。在公众的认知中，这一阶序体系中越靠前的大学，其毕业生的就业优势就越明显。这种高期待导致的一个衍生效应是"好"大学和"名校"毕业生找不到工作时的挫折感会更强烈。

近年来，一些"名校"毕业却失业或自感职业成就不合预期的毕业生常常以"985 废物""985 废柴"或"小镇做题家"来自嘲。据媒体报道，在年轻人中有很大影响的社区网站"豆瓣"上专门建有"985 废物引进计划小组"，这个小组 2020 年 5 月创建，7 月成员已有 7 万余名，成员还在不断增多。[①] 与之类似的另一个豆瓣小组是"985/211 废柴自救小组"，其中相当一部分是"985"或"211"大学毕业后失业的年轻人，正如他们所说的，建立小组的目的是希望通过相互之间经验的交流，从而使"大家都能拿到好的 offer"。[②]

这种挫折感往往也与学历成正比，即学历越高，挫折感越强。一位毕业即失业的研究生这样描述自己失业时的感受：

我是 2020 年 7 月研究生毕业的，学校是个"双非"学校，就是既不是"985"也不是"211"大学。研三上学期我开始在一家企业实习，2020 年元月就是农历年前回老家准备过年，接着疫情就发生了。所以那段时间只能待在家里，小区都封闭了，不让出门。辅导员每天在微信群里统计大家的健康情况，发不发烧之类的，本来计划参加的各种考试、招聘无一例外都延期了。我每天闷在家里，一开始有点烦躁，后来一想，疫情归疫情，毕业不可能无限延期，还是先安安心心写毕业论文吧，把毕业论

① 柴归，谢晓宇．豆瓣上数万"985 废柴"的抗争，讲述了一个简单的道理：考上好大学只是人生开始［EB/OL］．［2021 - 05 - 15］．https：//new. qq. com/omn/20200710/20200710A0UVZS00. html.

② 佚名．985/211 废柴自救小组［EB/OL］．［2021 - 05 - 16］．https：//www. douban. com/group/697170/.

文写完，通过外审，安心了再找工作。没想到后面就是等待，等待论文答辩、毕业的各种安排，然后辅导员就突然开始在群里统计大家的就业情况了。眼看着大家一个个都报出了工作去向，我就开始有些慌了。六月份，毕业班的同学被通知回学校参加论文答辩，拍毕业照，然后就这样兵荒马乱地毕业了。截至毕业，我投的三十多份简历一个回音都没有。什么感觉？就是失落、无助，又有点委屈，想哭……读本科的时候，专业课老师都鼓励我们考研，说考上研究生了至少就业不愁。大四毕业的时候，我以为考上研究生了，将来找个一般的工作肯定不是个问题。读研的时候，老师有时会讲学长们的就业情况，说他们是“指哪打哪，弹无虚发”。没想到，这世界变化的速度真是太快了……（IB006）

没找到工作的毕业生一般都经历了一个漫长的求职—碰壁的过程，因此对挫折的感受是逐渐深入的。直到毕业前夕，他们都还会抱有一丝“会找到工作”的希望，当毕业离校的日子猝然而至时，他们才不得不接受“毕业即失业”的现实，进而体验到巨大的挫折感。

然而，对于那些被动失去工作的年轻人而言，无论是否有预感，失业都是一种急性的、遽然而临的冲击。一位 25 岁的单身女性这样回忆：

就是那种干活干得好好的被领导叫起来当着众人的面猛抽一耳光的感觉，就懵了！我从来没有遇到过这种打击，完全没想到，虽然不能说多优秀，但一直也勤勤恳恳，怎么就裁到我了？也不知道其他人第一次被公司辞退是不是也有这种感受？（IB014）

以往大量的研究已经揭示，主动辞职的人和被动失去工作的人在压力和精神痛苦方面有所差异。主动失去工作的年轻人在一开始并不会产生压力和挫折感，因为辞职是他们主动自愿的选择。当一个人主动、自愿地放弃或离开一份工作时，说明其对自己的职业和生活有着较强的掌控能力。一部分主动辞职者是为了换一份更好的工作，他们有可能在辞职之前已经找好了新的工作，也可能辞职之后很快就找到了理想的工作。这两种情况下，他们都不会进入失业状态，因而都不属于本书关注的范围。还有一部分主动辞职的年轻人在失去工作的早期处于一种轻松、愉悦的状态，如果他们愿意一直处于这种没有工作也不想求职的生活方式，实际上就会进入“不就业、不受教育、不受培训”的尼特状态。但如果他们还想就业，随着失业时间的延长，尤其是在多次尝试求职而不能如愿的情况下，挫折感就会逐渐袭来。一位“裸辞”的男性青年这样说：

开始的时候一点都不担心，之前的工作也存了一些钱，心想终于可以不要见那些“三观”不合的领导了，还有点小开心。之后就好好放松了一下，出去旅行了两次，然后窝在家里，睡醒了就看看书、追追剧，饿了就点外卖，反正挺轻松。过完年了想想该投简历了吧，改了改简历，心想再找份工作应该不难……没想到，现实很残酷。我这两个月在领英、猎聘、boss 直聘、前程无忧、智联招聘、58 同城各种招聘网站上投了上百份简历，就是海投，结果大部分都石沉大海了，没有任何回音。虽然也接到几个面试邀请，但完了都是让回去等通知，然后等着等着就没有任何消息了……这太让人心慌了，不是说“金三银四”吗？工作都跑哪里去了？还是我自己有问题？我辞职的时候可没想到自己会落到这一步。（IB023）

紧随挫折感而来的就是焦虑。焦虑是一种不愉快的紧张体验，也是压力带来的最常见的主观体验。大多数接受访谈的失业青年都会提到这个问题。

之后就很焦虑，就着急，无处安放的那种着急，每天都在网上搜索各种考试公告、招聘公告，把各种招聘 App 下载下来安装在手机上，每天在不同的 App 之间不停地切换、不停地刷新。开始后悔了，后悔没有在实习的时候就找一家能留下来的公司。想着只要有一份工作，哪怕工资不高，可以过渡一下也行啊……（IB006）

一个面试都没收到，慢慢的心态就崩了，焦虑就来了，就是心里面发慌、着急，担心会不会一直找不到工作，但又不知道该怎么办那种。只要是醒的，这种感觉就在，有时候晚上睡着睡着突然就醒了，然后睁着眼看着天花板，心里面也是这种感觉。（IB024）

失业带来的焦虑可能与经济压力有关，因为失业最直接的影响就是无法通过工作来获取物质报酬。除了收入之外，失业还会造成养老金和其他社会保障福利等间接的经济损失。对年轻人而言，收入途径有限，如果没有父母等其他途径的支持，失业了就切断了收入的来源，会产生财务紧张。同时，财务紧张还可能导致控制感和独立感丧失，[①] 从而成为巨大的压力源：

失业之后首要的问题就是经济上的压力，工作没了，但房租还得交，水、电、燃气、网络费还得缴，一日三餐还得吃。眼看着以前攒的钱越花越少，投出去的简历还是没有任何回音，就会感觉特别焦虑。（IB005）

相比而言，那些有自己的住房、与父母同住或者家庭条件优越的失业青年经济负担相对较轻，他们的焦虑程度也相对小一些。

我接到辞退电话后很不爽，心想这么着就把我给炒了？想狠狠地骂人……但也没慌。公司给了赔偿金，自己也有一笔存款。你知道，关键是没成家，跟父母住一起，吃喝不愁，也没房贷、车贷什么的。父母身体健康，退休金也不少，家里除了自己住的这套三居室，还有一套小两居在中环内，这个租出去了，一个月能收个六七千元租金吧。找不到工作是很糟心，但着急也没有用，是不是？（IB016）

① 孙书华，张淑华．失业人员压力源的理论结构探讨［J］．沈阳师范大学学报，2006（5）：35.

然而，事实并不完全是这样。一方面，与成年人相比，年轻人的经济负担并不重，虽然处于人生的过渡期，但是很多年轻人还是由家庭提供经济来源，而且随着整体经济的发展和居民财富的增长，很多家庭——尤其是城市家庭——足以负担年轻人的生活费用。另一方面，一些没有经济压力、衣食无忧的青年失业者也报告了他们的焦虑状态。

刚开始在家觉得无比轻松，每天睡到自然醒。反正是独生女，父母给惯着，有房有车、吃喝不愁，但过了两个月，就开始慌了。第三个月工作还没有着落，就很焦虑了，晚上开始失眠，就是想要一份工作。(IB037)

大专毕业后就没找到工作，就在家待着，快半年了。每天就在家，父母倒没说什么，反正经济上一点压力没有，我就是去挣点钱说不定还不够我自己花呢。他们没有催我去找工作，他们的态度感觉跟上学那会儿没啥不一样。可能自从我考上大专后，他们好像接受了这个事实，对我也没啥高期望。但是在家待着，我自己特别想工作，就是想找份工作。一开始整天睡觉、吃饭、打游戏，现在每天早晨醒得特别早，一醒过来就点开App刷招聘信息，但刷来刷去还是那些职位，投的简历也没有消息，焦虑得要死。(IB002)

这说明，职业和工作不仅是获取经济收入的工具，还是人真切需要的，一旦缺乏，就会产生紧张、焦虑等各种不适感。20世纪50年代，密歇根大学的两位社会学家莫尔斯（Nancy Morse）和韦斯（Robert Weiss）进行了一项有趣的社会调查。在调查中，他们首先询问调查对象："如果你意外地继承了一笔钱足够你舒适生活而无须工作，你是否认为你无论如何都要工作呢?"401名调查对象中有314人回答要工作，占比78%；79人回答无须工作，另有8人没有给出明确的答复。对于那些回答要继续工作的人，调查者接着询问他们继续工作的理由。结果发现，32%的人认为继续工作是为了“保持有所事事”，10% 的人认为是为了“保持个人健康、对人有益”，9% 的人认为是“享受那种工作”，另有 10% 的人认为是“证明我的存在”或“使有自尊感”，1% 的人认为是为了“保持与他人的联系”；反之，14% 的人认为如果不工作就会“觉得不知所措，要发疯”，10% 的人觉得如果不工作就会“不知道如何打发时间”，4% 的人认为不工作“觉得无聊”，2% 的人认为不工作会“觉得自己没用”。① 这项调查说明了对大多数人而言，工作的意义不仅在于获得金钱等物质报酬，还在于满足人们多方面的需要。因此，不工作或失业会带来很多消极的后果，于是往往被人们视为一种威胁。

英国谢菲尔德大学的沃尔（Peter Warr）教授提出了类似的观点并在此基础上发展出了失业的维生素模型。沃尔认为，就业能给人们带来 9 种积极的益处：控制的机会、技能使用的机会、外部产生的目标、多样性、环境的明确性、获得金钱、人身安全、人际交往的机会以及受重视的社会地位。失业者不能就业，也就无法获得和体验这些益处，因此就像不能获得某些维生素一样，会导致消极的生理和心理后果。② 贾霍达（Marie Jahoda）的隐性剥夺理论也认为，失业之所以具有破坏作用是因为失业者被剥夺了就业带来的外显或潜在的积极后果。她认为，除了经济收入这一显性的回报之外，就业为每一天提供了时间结构、让人们与他人交往、为人们提供了目标感、允许个人提高地位并鼓励活动等潜在的好处。③

工作具有诸多功能，没有工作或失去工作不仅导致人们的需要无法满足，还可能无法取得社会认可，被社会排斥甚至被污名化。“污名”是指能够体现特定社会情境下令人鄙视的社会身份的特点和属性。④ 研究发

① MORSE N, WEISS R. The function and meaning of work and the job [J]. American sociological review, 1955, 20 (2): 191 - 198.

② WARR P. Work, unemployment and mental health [M]. Oxford: Oxford University Press, 1987.

③ JAHODA M. Employment and unemployment: A social psychological analysis [M]. New York: Cambridge University Press, 1982.

④ 欧文·戈夫曼. 污名：受损身份管理札记 [M]. 宋立宏，译. 北京：商务印书馆，2009：3.

现，失业者有可能被“污名化”，招聘机构倾向于雇用仍在职的求职者，即便短期失业者，几乎也完全得不到招聘者的青睐。[①] 实证研究甚至发现，虽然失业与致残都传递了收入将会缩减的信息，但配偶失业后离婚的概率会增加，而配偶残疾后离婚的概率却没有变化。此外，离婚概率的增加只出现在因裁员而导致的失业中，不会出现在因工厂倒闭而导致的失业中。研究者认为，这是由于失业具有污名效应，而“被裁员”则暗示了被解雇者个人品质存在问题。[②] 对适龄青年而言，失业更容易被污名化，失业青年可能被看作“无业游民”“闲散青少年”“啃老族”“家里蹲族”等。互联网文化发展起来之后，“巨婴”“寄生虫”“废柴”“妈宝男”等负面标签也可能与失业青年建立联系。无论来源何处，污名会营造一种隐形的社会舆论压力；同时，失业青年自身也可能会认同这种污名，这样就会带来羞耻感、无价值感，进而产生心理负担，从而强化失业青年的焦虑。

亲戚朋友邻居很快就知道了，他们不是不关心，但更多的是诧异，刚20岁出头，就待在家里“啃老”，不出去工作，以前的学都白上了，我这都成反面教材了。毕竟还是处在一个熟人社会，这种不工作就有罪、不工作就是个废人的感觉让我心里很难受，能不出门就尽量不出门吧……（IB011）

在中国文化背景下，失业或没有工作除了不能带来现金收入以外，还被认为影响或延迟了为处于社会关系网络中的父母争面子以及反哺父母等人生目标的达成。[③] 这种歉疚感同样会强化失业青年的焦虑。

---

① 赖至巧. 华裔博士研究指美失业者被“污名化” 再求职超难［EB/OL］.［2021-08-05］. https://www.chinanews.com.cn/hr/2012/08-12/4101520.shtml.

② CHARLES, K K, MELVIN S. Job displacement, disability, and divorce［J］. Journal of labor economics, 2004, 22 (2): 489-522.

③ 曾群. 青年失业与人生转型［J］. 社会, 2007 (1): 141-163.

一直找不到工作还会让你变得很敏感，很在意他人的看法，也会揣测别人的意思，虽然不一定有根据。上次舅妈来家里跟爸妈说，在华为上班的表姐又买了一套房，感觉父母好没面子，虽然他们压根就没提我的事。想到这些就难过、着急，二十多岁了连个工作都找不到，害得父母在人前都挺不直腰。(IB001)

在现代社会，与工作联系在一起的职业地位是个人身份和社会地位的核心。在社会分层研究中，职业是划分个人在社会分层体系中所处位置的关键因素。一旦失业，会导致社会地位丧失或向下流动。无论是地位丧失还是向下流动都会带来额外的压力。两位研究者通过对 248 名失业者的实证研究发现，除了外显的经济收入之外，地位的丧失在就业的所有潜在益处中对失业者的主观幸福感影响最大。① 对于失业青年而言，类似的地位丧失感同样存在：

我从小成绩都很好，说不上是“别人家的孩子”，但也算是爸妈的小骄傲吧。刚接到大学通知书那会儿，跟着老爸老妈出门，听亲戚邻居们恭维说：“嗬，考上‘985’了，了不起！”觉得老爸老妈脸上都有光……在家待久了，左邻右舍就都知道了。每次出门，邻居们就问：怎么还不上班呀？没找到工作呀？“985”毕业也找不到工作呀？……说不上是关心还是嘲讽，反正自己听了是怀疑人生了。以前觉得考上“985”不说有多牛，但对自己的发展来说肯定是迈上了一个大台阶，现在毕业了经过社会的“毒打”之后开始明白了，“985”也就是过去学习能力、考试能力的一个证明，要是把握不好，也找不到工作……（IB034）

早在沃纳（W. Lloyd Warner）等人在扬基城（Yankee City）进行的社

① CREED P A, MACINTYRE S R. The relative effects of deprivation of the latent and manifest benefits of employment on the wellbeing of unemployed people [J]. Journal of occupational health psychology, 2001, 6 (4): 324 -331.

会分层经典研究中，就把是否失业作为阶层划分的一个重要标准。按照沃纳等人提出的分层体系，失业者和那些没有固定收入、领取救济金的人一起属于“下下层”，这也是其六阶层社会体系的最低层级。① 失业还会影响整体社会流动的方向和状况。维莱加斯（Christina Villegas）认为，青年不能顺利就业是造成当代美国青年积极社会流动下降的重要原因之一。② 瑞典社会学者科瑞皮（Tomas Korpi）则指出，进入失业状态是现代社会中向下流动的一个极端例子，而且很可能对随后的社会流动机会产生影响。③ 事实确实如此。研究发现，再就业的失业工人比非失业工人更有可能获得兼职工作，而且这种可能性随着时间的推移而增加。④

失业时间越长，焦虑越严重。这可能是因为：一方面，失业时间越长，经济损失就越大；另一方面，失业本身就是一种压力源，处在这种状态下越久，心理负担就越重。

时间拖得越长，越焦虑。一开始也着急，着急赶紧找一份工作，但一边着急一边还给自己打鸡血，心想不仅要找份工作还要找份更好的，情绪也就是焦虑和激昂交替。几个月之后还没找到靠谱的，就会开始想，要是一直这么下去怎么办？之后就会怀疑自己、否定自己，想是不是自己太“菜”了？然后就进入一个恶性循环，焦虑—怀疑—否定—更焦虑，就这样，越急越找不到，越找不到越急，一直这样下去总有一天会崩溃的。（IB019）

---

① 格伦斯基．社会分层［M］．王俊，等译．北京：华夏出版社，2005：211－213.

② VILLEGAS C. The youth unemployment crisis：Reference handbook［M］. Santa Barbara, California：ABC-CLIO，2019：4.

③ KORPI T. Accumulating disadvantage：Longitudinal analyses of unemployment and physical health in representative samples of the Swedish population［J］. European sociological review，2001，17（3）：255－273.

④ BRAND J E. The far-reaching impact of job loss and unemployment［J］. Annual review of sociology，2013，41：359－375.

焦虑甚至会改变失业青年对时间结构的体验和感知。时间结构被认为是就业的一个潜在的益处，直接关系到人们的精神状态与心理健康。失业导致失业者的时间结构发生改变，而焦虑直接反映了失业者对时间结构改变的感知与体验。

每天都很焦虑。晚上拉上窗帘，有灯光，会轻松一些，感觉这就是世界的全部。不想睡，刷手机、追剧……希望天永远都不要亮，不想拉开窗帘，不想看到阳光下的街道，不想看到忙忙碌碌的人群，看到这些会更焦虑。为什么晚上不睡白天睡？其实是想逃避白天，逃避现实，逃避焦虑。(IB026)

一般人可能会觉得，你反正没工作，不用上班，不用打卡，哪一天不一样？其实，没有工作的人，最在意的也是最怕的就是周一和周五。周一了，看着别人都元气满满地去上班，只有自己还在刷求职信息，刷了一遍还可能一无所获，就会很焦虑，会想什么时候才能找到一份工作呀？周五了，在职的说，终于熬完一周，可以放松一下了。想想自己呢？一周又过去了，要么没机会，要么投了简历没回音，总之，工作的事还是没有一点进展，这时候就会特别焦虑，感觉一周又浪费了。(IB013)

时间结构的改变会导致失业者对生活控制感的削弱，甚至会侵蚀其自我概念，从而又产生间接的压力。

求职是失业者应对失业的最直接也最常见的方式，然而，求职活动本身也可能成为一种压力源。① 现实的就业竞争压力也会放大焦虑。失业青年往往把这种竞争压力与流行语“内卷”联系在一起，认为：

现在什么都“卷”，找工作也是“卷”，随随便便一个职位都是大几

① 孙书华，张淑华．失业人员压力源的理论结构探讨［J］．沈阳师范大学学报，2006（5）：35－37.

十人、上百人在竞争，感觉自己不知不觉就被“卷”进去了。想到这些就特别焦虑，不知道为什么现在找份工作这么难，还是只有我一个人这么难？（IB022）

大四考研失败，接着又花了一年时间复习，进行“二战”，结果还是失败了，心想那得找工作吧。其实准备“二战”的过程中就摇摆过，努力再考一次？还是就放弃了，找工作去？这种摇摆的感觉弄得人心烦意乱。后来强制压下去了，不考虑这个问题，拼尽全力再考一次！结果成绩出来了就没有选择了……焦虑，不想再考了，又不想待在家里“啃老”，只能找工作。先投简历，海投，投了上百份吧，也有几个面试，但去了就更焦虑了，人那么多！想想自己既不是应届生，又没有工作经验，也没有过人之处……后来一想到找工作还要面试就焦虑。（IB017）

这种焦虑特别表现在等待求职结果的时候：

大多数面试结束的时候都会说：回去等通知吧！你不知道，接下来的这段时间就是最难熬的时间。特别是那种自己想去的公司，等得让人心焦。每一天，每过几分钟就要看一下手机，怕是不是错过了电话。一直没有接到电话就想是不是主动打电话问下人事部门？但真要拨号码的时候又会犹豫、退缩。然后又是等待……那种忐忑、焦虑和心烦意乱的感觉真是无法言传，有时候就自己祈祷：希望这次面试能过，希望这家公司能收下我吧……（IB005）

焦虑不仅会损害身心健康，还会影响自身发展。对失业者而言，突出的表现是影响到求职表现进而妨碍就业的顺利实现。麦卡锡（Julie McCarthy）和戈芬（Richard Goffin）提出，在面试过程中，焦虑可能会表现在沟通、外表、交往和行为表现等众多方面，而且，求职者的焦虑水平一般与面试官的面试成绩呈负相关的关系。[①] 一般认为，求职成功和再就业是缓解失业压力的良方。事实上，失业带来的财务紧张可以随着新工作的找到而迅速解除，但社会地位丧失、时间结构改变、自我概念侵蚀等间接压力可能还会持续一段时间。以往关于失业长期影响的研究一般集中在工资“疤痕”问题上。例如，有研究者报告说，人们失去工作后不久会有33%的收入损失，这种损失会一直延续，失业六年后还有15%的损失，[②] 这种工资“疤痕”甚至在失业20年后还可以观察到。[③] 对青年失业者而言，失业期间的焦虑还有可能延续到入职以后。失业期间，他们焦虑的是如何才能找到一份工作，这种焦虑感以及求职期间经历的挫折感不会随着再就业而立即烟消云散。入职以后，他们可能会不够自信，焦虑自己能否胜任工作的要求、能否适应新的环境。这种入职后的焦虑既可以看作失业期间焦虑的延续，也可以看作失业冲击留下的心理“疤痕”。

二、失业压力与青年的行为和态度

对处于人生过渡期的青年而言，失去工作或没找到工作都是重大的压力性生活事件。正如珀林（Leonard I. Pearlin）等人的经典研究所揭示的，“社会压力不是一个单一事件的发生，而是一个复杂的、多样化的、智力上具有挑战性的过程”，失业既会带来角色紧张和经济紧张等直接的压力，这些压力又会进一步侵蚀自尊、自我控制感等自我概念，受损的自我概念让个体在经历压力事件和情境时变得更为脆弱。[④] 可见，失业不仅会激发多重压力源，还会开启一个自我强化甚至是恶性循环的压力性过程。

---

① MCCARTHY J, GOFFIN R. Measuring job interview anxiety: Beyond weak knees and sweaty palms [J]. Personnel psychology, 2004, 57 (3): 607 - 637.

② COUCH K A, PLACZEK D A. Earning losses of displaced workers revisited [J]. American economic review, 2010, 100 (1): 572 - 589.

③ BRAND J E. The far-reaching impact of job loss and unemployment [J]. Annual review of sociology, 2013, 41: 359 - 375.

④ PEARLIN L I, LIEBERMAN M A, MENAGHAN E G, et al. The stress process [J]. Journal of health and social behavior, 1981, 22 (4): 337 - 356.

心理学家认为压力具有积极和消极双重性质并分别称之为“正性压力”和“负性压力”，前者可以激发个体的心理警觉，引起高级认知和行为表现，进而促进个体成长与发展，而后者则会给个体带来痛苦的体验，阻碍个体成长和发展。[①] 从普通公众的感知来看，压力要适度，一旦过度，除了引发焦虑、挫折、冲突等消极体验之外，还可能会导致行为和态度的改变。

失业产生的压力和焦虑可能会导致对自我的否定：

时间一长就会怀疑自己，就会觉得自己一个高中生，一无是处，明明App上那么多职位，怎么简历投出去一个回音都没有？说来说去只能怪自己太差了，又菜又弱……（IB029）

自我否定和不够自信会影响到随后的求职行为：

一次次求职无果后，自信心明显受到打击，就会想：是不是自己真的有问题？长久以往，自己都觉得自己很衰。有时候去面试的路上想到可能又要白跑一趟，心里面就会打退堂鼓。去了，一看黑压压一屋子人，手心就出汗，其实就是没自信了。有时候做自我介绍，看着面试官似笑非笑的神情，心想肯定又没戏了……（IB002）

求职受挫不仅打击自信心，甚至会产生绝望感，还有的年轻人会因此而抵触求职行为甚至会放弃求职。

现在不知道自己的未来在哪里。今天找不到工作，明天也不大可能找得到。去做一份完全不愿意做的工作吗？去做一份工资连缴房租都不够的工作吗？能想到的路，每一条都是死路。（IB014）

① 申艳娥．正、负性压力情境下教师应对方式的比较研究［J］．心理发展与教育，2004（4）：66－69．

当你感觉不可能找到工作的时候你就会不想找工作了。一次次鼓励自己，又一次次失败。自我介绍都重复了几十次了，想想都要吐了。现在很抵触这一套东西，想把手机上那几个招聘 App 都卸载了。(IB002)

失业带来的绝望感不仅无助于个体应对当下的挑战，还可能引发溃败的多米诺效应，使困难接二连三地发生。当多重压力逐渐累积的时候，甚至有可能导致失业者自杀。自杀是人们在复杂心理活动作用下，在明确行为结果的情况下蓄意采取各种手段结束自己生命的行为，有时，自残等行为被认为是“准自杀”。关于失业与自杀关系的研究较多，但这些研究大都是总体性研究，一般探讨的是失业率、自杀率等宏观指标之间的相关性。例如，大多数研究都认为，失业率和自杀率随着时间的推移呈正相关关系。[①]普拉托（Stephen Platt）和霍顿（Keith Hawton）总结了 1984—1999 年的 165 项经验研究，根据他们的综述得出结论，失业与自杀和准自杀的风险增加有关。[②] 关于失业与自杀关系的个体性研究较少，一个重要的原因是方法上的，即难以获得有效的样本和数据。在本书的经验研究部分，没有获得自杀的案例，但确有接受访谈的失业青年表达了曾有轻生的念头：

人要不顺利什么事情都来了，从年初失业到现在，找工作一无进展，时间拖得越久，越心焦。积蓄越来越少，买的基金又亏了小一万块。上个月老爸又查出肺部有阴影，医生说情况可能不妙，让进一步检查，最近又要陪他跑医院……真的不是怀疑人生的问题了，是那种绝望的感觉，有时候从窗户上往下看，跳下去的念头都有……（IB003）

---

① DOOLEY D, FIELDING J, LEVI L. Health and unemployment [J]. Annual review of public health, 1996, 17 (1): 449-465.

② PLATT S, HAWTON K. Suicidal behaviour and the labor market [C] // The international handbook of suicide and attempted suicide, West Sussex, UK: Wiley, 2000: 309-384.

一些研究者分析我国台湾地区 1978—2006 年的纵向汇总数据发现，失业率与自杀率呈正相关关系，但从年龄分组来看，15～24 岁的年轻人失业与自杀的相关关系弱于其他年龄组。[①] 这可能与年轻人对生活怀抱希望有关系，并且失业的压力还可以通过一定的方式向内或向外转化。

压力有可能向内转化，引发青年行为和态度的改变。在一项流行病学调查中发现，失业使得临床酒精障碍风险增加 9 倍。[②] 当前，一些失业青年会通过自我麻醉的方式来逃避压力，除了过去的酗酒、吸烟、滥用药物之外，随着互联网和移动互联网的普及，沉溺于网络也成为失业青年逃避压力的重要选择。

很痛苦，后来就躺在床上刷手机，刷抖音、快手、知乎，后来加上淘宝、闲鱼，就在几个 App 之间不停地切换，没有什么目的，就是乱看看。饿了就叫外卖，困了就睡，醒了又开始刷，这样大脑就被各种看到的内容挤满了，就不会想工作的事了。(IB014)

压力大了就吃，在淘宝上买了一堆零食，从巧克力、饼干、话梅到瓜子，都有，有时一晚上就在那嗑瓜子，重口味的最有效，辣的、酸的、怪味的……嘴里越有感觉，就越不会考虑工作的事了。还叫外卖，奶茶、咖啡、麻辣烫，每天换着花样点，后来体重直线上升，不知道这是不是压力性肥胖。(IB009)

另外一种与逃避相似的行为方式是自我封闭，这实际上是一种社会退缩行为。失业青年在遭遇失去工作或求职失败之后可能会逃避与外界的接

---

① CHEN C H, CHOU J Y, LAI T J, et al. Suicide and unemployment rate in Taiwan, a population-based study, 1978－2006 [J]. Social psychiatry and psychiatric epidemiology, 2010, 45 (4), 447－452.

② DOOLEY D, CATALANO R, HOUGH R. Unemployment and alcohol disorder in 1910 and 1990: Drift versus social causation [J]. Journal of occupational and organizational psychology, 1992, 65 (4): 277－290.

触而自我封闭。退缩的原因可能是想减轻痛苦、规避自尊或身份的丧失等，是一种自我否定的形式。在关于经营失败企业家的研究中，研究者发现，遭遇挫折之后，很多企业家也选择“逃避”“深居简出”等避免社交的方式来应对压力。[①]

发愁，只想一个人待着、不想出门。出门怕碰见熟人，更不想去见同学、朋友，跟他们一对比，会更难受的，有时看看他们朋友圈里发的东西情绪都会很低落。（IB023）

自我封闭和社会退缩还会影响到他们的婚恋生育观：

失业之后不久就和女友分手了。其实我也能理解，没工作、没未来，怎么给人家安全感？现在这个样子，根本不会往这方面想，恋爱、结婚、生孩子都是以找到工作为前提的。没工作，就别想这些事了。（IB003）

韩国也有类似的情况。2017 年韩国失业总人数为 102.8 万，整体失业率为 3.7%，其中 15～29 岁青年失业人数为 43.5 万，青年失业率达到 9.9%，创有统计以来的新高。在此背景之下，韩国年轻人从放弃恋爱、结婚、生育的“三抛世代”发展到放弃人际关系、购置房产、梦想和希望的“七抛世代”。[②] 就业和工作为个人提供了与初级社会群体之外的更广泛的他人接触、互动和交往的机会和场所。一些学者甚至主张，工作最重要的意义就在于与职务有关的人群关系。[③] 失业之后的社交退缩不仅影响了对社会关系、社会支持的获取，也不利于失业者的身心健康。

除了常见的社交退缩之外，还可能出现消费退缩。

---

① 陈悦琴，蔡明宏，林明杰．建构创业家失败复原力调节机制之研究［J］．管理评论，2014，33（3）：71－92．

② 陈尚文．韩国青年失业率攀高［N］．人民日报，2018－02－02（22）．

③ 泰勒．职业社会学［M］．张逢沛，译．台北：复兴书局，1972：462．

网上说没工作就没脸消费，那也不至于，主要是没工作心里就不踏实，能少花钱就尽量少花钱，暂时没用的就别买。(IB011)

虽然消费退缩与压力逃避的实际表现似乎可以相互抵牾，但本质上都反映了失业青年对社会活动参与的减少。参与社会活动能够使个体保持警觉并获得目标感和成就感，而参与社会活动减少，不仅会导致孤立和边缘化，还会进一步产生抑郁、厌烦、低自尊等心理健康问题。事实上，失业对健康的影响是失业研究中最受关注的主题之一。

三、失业对青年身心健康的影响

作为一种压力性生活事件，失业不仅影响经济收入，还影响个体的社会地位、时间结构、关系网络和能力展示，同时带有社会污名，造成焦虑、不安全感和羞耻感。这些都会侵蚀人们的心理社会资产，如自我接受、自尊、自信、生活满意度、自我控制感等，最终会威胁到失业者的健康。除了深度访谈中涉及焦虑、挫折、冲突等主观感受之外，本书的经验研究部分还对调查对象的心理健康状况进行了初步测量。测量工具选用了戈德伯格（David Goldberg）研制的12项一般健康问卷（GHQ－12）。除了使用广泛和具有较高的信度和效度之外，这一问卷还具有简洁、耗时短等优点，尤其适合在综合性问卷中作为测量研究对象心理健康水平的简易量表。根据调查对象的情况和使用目的并参考戈德伯格的建议，本研究对这一问卷的计分方法进行了调整，采用2级计分法，即每个问题的回答只有“是”“否”两项，答“是”者计1分，答“否”者计0分，得分范围在0～12分，分数越高，意味着心理健康水平越低。根据戈德伯格的建议，得分在3分以上者可以认为心理健康状况不佳。[①] 使用简单统计方法

① GOLDBERG D. Manual of the general health questionnaire [M]. Windsor, England: NFER Publishing, 1978.

对心理健康状况与失业状况之间的关系进行了描述性分析，结果如表 4 所示。可以看出，失业者心理健康状况不佳发生率很高，不仅高于未失业者，也高于失业后成功再就业者。

表 4　心理健康与就业状况统计

就业状态	失业（n = 522）	失业后再就业（n = 267）	未失业（n = 35）
心理健康状况不佳比例	64%	47%	31%

注：n 为各类别人员数量。

由于样本量不大，尤其是未失业者样本量不足，同时只是进行了简单的统计描述，这一结果的意义有限。尽管如此，这一结果与已有的众多研究发现相一致。保罗（Karsten Paul）和莫瑟（Klaus Moser）对有关失业对心理健康影响的 237 项横截面研究和 87 项纵向研究进行了元分析（meta-analysis），结果发现，失业人员比未失业者表现出更多的痛苦，失业者与未失业者在抑郁、焦虑、自尊、主观幸福感等心理健康指标上均存在显著差异，失业者中有心理问题的平均比例是 34%，而未失业者中这一比例为 16%。① 对失业青年而言，压力和焦虑的广泛存在本身就意味着幸福感的降低。此外，自尊水平也受到影响。离校学生的研究往往发现，没有找到满意工作的年轻人并没有经历自尊的下降，但是没有像找到了工作的更快乐的同龄人那样获得更多的自尊。②

在访谈中，一些失业青年也谈及失业后生理健康状况的式微，例如：

一直这么焦虑，我自己都能感觉自己身体出状况了。最明显的就是脱发，梳头的时候特明显，每次几十根几十根地掉，我都担心这么掉下去会不会出现斑秃。免疫力也下降了，动不动就感冒，睡觉的时候还出虚汗，

---

① PAUL K, MOSER K. Unemployment impairs mental health: Meta-analyses [J]. Journal of vocational behavior, 2009, 74 (3): 264 - 282.

② WINEFIELD A H. Growing up with unemployment: A longitudinal study of its psychological impact [M]. London: Routledge, 1993.

这些都是以前没有过的状况。(IB006)

本书的经验研究没有对失业与生理健康的关系进行更深入的探讨，主要原因是这一问题涉及多学科甚至包括自然科学的领域，实施难度很大。事实上，有关失业对生理健康影响的研究出现较晚。早期的研究大多使用自我感知或自我报告的方式来衡量研究对象的健康水平变化。后来，一些研究者开始使用跨学科的研究方法来分析失业是否会影响到失业者的生化指标。例如，迈尔（Richard Maier）等人研究了 71 名失业人员在失业第一年的三个时间点上的一般体力和皮质醇水平的变化。体力通过研究对象骑自行车参加人体工程学测试来测量，而皮质醇水平则是通过抽血来测量的。在整个研究期间，失业人员的体力下降了 16.3%。与此同时，男性的皮质醇水平上升，这被认为是一种压力反应；女性的皮质醇水平在前六个月上升，然后下降。作者提出，虽然没有证据支持这种可能性，但女性皮质醇水平的下降可能是由于女性最后接受了家庭主妇的角色，放弃了找工作从而导致压力水平下降。① 另一项研究的结果显示，即使在控制了年龄、教育程度、体重指数和家庭收入后，有过失业经历的人在 5~8 年后的 C 反应蛋白（CRP）水平仍较高。② C 反应蛋白是一种炎症标志物，与应激水平升高以及糖尿病、高血压和心血管疾病风险增加有关。但总体上，这类跨学科研究数量相对较少，但这种关注失业对身体、生化反应等客观健康结果影响的研究是非常有意义的，因为它更能说明失业对生理健康的影响效应。布兰德（Jennie E. Brand）总结了有关失业对生理健康影响机制的研究，发现存在三种主要的解释。第一种认为失业之所以会影响

---

① MAIER R, EGGER A, BARTH A, et al. Effects of short-and long-term unemployment on physical work capacity and on serum cortisol [J]. International archives of occupational and environmental health, 2006, 79: 193-198.

② JANICKI-DEVERTS D, COHEN S, MATTHEWS K A, et al. History of unemployment predicts future elevations in c-reactive protein among male participants in the Coronary Artery Risk Development in Young Adults (CARDIA) study [J]. Annals of behavioral medicine, 2008, 36 (2): 176-185.

生理健康是因为失业产生了经济、心理、社会资产的侵蚀和压力，过大的压力可以直接损害身体健康状况。第二种认为失业会导致健康行为的改变，如酗酒、吸烟、暴饮暴食等，这些不健康行为的增加也会危及生理健康。第三种认为，失业之后，医疗保健服务会缩水，从而导致生理健康水平下降。①

从方法论和研究设计上来看，有关失业对健康影响的研究可以分为总体性研究与个体性研究两类。

总体性研究关注作为宏观经济运行情况指标的总体失业情况（通常用失业率来测量）与社区层面病理学之间的联系。一般而言，总体性研究大多聚焦于自杀、罹患精神病等现象，因为这些情况的发生率较低，使用个体或跨层次方法难以汇集到足够的研究对象。例如，布伦纳（Harvey Brenner）研究了总体失业率与精神病院入院率之间的关系，发现失业率变化及其所反映的经济波动是精神病院入院率波动的唯一最重要来源。②关于中国情况的总体性研究同样证实了失业对健康具有负面影响。例如，王箐使用中国省级面板数据分析了失业率对死亡率的影响，发现短期内失业率每下降 1 个百分点，死亡率下降 3.7 个百分点，而长期来看，失业率每下降 1 个百分点，死亡率下降 6.8 个百分点。③ 然而，从方法论角度来看，总体性研究存在生态谬误风险，容易让人把从总体水平的数据中得出的结论简单地应用于个体水平的解释。

个体性研究虽然可以避免生态谬误风险，但有可能因选择效应的存在而产生逆向因果关系。大量的个体性研究都是以失业者作为研究对象的，虽然能够发现失业者的健康受损与失业之间存在相关关系，但由于健康与

---

① BRAND J E. The far-reaching impact of job loss and unemployment [J]. Annual review of sociology, 2013, 41: 359 -375.

② BRENNER H. Mental illness and the economy [M]. Cambridge, MA: Harvard University Press, 1973.

③ 王箐. 失业率会拖累公众健康吗：基于中国数据的分析 [M]. 北京：中国金融出版社，2016：159.

失业之间的关系是双向的，因此可以说失业影响到健康，但也有可能是健康不佳导致了失业。例如，在一次大规模流行病学调查的第一次访谈中，被诊断为酒精障碍的人一年后失业的可能性是未被诊断为酒精障碍的人的两倍多。① 科瑞皮也报告了类似的结果。这位作者使用了 1981 年和 1991 年瑞典生活水平调查的数据，这项调查包括身体健康数据和长期就业状况数据。身体健康数据以总症状指数来表示，包括经历过胸痛、支气管炎、胃痛和背痛等几种疾病的反应。结果发现，健康状况不佳会增加失业和继续失业的风险。② 因此，质疑者提出，使用横断面研究发现失业者健康状况比就业者差并不一定是失业造成的，也可能正好是一种反向的因果关系，即健康状况差的人更容易失去工作或难以找到工作。

针对这种质疑，研究者改进了研究设计和研究方法以消除或控制相关研究中的选择效应。第一种研究设计是被称为“准实验策略”的关于机构关闭或倒闭的研究。具体而言，研究从工人得知工厂将要关闭开始，一直持续到实际的裁员。这种研究设计的目的是在人们失业之前就控制他们的健康状况，从而最大限度地排除因健康不佳而导致失业的情况，有利于避免选择效应和反向因果关系。保罗和莫瑟使用元分析方法评估了一些采用这种方法的研究，发现在这些研究中，失业者的困扰和痛苦程度还是高于未失业者，说明失业状况是造成身心痛苦的原因。③ 斯特鲁利（Kate Strully）发现，与稳定就业的参照组相比，由于机构关闭而失去工作的个人报告健康状况一般或较差的概率增加 54%，报告高血压、关节炎或糖尿病等新的健康状况的概率增加 83%。这一发现甚至在控制了健康状况、

① DOOLEY D, CATALANO R, HOUGH R. Unemployment and alcohol disorder in 1910 and 1990: Drift versus social causation [J]. Journal of occupational and organizational psychology, 1992, 65 (4): 277 - 290.

② KORPI T. Accumulating disadvantage: Longitudinal analyses of unemployment and physical health in representative samples of the Swedish population [J]. European sociological review, 2001, 17 (3): 255 - 273.

③ PAUL K, MOSER K. Unemployment impairs mental health: Meta-analyses [J]. Journal of vocational behavior, 2009, 74 (3): 264 - 282.

性别、种族、教育、职业、婚姻状况、家庭收入等一些变量后仍然成立。[①] 第二种研究设计是应用小组方法，调查一段时间内的一般人口，但为了产生足够的失业人口，需要大量的初始样本。第三种研究设计是纵向研究，例如，从高中生开始，然后跟随他们进入劳动力市场，以确定找到或找不到工作的影响。保罗和莫瑟总结了 64 项纵向研究的结果，其中 19 项研究跟踪个体从就业到失业，45 项研究跟踪个体从失业到就业。元分析结果表明，在所有研究中，随着个体失业，痛苦感显著增加，而随着个体就业，痛苦感显著降低。[②]

这些新的研究策略的运用不仅规避了个体研究中的选择效应问题，更重要的是，相关研究说明失业确实会对失业者身心健康产生诸多不利的影响。

四、青年失业压力的外向转化及其社会影响

失业压力除了影响失业者的态度、行为和身心健康之外，还可能被失业者以一定的方式向外部转移。对大部分青年而言，就业是实现向成年过渡的必要条件，失业却让这一人生目标难以实现，于是产生挫折感。贾霍达的潜在剥夺模型则认为，就业为个人提供了经济收入等显性利益以及时间结构、社会联系、社会地位等潜在的利益。失业时，个人被剥夺了这些利益，因而会产生被剥夺感。[③] 无论是挫折感还是被剥夺感，都有可能导致攻击性行为。青年人也可能会因失业产生一些暴力性、破坏性甚至反社会的行为。

失业者有可能通过暴力来发泄失落感和消极情绪，甚至通过暴力来满

---

① STRULLY K. Job loss and health in the U. S. labor market [J]. Demography, 2009, 46 (2): 221 - 246.

② PAUL K I, MOSER K. Unemployment impairs mental health: Meta-analyses [J]. Journal of vocational behavior, 2009, 74 (3): 264 - 282.

③ JAHODA M. Employment and unemployment: A social-psychological analysis [M]. Cambridge: Cambridge University Press, 1982.

足对“尊严”和“力量”的追求。以暴力方式宣泄失业压力使得失业者的攻击性有所增加。例如，一项对初次访谈时正在工作且没有暴力行为但在后续访谈时处于失业状态的人员的数据分析发现，失业人员暴力行为风险是在职人员的6倍。①

攻击性增加导致了犯罪可能性上升。有研究者将社区不充分就业与年轻人高逮捕率联系起来。美国20世纪70年代末有关监狱犯人的调查显示，42%的男性和66%的女性在被捕时处于失业状态。② 早在1963年，芝加哥大学的弗莱舍（Belton M. Fleisher）就发现，失业对青少年犯罪有着显著的正向影响③；古尔德（Eric Gould）等人也发现，20世纪80年代，美国的非熟练青年劳动力失业增多，90年代则减少，与此相对应的是，犯罪率在80年代上升，90年代则下降，进一步的研究也证实了犯罪与失业具有相关性。④

此外，失业青年还有可能加入犯罪组织。例如，根据国际劳工组织的数据，拉丁美洲共有2000多万失业青年，其中1600多万属长期失业人口，他们彻底放弃了找工作的希望和努力。在墨西哥，15～24岁的尼特族占该年龄段青年总数的21%。不少青少年在辍学、“毕业即失业”后，参与到毒品走私、人口拐卖、非法移民等犯罪活动中。据官方统计，近4年来有1107名青年因参与有组织犯罪被捕，并呈急剧攀升之势。⑤在中东地区同样如此，大量失业人口的存在尤其是青年群体失业严重，这些人往往将参加恐怖组织作为生存方式的一个选项。⑥ 在非洲，15～24岁的青年

① CATALANO R，DOOLEY D，NOVACO R W，et al. Using ECA survey data to examine the effect of job layoffs on violent behavior [J]. Hospital and community psychiatry，1993，44 (9)：874－879.

② BRIAR K H. Unemployment：Toward a social work agenda [J]. Social work，1983 (3)：211－216.

③ FLEISHER B M. The effect of unemployment on juvenile delinquency [J]. Journal of political economy，1963，71 (6)：543－555.

④ GOULD E，WEINBERG B A，MUSTARD D B. Crime rates and local labor market opportunities in the United States：1979－1997 [J]. Review of economics and statistics，2002，84 (1)：45－61.

⑤ 邹志鹏. 破解“妮妮”族难题的尝试 [N]. 人民日报，2011－08－03 (21).

⑥ 刘水明，韩晓明. 中东反恐进入“攻坚阶段” [N]. 人民日报，2016－06－21 (21).

人口占总人口的20%，总量高达2亿之多，但一些非洲国家青年人平均失业率高达60%，这给非洲发展带来了巨大压力。一些观察者认为，缺乏稳定和正规的工作机会将给非洲社会带来巨大压力，失业青年极有可能成为暴力组织、极端组织的招募对象，进而导致政治和社会动荡。[①] 对此，有识之士都有着清醒的认识，非盟委员会主席法基曾表示，仅凭武力不能根除恐怖主义，因为“青年失业并缺乏发展希望是其加入暴力团体的重要因素”[②]。同样，尼日利亚智库“团结非洲”负责人埃得温·伊库奥利亚也表示“如果要彻底消灭非洲大陆的冲突，应该从发展经济、解决青年人失业问题着手”[③]。

青年失业还可能激化社会矛盾并引发反政府情绪。例如，从2010年开始，16~24岁英国少数族裔青年长期失业率激增了49%，而白人青年的长期失业率下降了2%。脱欧公投后，英国种族仇恨犯罪呈现恶化趋势。英格兰与威尔士地区，82%的仇恨犯罪出于种族动机。[④] 失业还会影响青年的政治态度，甚至会降低他们对现行社会制度的认同。早在20世纪80年代初，在英国进行的一项调查就发现，年轻人当中，失业者与就业者相比对政治制度的不满程度更高，支持工党的可能性更大。[⑤] 近年来，在经济持续低迷的情况下，欧美国家没有足够的工作岗位吸纳年轻人，青年的反政府情绪日渐升温。2011年9月，美国的“占领华尔街”运动爆发，并从纽约先后蔓延至洛杉矶、波士顿、芝加哥、丹佛和西雅图等地。抗议活动的参与者大多数是青年失业者，包括找不到工作的大学毕业生。他们的目标主要是反对华尔街的金融腐败，反对大公司滥用金钱施

---

① 李志伟，万宇．非洲寻求破解青年就业难题［N］．人民日报，2018-04-26（21）．

② 吕强．加强协作，非洲合力应对恐怖主义［N］．人民日报，2019-07-17（16）．

③ 万宇．非盟峰会探讨化解冲突共谋发展［N］．人民日报，2020-02-13（17）．

④ 黄培昭，李应齐．英国种族不平等问题持续恶化［N］．人民日报，2016-08-22（21）．

⑤ COURTENAY G，BANKS M H，ULLAH P. Youth unemployment：Social and psychological perspectives［J］．Applied statistics，1988，37（2）：267-268．

加政治影响，要求美国政府将更多资源投入到保障就业等民生项目中去。[①] 失业青年的反政府情绪甚至能引发剧烈的政治运动和社会变革。2010 年年底，北非突尼斯一位失业青年因抗议城管不当执法而点火自焚，成为引发北非和中东众多国家反政府运动的导火索，正如一些研究者所指出的，推动北非和中东地区政治剧变的直接因素是青年失业问题[②]，数量庞大的失业青年构成了运动的先锋和主力军。

受限于访谈对象的数量和代表性，本书经验研究中未见失业青年犯罪的案例。事实上，即便有，由于社会科学研究中霍桑效应[③]的存在，研究对象也不一定会说出来。虽然一些青年失业后铤而走险、违法犯罪的报道也见诸媒体报道，但有关中国青年失业与犯罪关系的实证研究并不多见。张丹丹等人分析全国流动人口动态监测调查的数据以及广东某监狱服刑人员数据后发现，最低工资的上调会显著增加流动人口的失业概率，而失业使得流动人口参与犯罪的可能性增加 0.6 个百分点。[④]孙亚男关于失业大学毕业生的调查则发现，26.98% 的调查对象有参与游行等集体行动的想法。[⑤] 向德平也认为，失业青年不仅会产生孤僻自卑、无助感、挫折感、抑郁、焦虑等问题，还有可能因不能参与正常的经济活动而产生不满、相对剥夺和不公平感，出现心态失衡和心理扭曲，进而威胁社会安全和稳定。[⑥]

以上内容说明，失业压力的外向转化会引发一系列社会问题，甚至产生广泛而深远的级联效应。美国社会学家威尔逊就认为失业问题是 20 世

---

① 张旸，吴云．美国“占领华尔街”活动持续蔓延［N］．人民日报，2011－10－04（3）．

② 张永汀．中东北非国家变局中的青年问题及对我国青年工作的启示［J］．中国青年研究，2011（8）：25－29．

③ 霍桑效应源自霍桑试验的发现，是指社会科学研究中当研究者意识到自身成为研究对象后会有意识地改变自身行为。

④ 张丹丹，李力行，童晨．最低工资、流动人口失业与犯罪［J］．经济学（季刊），2018（3）：1035－1054．

⑤ 孙亚男．大学毕业生失业派生风险研究［D］．北京：首都经济贸易大学，2012．

⑥ 向德平．社会问题［M］．北京：中国人民大学出版社，2015：213－219．

纪后半期美国大城市内城区衰落的核心所在，“根本而言，如今市中心聚居区的诸多问题——犯罪、家庭破裂、福利、社会组织水平低下等等——都是工作消失的一种后果”[①]，这一问题如若不能妥善解决，将会影响到所有的美国人。贾霍达同样指出，只关注失业的经济代价是有局限性的，失业还具有巨大的社会和心理破坏性，因此，失业也许是最严重的社会问题之一。[②] 显然，青年失业引发的社会问题构成了国家必须对失业青年进行支持和援助的直接而紧迫的原因。

失业是一项重大的压力性生活事件，给失业者带来多重压力源。对青年失业者而言，在向成年过渡的时期遭遇失业的冲击，挫折感和压力感会进一步强化。失业的挫折和压力不仅影响青年的身心健康；如果应对不当，还会因为挫折和压力的外向转化而引发诸多社会问题，影响社会的稳定和发展。研究失业社会后果的先驱布伦纳认为：“主要的理论意义在于，尽管我们的哲学取向，个人的命运在很大程度上受制于社会经济结构的大规模的变化，而这些变化并不在个人的掌控之下。”[③] 准备或刚刚步入经济社会舞台的年轻人尤其如此，国家和社会应该对失业青年提供就业支持与援助，以帮助他们有效应对这些个人无法完全掌控的经济社会变化。

---

① 威尔逊．当工作消失时：城市新穷人的世界［M］．成伯清，王佳鹏，译．上海：上海人民出版社，2016：1.

② JAHODA M. Employment and unemployment：A social-psychological analysis［M］. Cambridge：Cambridge University Press，1982.

③ BRENNER M H. Mental illness and the economy［M］. Cambridge，MA：Harvard University Press，1973：x.

第三章

失业青年就业支持政策：世界与中国

CHAPTER 3

青年就业问题的核心是失业问题，有效应对青年失业问题需要政府与社会的介入。本章回顾世界范围内应对失业问题的政策变迁。从消极的生活保障到积极劳动力市场政策，发达工业化国家愈来愈重视青年的就业促进和支持工作。近年来，为实现更加充分、更高质量就业的目标，中国也实施了就业优先战略和更加积极的就业政策，并且把高校毕业生、城镇青年等青年群体列为就业支持和援助的重点对象。

一、从生活保障到就业促进

失业会给失业者个人、家庭带来巨大压力，同时也会对社会发展造成众多负面影响。但在工业化早期，工人失业后只能依靠自己或在朋友和家人的帮助下应对失业难关。如果缺乏这些初级关系，失业者甚至有可能会陷入生存的困境。除了朋友和家人之外，失业者也可能会向心理医生等特定的个人寻求帮助或专业的服务，但在早期，这些要么是失业者主动随机的求助行为，要么是一些专业机构和慈善人士志愿性质的行为，对失业人员正式的、制度化的支持，尤其是以国家和政府为后盾的失业保障并没有出现。

除了经济发展水平、工人的组织化程度等客观因素外，自由主义对失业的看法也是造成这一状况的重要原因。一些经济学家认为，适度的失业不仅是市场波动的自然结果，而且是有益的。一方面，失业被看作经济繁荣和萧条的调节器，是抑制通货膨胀的一个不幸但可以接受的结果。持这种思想的人认为，作为宏观经济形势表现的失业和通货膨胀存在反比关系，失业率越低，通货膨胀率越高。因此，为了控制通货膨胀的压力，可以紧缩货币供应，这时失业人数会上升；一旦失业率达到一定水平，可以扩大货币供应，刺激经济发展，从而可以降低失业率。另一方面，通过失业调节劳动力市场的供求关系，可以激发在职者的劳动积极性，从而提高经济效益。也就是说，除了宏观经济的考量之外，微观上一些企业把裁员视为劳动力的配置过程，可以经由这一过程来保障股东的价值。[①] 基于以上这些认识，自由主义经济学家们倾向于不对失业进行过多干预，也反对对失业者的过度支持，他们甚至认为，对经济发展而言，对失业者的支持可能是弊大于利的。

总体上，自由主义经济学家们是从成本-效益的角度来看待失业以及对失业的干预问题。然而，这一视角也存在很多问题。首先，它把就业和失业问题完全工具化了，忽视了工作和就业是人们的一项基本权利。其次，它仅考虑经济上的成本与效应，忽视了失业的社会成本与效应。如前所述，失业会带来巨大的，甚至是无法估量的社会成本，无论对于个体、家庭，还是对于社区和社会都是如此；而且，这些社会代价往往是不可逆转的。最后，这一视角看重对成本和效益的理性分析，但没有考虑到，失业即便有利于提高经济效率，但失业的代价和成本主要是由失业者及其家庭承担的。

失业成本的不均衡分配构成了马克思失业理论及其对资本主义批判的一个重要方面。马克思认为，为了追求剩余价值和避免在竞争中失败，资本家会不断采用新技术、提高劳动生产率和资本的技术构成，从而导致可变资本相对于不变资本来说不断减少，最终把大量劳动者排挤出资本主义生产之外，“工人人口本身在生产出资本积累的同时，也以日益扩大的规模生产出使他们自身成为相对过剩人口的手段”[②]。相对过剩人口就是失业者，虽然他们的存在有利于资本主义生产的周期性波动，“形成一支可供支配的产业后备军……为不断变化的资本增殖需要创造出随时可供剥削的人身材料”[③]，但他们承受了失业带来的所有后果，其中最底层甚至陷

---

① BRAND J E. The far-reaching impact of job loss and unemployment [J]. Annual review of sociology, 2013, 41: 359-375.

② 马克思. 资本论（第一卷）[M]. 北京：人民出版社，2018：727-728.

③ 马克思. 资本论（第一卷）[M]. 北京：人民出版社，2018：728-729.

入了“赤贫的境地”[①]。

19 世纪中期以后，工业化国家的失业问题日趋严重。随着工会的广泛建立，工人的组织化程度日益提升，一些欧洲国家的工人发起并成立了互助会，希望通过工人的互助共济来应对失业及其他困境。在法国，1848 年共有 2500 个互助会，拥有 25 万会员，相当于全法人口的 4.5%；到 1892 年，则发展到 9600 个互助会，共有 150 万会员。[②] 互助会一般采取会员“凑份子”的方式筹集经费，由于互助会一般以职业为基础招募会员，规模往往不大，同时“份子钱”不多，导致经费有限，对失业者的救济水平并不高，在面临大规模失业时更是无法发挥作用。与此同时，面对失业形势的严峻化和互助会的蓬勃发展，政府出于稳定社会秩序的考虑也开始介入互助会的管理事宜。1901 年，比利时建立由工人自愿缴费参加、互助会运营管理、地方政府提供财政资助的三方合作型失业保险制度。随后，法国、挪威、丹麦相继通过立法建立非强制性失业保险制度。[③] 1911 年，英国通过《失业保险法》，要求建筑、工程建造、造船、机械制造等 7 个行业的工人参加失业保险，失业保险费用由工人、雇主和国家三方负担，并成立失业保险基金会专门负责经费的管理工作，工人失业后自第二周起可以每周领取 7 先令的失业保险金。[④] 虽然保障范围有限，保障水平也不高，但是这一法律的颁布意味着国家在保障失业者生活中的责任得到了法律的确认。不久之后，意大利、德国等欧洲工业化国家也建立了强制性失业保险制度。

1929 年开始的经济大萧条中，工业化国家受到大规模失业的冲击。例如，美国失业率高企，1931 年美国平均每 4 人中就有 1 人处于失业状

① 马克思．资本论（第一卷）［M］．北京：人民出版社，2018：741.

② 米歇尔·德雷福斯．1789 年至 1945 年法国的社会保护史［J］．李晓姣，张丽，译．世界历史，2011（5）：115－125.

③ 孙光德，董克用．社会保障概论［M］．北京：中国人民大学出版社，2000：195.

④ 蔡玉辉．英国早期失业法令及其动因［J］．学海，2007（6）：87－91.

态，人们饱尝失业之苦。罗斯福总统上任之后，颁布了《联邦紧急救济法案》，向失业和困难家庭提供救济。同时，那些建立了强制性失业保险制度的欧洲国家发现失业保险在大萧条中发挥了一定的作用。因此，大萧条之后，更多的工业化国家把建立失业保险制度提上了日程。据统计，截至“二战”结束前，全世界共有21个国家建立了失业保险制度。“二战”结束后，这一数字继续增长，至1995年，全球共有61个国家和地区建立了失业保险制度。[①]

失业保险是政府和社会对失业者提供支持和援助的最主要形式，但它主要是一种消极被动的救济方案，主要形式是向符合条件的失业者提供现金给付，而其主要目标也停留在保障失业者在失业期间的基本生活上。

“二战”结束之后，西方工业化国家进入一个“黄金时代”。20世纪70年代石油危机之前，欧洲和美国在凯恩斯主义指导下成功地约束了市场，经济持续稳定增长，核心家庭结构稳定，失业率保持在较低水平。同时，在政治制度上，工人与中产阶级联合起来，通过工会等组织争取到了社会服务和福利的权利，欧洲众多国家建成了福利国家制度。[②] 然而，从20世纪70年代后期开始，在石油危机的影响下以及随着向所谓的“后工业社会”的转型，福利国家经济增速下降，失业率上升，同时人口结构、家庭结构、劳动力市场结构发生巨变，导致对福利的需求上升，政府财政开始承受重压。此外，高福利还带来了“福利病”。例如，由于一些国家失业保险金不断提高，失业者仅凭失业金也能安然度日，反而削弱了他们求职和再就业的积极性和努力。一项研究发现，那些获得更多失业保险福利的人重新就业的速度可能会慢一些，而在失业救济金较低的地

① 孙光德，董克用．社会保障概论［M］．北京：中国人民大学出版社，2000：196.

② 彼得·泰勒－顾柏．新风险 新福利：欧洲福利国家的转变［M］．北京：中国劳动社会保障出版社，2010：1.

方，人们会花更多的时间在找工作上。[①] 这使得失业保险制度成为被批评的靶子。

美国同样如此。20 世纪 70 年代在石油危机影响下进入滞涨时期，失业再次成为重要的社会问题，为纾解危机，福特政府不仅减免税负，而且拨款对失业人员予以救济。20 世纪 70 年代中期的经济衰退在失业人员的收入和服务方面造成的损失估计为 210 亿美元。1975 年，美国收入保障政策办公室预计，当失业率从 5% 上升至 7% 时，失业保险将增加 4 ~ 6 倍，同时对失业家庭的援助、食品券和医疗补助等相关的支出将增加 68 亿美元。[②] 美国政府不堪重负。受此影响，一些批评者认为应改革失业保险和救济制度，目标应放在鼓励就业和降低失业率上，因为失业率降低之后不仅可以缓解失业福利的压力，而且可以带来生产力提升、税基扩大和收入增加等经济上的益处。

在这一背景之下，发达工业化国家开始对失业保险制度进行改革。改革的核心要求是降低福利需求、增加税收等资源供给。为实现这一双重目标，一个有效的途径是让更多的人就业，因为这样，一方面，可以让他们自食其力，从而降低福利需求；另一方面，可以扩大税收基础，增加政府收入。由此，发达工业化国家开始由单一保障失业者生活的失业保险走向促进失业者就业的积极劳动力市场政策。

二、积极劳动力市场政策的演进

积极劳动力市场政策是社会政策的一个类别，泛指西方工业化国家“为积极帮助失业者重新就业或为在职人员提供职业培训以提高其就业适

---

① KRUEGER A B, MUELLER A. Job search and unemployment insurance: New evidence from time use data [J]. Journal of public economics, 2010, 94 (3/4): 298 – 307.

② BRIAR K H. Unemployment: Towards a social work agenda [J]. Social work, 1983, 28 (3): 211 – 216.

应能力而采取的政策和措施"[①]。具体的政策和措施因时间、因国家而异，但它们共同的特点是抛弃了自由主义对待失业问题的消极态度，倡导对劳动力市场实施积极干预。

事实上，美国早在罗斯福新政时期就采取过干预劳动力市场的措施。例如，罗斯福总统上任后，除了颁布《联邦紧急救济法案》之外，还专门成立了"联邦紧急救济总署"，该机构的首要目标就是通过国家重大工程建设等方式创造就业机会、降低失业率，但随着危机的消除和经济的恢复，这一措施被看作非常时期的应急之举而被束之高阁。

现在一般认为，积极劳动力市场政策起源于20世纪50年代在瑞典施行的雷恩-梅德纳模式（Rehn-Meidner model）。这一模式因两位经济学家雷恩（Gosta Rehn）和梅德纳（Rudolf Meidner）的倡导而得名。20世纪50年代，瑞典工业经历了一个快速的现代化过程，一些落后的工业企业在竞争中落败，其员工相应失业，但同时那些先进的工业企业还在迅猛扩张，急需补充人力资源。为了解决如何把失业工人转变成先进企业所需的合格劳动力的问题，雷恩和梅德纳提出了对失业人员进行再培训的方案。这一方案实施之后不仅解决了失业工人再就业的问题，还为瑞典工业现代化提供了大批训练有素的工人，因而受到雇主、工人、工会、政府等多方面的欢迎。

在随后近二十年的时间里，意大利、法国和德国等欧洲国家借鉴了瑞典的经验，发展了对失业人员以及在职工人的培训工作。彼时，欧洲经济正处于战后快速发展的黄金时期，劳动力总体上处于紧缺状态，失业尚未成为社会问题，所以这些政策和措施的主要功用是通过对未就业人员的培训为迅速扩张的工业经济提供合格的劳动力。

随着1973—1975年石油危机的爆发，发达工业化国家遭遇了严重的经

① 马永堂．市场经济国家的积极劳动力市场政策（一）[J]．中国劳动，2004（4）：50-52.

济危机，其中一个方面的表现就是大规模失业的出现。博诺利（Giuliano Bonoli）认为，这是积极劳动力市场政策进入第二个阶段的标志。[①] 为了应对严峻的失业压力，一些国家改变了积极劳动力市场政策的内容，因为以往单纯的职业培训对解决新的问题帮助不大。例如，瑞典在劳动力培训的基础上又发展出“职位创造”这一新的措施，这里所说的职位常常是指在公共部门或非营利性私人部门的临时补贴性工作，因此又可以称为“补贴就业”。通过创造职位，可以让没有工作的人有事可做，并且防止他们出现技能萎缩。这一时期，瑞典通过扩大公共部门的就业人数来吸纳劳动力，结果取得一定成效，危机之后直至20世纪80年代末，瑞典的失业率都没有显著上升。[②] 德国也在培训之外增加了就业服务和职位创造的内容。20世纪90年代初两德统一之后，大量原民主德国公司的重组加剧了失业压力，因此，德国也相应加大了职位创造措施的运用并有效减少了公开失业。[③]

20世纪七八十年代的失业一度被认为是一个暂时性的困难，于是很多欧洲国家采取了在公共部门创造职位、让人们提前退休以退出劳动力市场等应对策略。这些策略在减少公开失业方面取得了一定成效，但也加大了社会保障和社会福利支出的负担。进入20世纪90年代之后，伴随着全球竞争的加剧和老龄化进程的深入，发达工业化国家的结构性失业现象凸显，减少劳动力供给的策略难以为继。为此，20世纪90年代中期之后，这些国家转而强调通过一定的政策措施将尽可能多的劳动年龄人口融入劳动力市场。这样，积极劳动力市场政策进入以“激活”为重心的新阶段。

---

① BONOLI G. The political economy of active labor market policy [J]. Politics and society, 2010, 38 (4): 435-457.

② LARS M. Nordic economic policies in the 1970s and 1980s [J]. International organization, 1987, 41 (3): 403-456.

③ MANOW P, SEILS E. Adjusting badly the German welfare state, structural change, and the open economy [M] //SCHARPF F W, SCHMIDT V A. Welfare and work in the open economy volume Ⅱ: Diverse responses to common challenges in twelve countries. Oxford: Oxford university press, 2000: 293.

最早进行这一转向的国家是丹麦。作为福利国家的代表，改革之前，丹麦的失业福利也很慷慨。丹麦公民一旦失业，即可获得现金援助，而且无须与之前的收入和劳动时间挂钩。这种失业保险制度是一种消极被动的保护，即国家把为失业者提供丰厚的现金援助看作义务，但很少关注失业者参与和重返劳动力市场问题。进入20世纪90年代，丹麦的结构性失业现象日趋严重，失业福利支出逐渐成为政府财政不能承受之包袱。同时，丰厚的失业福利降低了失业者再就业的积极性，一些人失业后直接退出了劳动力市场，这又引发了社会排斥、代际矛盾等社会问题。这种现实的经济、财政和社会压力使得当局反思以往的福利制度安排，并决定从为失业人员提供被动保护转向激活福利依赖者加入劳动力市场。为此，从1994年开始，丹麦对以往的失业保险制度进行了大幅度的改革，把失业保险享受期限从最长7年缩短为4年，并要求25岁以下的年轻人在失业半年之后必须接受培训或求职。[①] 这一改革一方面降低了失业保险福利水平，激励失业者尽快重新进入劳动力市场，另一方面强调了失业者在获取失业保险福利的同时有找工作和接受就业的责任。这被视为是对“二战”之后福利国家制度的重大改革，一些研究者形象地称之为从“安全网”转向“蹦床”。[②]

随后，瑞典、德国也效法丹麦，削减失业保险福利并增加求职和就业相关的服务。这一时期，美国克林顿政府的《个人权利与责任法案》、英国工党政府“第三条道路”改革也体现了相似的特点。一些研究者称积极劳动力市场政策自20世纪90年代中期以来的变化是一种“激活转向”，“似乎可以公平地说，激活现在已成为劳动力市场和社会政策的共同取

① KVIST J，PEDERSEN L，KÖHLER P A. Making all persons work：Modern danish labour market policies［M］//Bringing the jobless into work? Experiences with activation in Europe and the US. Berlin，Germany：Springer，2008：221－256.

② COX R H. From safety net to trampoline：Labor market activation in the Netherlands and Denmark［J］. Governance，1998，11（4）.

向，它不仅遍及各国，而且涵盖越来越多的福利计划。”①

博诺利把积极劳动力市场政策的发展情况概括为三个阶段，如表5所示。也有一些研究者认为，第三阶段与第二阶段是不可分割的，20世纪90年代中期以来才是积极劳动力市场政策发展的旺盛时期。本书认为，20世纪50年代以来积极干预劳动力市场的政策可以称为“广义的积极劳动力市场政策”，而20世纪90年代以来以“激活”为核心的劳动力市场政策可以称为“狭义的积极劳动力市场政策”。在后一阶段，“激活”成为众多国家劳动力市场政策一致的主题，而且，为了达到激活的目标，自20世纪50年代以来干预劳动力市场所采用的各种政策措施（如职业培训、补贴就业等）都被采用了。例如，英国的“年轻人新政”（NDYP）项目就是如此。1998年4月，“年轻人新政”项目作为“布莱尔新政”的一个部分在全国推行，其目标人群是失业超过6个月的年轻人，旨在帮助他们找到持久的工作并提升他们的长期就业力。项目分为两个阶段，首先是入门阶段，参与者会得到求职和基本技能发展方面的援助。入门4个月之后仍然没有找到工作的青年，要么接受全日制教育或培训来提升技能，要么通过工作安置或补贴就业来积累工作经验，如果拒绝接受这些选择，将会丧失领取失业补助金的资格。② 可以看出，这一新政综合使用了激励强化、职业培训、技能提升、就业服务、补贴就业等几乎所有的积极劳动力市场政策的措施和工具。

① EICHHORST W，KAUFMANN O，KONLE-SEIDL R，et al. Bringing the jobless into work? An introduction to activation policies［M］//Bringing the jobless into work? Experiences with activation in Europe and the US. Berlin，Germany：Springer，2008：2.

② RILEY R，YOUNG G. The new deal for young people：Implications for employment and the public finances：Employment eervice research and development report，ESR 62［R/OL］. National Institute for Social and Economic Research，Sheffield，2000. https：//webarchive. nationalarchives. gov. uk/ukgwa/20090210125253/http：/www. dwp. gov. uk/asd/asd5/working_age/wa2000/esr62fin. pdf.

表 5　积极劳动力市场政策的发展演变

阶段	时间	背景	主要目标	主要措施	代表性国家
一	20 世纪 50 年代至 70 年代初	工业化迅猛发展，劳动力总体上处于短缺状态	提高技能，提供熟练工人，促进劳动力的供需匹配	职业培训	瑞典
二	20 世纪 70 年代中期至 90 年代初	石油危机引发经济危机，失业率攀升	创造职位，解决大规模失业问题	职业培训、职位创造	瑞典、德国
三	20 世纪 90 年代中期以来	结构性失业高企	激励、帮助失业者重返就业市场	激励强化、就业服务	丹麦

资料来源：BONOLI G. The political economy of active labor market policy [J]. Politics and society, 2010, 38 (4): 435 -457.

由于积极劳动力市场政策的具体措施不一而足，一些研究者尝试为它们建立类型学。例如，托芬（Jacob Torfing）提出了“进攻型”政策与“防守型”政策的区分。他认为前者是以丹麦为代表的，政策的重点在于强调通过教育、培训、赋权来提升失业者的技能和工作经验；后者的代表是英国和美国，政策的重点在于通过削减福利、控制和惩罚来促进失业者的流动性和求职效率。[①] 巴比尔（Barbier）等人则提出激活的两种理想类型：自由主义的和普遍主义的，前者认为社会政策的作用是有限的，仅限于鼓励个人寻找工作，提供快速信息和简单的匹配服务，以及投资于短期职业培训；后者向所有公民提供复杂而广泛的人力资本投资服务，保证受助者的生活水平相对较高。[②] 虽然积极劳动力市场政策类型各异，但总体

① TORFING J. Workfare with welfare: Recent reforms of the Danish welfare state [J]. Journal of European social policy, 1999, 9 (1): 5 -28.

② BARBIER J C, LUDWIG-MAYERHOFER W. Introduction: The many worlds of activation [J]. European societies, 2004, 6 (4): 423 -436.

上可以分为“加法”和“减法”，如表6所示，加法就是为促进劳动力就业而提供各种技能培训、就业服务、补贴就业；减法就是通过缩减失业福利来强化失业者求职的动机，不同国家会采用不同的加减组合。积极劳动力市场政策的具体构成存在国家和地区间的差异，但这一政策的终极目的是促进劳动者就业、实现充分就业和提高劳动力参与率，因而不同于以往以保障失业者基本生活为目的的失业保险和失业救济，是一种“积极主动”的政策措施。

表6 积极劳动力市场政策“激活”的两个方面

需求（“减法”）	服务与支持（“加法”）
福利削减： 降低保险与援助的水平； 缩短福利享受时间	“经典的”积极劳动力市场政策： 求职援助与咨询； 与工作相关的培训项目； 启动资金资助； 补贴就业； 流动资助
制裁条款： 对合适的工作机会有更严格的定义； 对违规行为的惩罚	财政激励： 低薪工作的补充工资（在职福利）
个人行动要求： 整合合同； 监督个人求职努力； 强制参加积极劳动力市场政策相关的项目	社会服务： 个案管理与个性化支持； 心理与社会援助； 儿童照护支持等

资料来源：EICHHORST W，KAUFMANN O，KONLE-SEIDL R，et al. Bringing the jobless into work? An introduction to activation policies［M］//Bringing the jobless into work? Experiences with activation in Europe and the US. Berlin，Germany：Springer，2008：6.

20世纪90年代之后，发达工业化国家大规模失业的压力上升，迫使各国相互学习应对失业的经验，这也构成了积极劳动力市场政策在全球大范围传播的动力。根据有关研究者对经济合作与发展组织国家（OECD）

的统计，虽然各国之间存在一定差异，但积极劳动力市场政策相关支出占据了这些国家公共支出的很大一部分，1980—2003 年，在积极劳动力市场领域的投资占国内生产总值（GDP）的比例几乎翻了一番，从 0.4% 增加到 0.7%。[①] 同时，很大一部分失业人员在失业期间参与了这些政策支持下的各种项目。

虽然积极劳动力市场政策意图涵盖所有处于劳动年龄的人群，但丹麦、瑞典、英国和美国的政策实践显示，青年，尤其是失业青年，是这一政策的优先和重点人群。

首先，现实的青年就业压力是积极劳动力市场政策的最初推动因素之一。例如，丹麦激活政策就特别关注青年群体。1990 年的青年津贴计划引入了强制性激活方案，要求 18 ~ 19 岁接受社会援助的青年必须同时接受市政当局提供的就业、教育或培训。如果年轻人拒不接受，他们将失去获得社会援助的权利。1992 年，这一计划的对象扩大到包括 18 ~ 24 岁的青年人群。分析者认为，这一政策出台的最主要原因是 20 世纪 80 年代后期丹麦的年轻人失业率飙升。[②] 法国的情况与之类似，福格尔（Denis Fougère）等人认为，法国政府之所以采用积极劳动力市场政策，原因也在于日趋严重的青年失业问题，从 1979 年到 1999 年的 20 年间，法国 15 ~ 24 岁的青年失业率增加了一倍，从 13% 上升到 26.6%。[③]

其次，在一些国家，青年群体是检验积极劳动力市场政策成效的试验对象。瑞典于 1998 年启动了针对 20 ~ 24 岁长期失业青年的项目“青年保障”。按照瑞典政府的说法，每一个青年失业都不能超过 100 天。该项目

---

① BONOLI G. The political economy of active labor market policy [J]. Politics and society, 2010, 38 (4): 435 - 457.

② EICHHORST W, KAUFMANN O, KONLE-SEIDL R, et al. Bringing the jobless into work? An introduction to activation policies [M] //Bringing the jobless into work? Experiences with activation in Europe and the US. Berlin, Germany: Springer, 2008: 10.

③ FOUGÈRE D, KRAMARZ F, MAGNAC T. Youth employment policies in France [J]. European economic review, 2000, 44 (4 - 6): 928 - 942.

首先通过就业服务为那些求职机会受限以及没有动机寻求工作或教育的青年提供求职指导和培训，随后他们被要求参与积极劳动力市场政策项目或者其他的市政激活项目。至2005年，该项目每月参与者达到29 000名。从2000年开始，瑞典在“青年保障”项目的基础上又推出了“活动保障”项目，目标群体扩展至所有的长期失业者。[①] 正如一些研究者所言：“接受社会救助的失业青年充当了市政激活政策的‘测试组’，许多新要求首先在该组中进行了测试。”[②]

最后，实践当中，失业青年是积极劳动力市场政策的重点对象，相关支出占到积极劳动力市场政策总支出的最大份额。1997年，布莱尔领导的工党政府执政之后开始在英国实施“新政”。布莱尔新政本质上也是一种积极劳动力市场政策，其最主要的特征是激励人们参与工作，并把工作参与作为福利领取的条件。新政总预算约为50亿英镑，截至2002年，超过六成用于失业青年，如表7所示，不难看出失业青年是布莱尔新政的重点。

表7　布莱尔新政支出分布

序号	目标人群	支出（截至2002年）
1	18～24岁青年（失业6个月以上）	31.5亿英镑
2	25岁及以上长期失业人口（失业18个月以上）	2.5亿英镑
3	有学龄儿童的单亲父母	2亿英镑
4	残疾人	2亿英镑
5	50岁及以上高龄失业人口	不详
6	失业音乐家	不详

① KÖHLER P A, THORÉN K H, ULMESTIG R. Activation policies in Sweden: "something old, something new, something borrowed and something blue" [M] //Bringing the jobless into work? Experiences with activation in Europe and the US. Berlin, Germany: Springer, 2008: 273－274.

② KÖHLER P A, THORÉN K H, ULMESTIG R. Activation policies in Sweden: "something old, something new, something borrowed and something blue" [M] //Bringing the jobless into work? Experiences with activation in Europe and the US. Berlin, Germany: Springer, 2008: 277.

三、劳动力市场弹性化与青年就业支持

随着积极劳动力市场政策的“激活转向”，发达工业化国家的青年就业问题略微得到缓解，但好景不长，随着以互联网为基础的新科技革命的发生、知识经济的到来和全球化的进一步发展，进入21世纪之后，劳动力市场出现新的变化，青年就业面临新的挑战。

这一次劳动力市场的变化一般被概括为“劳动力市场的弹性化”。具体而言，在新科技革命和知识经济的助推之下，金融化、全球资本主义和新自由主义一体的全球化进程进一步加深，市场竞争进一步得到鼓励并更趋激烈。为了在竞争中获胜，降低成本、提高效率成为作为市场主体的公司和机构的核心关切。而为了帮助本国公司和机构在全球竞争中取得优势，政府也不得不改变对劳动力市场的管制，由此导致了劳动力市场的弹性化。根据拜斯德伯·达斯古普塔（Byasdeb Dasgupta）和苏南达·森（Sunanda Sen）的观点，劳动力市场的弹性化表现在四个方面。① 第一，数量弹性化。数量弹性化意味着公司要根据技术发展、市场变化和竞争情况随时调整所雇用员工的数量，这会导致裁员频繁化；同时，为了降低裁员成本，合同工、临时工和零工等雇用形式将会盛行。第二，时间弹性化。为了及时适应市场变化，公司和机构还有可能动态调整工作时间，使得过去的固定工时制瓦解，而代之以弹性工时制，而这意味着劳动力市场上不充分就业现象会有所增加。第三，功能弹性化。功能弹性化是指通过对劳动力的重组和盘活以适应瞬息万变的市场。为了达到这一目的，需要劳动力具备“多功能性”，也就是每一个员工都要能适应并胜任多个工作岗位的需求，为此，公司和机构会对员工进行轮岗、多技能培训、再培训和内部流动。达斯古普塔指出：“这些做法一旦确定下来，企业雇用新工

① 拜斯德伯·达斯古普塔. 金融化、劳动力市场弹性化、全球危机和新帝国主义：马克思主义的视角［J］. 车艳秋，译. 国外理论动态，2014（11）：31－43.

人的热情就所剩无几了。”① 所以，功能弹性化有利于降低公司劳动力成本，但会对劳动力市场整体需求产生挤出效应。第四，工资弹性化。这要求政府放松最低工资制度等对劳动力市场的管制，赋予公司和机构根据市场变化自由调整工资的权利。虽然有利于提升公司的竞争力，但也可能导致工作贫困现象的增加。从总体上看，劳动力市场的弹性化对劳动者不利，会导致失业、不充分就业、工作贫困等就业问题的常态化，工作安全和收入安全得不到保障，而青年人口则首当其冲，成为受影响最大的群体。

在劳动力市场弹性化的背景下，人们不得不改变对“充分就业”的看法。例如，进入 21 世纪之后，欧洲就业战略虽然依旧把充分就业作为战略目标，但正如库特罗特（Thomas Coutrot）所提醒的，“充分就业”在不同的时代有着不同的含义，“老式的”充分就业是指除了可以接受的 1% ~3% 的摩擦失业率之外，有劳动意愿和劳动能力的人在短时间内都可以找到一份较为满意的工作，但“新式的”充分就业“意味着就业率的可能最高值。在欧盟，这一个数值到 2010 年将是 70% ”②。这说明人们已经放弃对原有的“充分就业”的幻想，转而开始接受失业和不充分就业的“新常态”。

2008 年国际金融危机的冲击不仅验证了劳动力市场弹性化背景下失业风险的真实性，也刷新了人们对青年失业严重性的认知。此后，在一些国家，青年失业压力已演变成社会和政治问题，解决青年失业的呼声越来越高。为此，欧盟领导人多次召开峰会，商讨应对青年失业问题。③

就传统的积极劳动力市场政策而言，为了促进青年进入劳动力市场，可以使用的政策工具主要有四个类别：激励强化、就业援助、技能提升和

---

① 拜斯德伯·达斯古普塔. 金融化、劳动力市场弹性化、全球危机和新帝国主义：马克思主义的视角 [J]. 车艳秋，译. 国外理论动态，2014 (11)：31 -43.

② COUTROT T. 全新的欧洲就业战略：数量还是质量 [J]. 劳动保障通讯，2003 (10)：53 -55.

③ 李永群，张杰，吴乐珺. 青年失业，欧洲的结构性难题 [N]. 人民日报，2012 -01 -31 (22).

就业补贴。然而，在全球竞争加剧和劳动力市场弹性化的背景下，激励强化难以发挥作用。这是因为激励强化是通过削减福利、限制福利领取条件或者制裁等措施来激发青年的求职和就业动机，然而新形势下，影响青年失业的主要原因是劳动力市场的弹性化。与之类似，就业补贴不仅不能奏效，反而会削弱国家在全球市场的竞争力。就业补贴是通过在公共或私营部门为无业者创造就业机会，从而让他们积累工作经验并防止因长时间与就业市场脱节而导致技能萎缩，[①] 此举虽然可以降低公开失业率，但导致了成本的增加和效率的降低，不利于公私部门参与全球竞争。

不仅如此，原有的保护劳动者、提升劳动者就业和收入安全的措施也都遭遇困境。例如，为了保障劳动者的就业稳定和收入安全，传统的社会保障、社会福利制度可以发挥一定作用，如要求建立长期、稳定的劳动合同、实行最低工资制度、禁止随意解聘员工等。但在新科技革命和全球竞争加剧的形势下，这些制度会降低劳动力市场的弹性，使得工作组织和雇主难以自由应对瞬息万变的市场，从而削弱或丧失市场竞争力。这种状况有时被称为“弹性”与“安全”的两难问题。[②] 从传统的“二元论”思维来看，这一两难问题似乎无解，因为弹性和安全难以兼顾。但一些研究者提出，若跳出传统“二元”话语的桎梏，采取知识经济的思维，调动政府、私营部门以及劳动者等多方力量进行人力资本投资，提升劳动者的就业力和适应能力，则无论劳动力市场如何变化都可以达到兼顾弹性和安全的“弹性安全”。[③]

这一新的思路逐渐成为新形势下积极劳动力市场政策的主导性理念。这一新的理念要求进一步以劳动者为中心，突出传统积极劳动力市场政策

---

① BONOLI G. The political economy of active labor market policy [J]. Politics and society, 2010, 38 (4): 435-457.

② 吴小芳. 欧洲福利政策的转型及其启示 [J]. 学术论坛, 2013 (1): 96-101.

③ WILTHAGEN T, TROS F. The concept of “flexicurity”: A new approach to regulating employment and labor markets [J]. European review of labor and research, 2004 (10): 166-186.

工具中的“就业援助”和“技能提升”的地位，加强对劳动者的教育、培训和就业支持与服务。2009年，英国把布莱尔政府时期的“新政”改为“弹性新政”。2013年2月28日，欧盟理事会通过“青年保障计划”，规定各成员国在青年人失业或学生离校4个月之内，必须向其提供就业、继续教育、学徒或培训机会。同时，在欧盟财政预算中专门设立青年人就业基金，加强对雇用学生的中小企业的扶持。① 2014年，二十国集团领导人在澳大利亚布里斯班举行第九次峰会，积极应对青年失业问题是会议的一个核心议题。会后发表的公报中说：“我们坚定承诺降低高得无法接受的青年失业率，并确保年轻人接受教育、培训或雇佣。我们的就业计划包括投资于学徒制、教育和培训，及激励招聘青年和鼓励创业的措施。我们仍然关注非正式就业和结构性失业及长期失业问题，将通过加强劳动力市场及适当的社会保障体系加以解决。”②

这一转变也与欧洲就业战略的精神相吻合。在1997年卢森堡就业高峰会议上，欧盟通过了欧洲就业战略（European Employment Strategy），提出欧洲就业战略的四大支柱：提高就业能力、弘扬创业精神、增强适应性和追求机会平等。③ 虽然该就业战略的主旨依然是激励就业，但与传统的积极劳动力市场政策相比，欧洲就业战略的基本支柱弱化了对劳动者的激励强化，更加关注对劳动者的就业支持与服务。

对青年而言，就业支持与服务体现在从宏观到微观的各个层面。创造平等就业机会主要着眼于宏观的就业环境，希望通过政策努力来破除就业市场上的性别差异以及学历、技术和技能的壁垒。弘扬创业精神包括改善

---

① 李永群．法德共推青年就业“欧洲新政”［N/OL］．人民日报，2013－05－18（3）［2022－07－18］．https：//news.12371.cn/2013/05/18/ARTI1368826876265591.shtml? from = groupmessage & isappinstalled = 0.

② 佚名．二十国集团领导人布里斯班峰会公报［N/OL］．人民日报，2014－11－17（2）［2022－07－18］．http：//world.chinadaily.com.cn/2014－11/17/content_18924364.htm.

③ 杨伟国，苏静．欧洲就业战略：从就业抑制到就业激励［J］．欧洲研究，2005（6）：54－66.

企业经营环境、削减中小企业的运营负担以及鼓励年轻人创业和自我雇佣等。例如，为破解青年就业难题，法国政府从2009年就开始出台一整套鼓励青年创业的政策措施，包括实施“大学青年企业”项目、设立国家青年企业家奖、鼓励建设创新企业孵化器、组织“创业之家”等青年创业者交流活动，同时出台包括政府补助、低息贷款、创业初期税费减免等十余项鼓励创业的直接帮扶优惠政策，为青年创业提供从政策到资金的一整套支持。[①] 波兰政府为了帮助青年人实现安居梦，推动青年人安心就业、大胆创业，于2013年出台一项名为“青年人住房”计划的法律框架，计划通过5年时间，由政府投资为11.5万名波兰青年人解决住房问题，进而推动自主创业。[②] 俄罗斯则于2011年专门设立了新的机构——战略创新署，以帮助年轻人实现创新创业的理想。[③]

总体上，近年来，发达工业化国家虽然仍在坚持积极劳动力市场政策，但政策的重点逐渐转向对青年的就业支持与服务。

四、中国青年就业与就业支持政策

如前所述，大规模显性失业是工业社会的问题。中国的工业化进程要晚于发达国家，因此，对失业问题的关注历史并不长。

新中国成立之后，城市青年失业现象被看作旧社会遗留的问题。这些失业问题一般通过以工代赈、技能培训、前往农村地区垦荒、返乡参加农业生产等方式被解决。社会主义计划经济体制建立之后，中国实行统包统配的劳动就业制度，达到劳动年龄的城镇青年由政府劳动部门统一安排就

① 邢雪．法国鼓励青年人给自己打工［N/OL］．人民日报，2013－06－25（22）［2022－07－18］．https：//www.mfa.gov.cn/ce/cefr/chn/ljfg/t1053121.htm.

② 佚名．波兰　安了家，才好立业［N/OL］．人民日报，2013－06－24（22）［2022－07－18］．http：//www.people.com.cn/24hour/n/2013/0624/c25408－21942401.html.

③ 佚名．俄罗斯　端正青年择业观［N/OL］．人民日报，2013－06－27（22）［2022－07－18］．http：//www.people.com.cn/24hour/n/2013/0627/c25408－21985378.html.

业。这一时期，理论界“认为失业是资本主义社会的特有产物”①，青年失业也被看作资本主义社会问题和社会弊端的表现而受到批判：“在西方资本主义国家，青年失业已成为一个突出的社会问题。每年暑假一到，大批学生从大中学校毕业，不能马上就业，甚至长时间不能就业，‘毕业就是失业’的现象越来越严重。”②

20世纪70年代末，随着“上山下乡”知识青年的集中返城，通过统包统配方式解决青年就业问题面临巨大压力。1980年，中央提出了在国家统筹规划和指导下，劳动部门介绍就业、志愿组织起来就业、自谋职业相结合的“三结合”方针，这成为当代中国就业保障制度改革的起点。为了适应城市经济体制改革的要求，1986年国务院颁布《国营企业实行劳动合同制暂行规定》，1992年又颁布了《全民所有制工业企业转换经营机制条例》，开始试行全员劳动合同制。此后，为配合建立社会主义市场经济体制和现代企业制度的需要，劳动就业制度改革进一步深化。1993年，在《中共中央关于建立社会主义市场经济体制若干问题的决定》中正式提出了“改革劳动制度，逐步形成劳动力市场”的目标。同年，劳动部印发《劳动部关于建立社会主义市场经济体制时期劳动体制改革总体设想》，提出要逐步构建“竞争公平、运行有序、调控有力、服务完善的现代劳动力市场”。这些目标的提出意味着劳动力的商品属性重新得到确认，中国的劳动力市场开始发育。

1998年6月，为应对国有企业重组改制和政策性关闭破产带来的职工下岗潮，《中共中央、国务院关于切实做好国有企业下岗职工基本生活保障和再就业工作的通知》（中发〔1998〕10号）提出了“劳动者自主择业、市场调节就业和政府促进就业”的新时期就业方针。同时，各地

① 吴伟正．略论马克思《资本论》的失业理论及现实意义［J］．《资本论》研究，2012，8(00)：151.

② 茅瑞清．西方国家青年失业问题严重［N/OL］．人民日报，1979－08－17（6）［2022－07－18］．https：//cn.govopendata.com/renminribao/1979/8/17/6/#520669.

纷纷建立再就业服务中心，这是政府积极促进就业的具体体现。2002 年 9 月，《中共中央、国务院关于进一步做好下岗失业人员再就业工作的通知》（中发〔2002〕12 号）发布，强调再就业工作不仅是一项长期的战略任务，也是重大的政治任务，宣布实施税收减免、小额担保贷款、社保补贴、岗位补贴、主辅分离、免费就业服务和职业培训等扶持政策，意味着中国积极的就业政策开始萌芽。1998—2003 年，全国累计有近 1900 万下岗职工实现了再就业，中国积极就业政策体系基本形成。一般认为，这一时期中国积极就业政策体系包括五个方面的内容：在经济发展和结构调整中广开就业门路、运用财税和（或）金融等政策扶持再就业、改进和完善就业服务体系、强化对就业的管理和失业的管控以及做好社会保障工作。[①] 但这一时期，积极就业政策的对象主要是国有企业和城镇集体企业的下岗职工，他们下岗时年龄偏大，因此也被称为“4050 群体”。

1977 年恢复高考之后，大中专毕业生就业制度虽然经历了从“统包统配”到“双向选择”再到“自主择业”的逐步过渡，但直到 20 世纪末，由于中国高等教育招生规模有限，大中专毕业生基本能够实现顺利就业。同时，由于当时社会关注的焦点是国有企业下岗分流职工，有限的青年失业现象没有受到足够的重视。

21 世纪初，国有企业下岗职工由高峰期的 600 万～800 万人下降至不足 200 万人，各地的再就业中心陆续关闭。与此同时，青年失业现象开始浮出水面。2005 年发布的《中国首次青年就业状况调查报告》显示，我国 15～29 岁的青年总体失业率为 9%，远远高于 4.5% 的城镇平均登记失业率。[②] 从 2002 年以来，失业人员中新成长失业青年的比重就一直在缓慢上升，而下岗职工的比重则明显下降。2005 年第一季度的全国劳动力市

① 白天亮．我国积极就业政策体系基本形成［N/OL］．人民日报，2004－08－29（1）［2022－07－18］．https：//news. sina. com. cn/o/2004－08－29/05213522322s. shtml.

② 白天亮．青年就业：真难？假难？［N］．人民日报，2005－06－27（13）．

场供求状况显示，在失业人员中，新成长失业青年占到了18.1%，下岗职工只占5.8%。[①] 此后，青年就业的压力有增无减。

与此同时，理论界也逐渐认识到失业“是生产力发展到一定水平后难以克服的一种经济现象。不论是资本主义还是社会主义，只要生产力发展达到一定条件就必然会引起失业”[②]。在此背景之下，一些专家建议国家应当考虑把过去几年专门针对国有企业下岗失业人员的促进就业措施用之于青年就业，如小额贷款、税费减免等，通过制定促进就业法等途径，形成一种有利于青年就业的长效机制。同时，在社会保障方面，也要考虑到青年失业人员的需求，出台便于其参加失业保险的办法，进一步扩大社会保障覆盖面。[③] 2007年8月，《就业促进法》的颁布回应了社会各界对于就业问题的呼吁，为实施积极就业政策提供了法制化、制度化和长效化的保障。

2008年国际金融危机波及中国，中国政府提出实施“更加积极的就业政策”，并把大学生就业和农民工就业作为就业工作的中心，[④] 这意味青年的失业和就业问题已经引起政府的高度关注。

金融危机之后，基于全球经济的不景气和国内就业压力的增大，中国政府进一步加大对就业、失业问题的关注，高层领导人也多次强调“就业是最大的民生”，提出要把解决人民群众就业问题放在更加突出的位置，努力实现更高质量和更充分的就业。2015年颁布的《国务院关于大力推进大众创业万众创新若干政策措施的意见》（国发〔2015〕32号），倡导青年创业并通过创业带动就业。在随后的“十三五”规划中，就业优先被上升为国家战略，农村转移劳动力、高校毕业生为代表的青年群体

① 白天亮．青年就业：真难？假难？[N]．人民日报，2005-06-27（13）．

② 吴伟正．略论马克思《资本论》的失业理论及现实意义［J］．《资本论》研究，2012，8（00）：152．

③ 白天亮．青年就业：真难？假难？[N]．人民日报，2005-06-27（13）．

④ 赖德胜，孟大虎，李长安，等．中国就业政策评价：1998—2008［J］．北京师范大学学报，2011（3）：110-124．

成为促进就业重点关注的群体。[①] 2018 年 7 月，中共中央政治局会议首次提出“稳就业、稳金融、稳外贸、稳外资、稳投资、稳预期”的“六稳”要求。2020 年 4 月 17 日，基于新冠肺炎疫情冲击的严峻形势，中共中央政治局会议提出，除了加大“六稳”工作力度之外，还需要实现“保居民就业、保基本民生、保市场主体、保粮食能源安全、保产业链供应链稳定、保基层运转”。在“六稳”和“六保”的工作要求中，就业都被放在首位，就业问题成为各级政府和官员必须关注的“头等大事”。

当前，青年就业问题被看作确保就业局势稳定的关键环节，“青年就业关系民生改善、经济发展和国家未来”[②]。2017 年 4 月，《中长期青年发展规划（2016—2025 年）》颁布，该文件把青年成长和发展问题提到了国家基础性、战略性工程的高度，明确提出青年就业创业领域的发展目标是：“青年就业比较充分，高校毕业生就业保持在较高水平；青年就业权利保障更加完善，青年的薪资待遇、劳动保护、社会保险等合法权益得到充分保护；青年创业服务体系更加完善，创业活力明显提升。”[③] 简而言之，在青年就业领域最核心的目标就是实现充分就业和高质量就业，这一目标与新世纪以来倡导的积极就业政策是一致的。在一些地方，新生青年劳动力尤其是高校毕业生已被全部纳入就业促进工作。[④] 在《“十四五”就业促进规划》中，高校毕业生和城镇青年被列为就业促进的重点群体，要求“坚持市场化社会化就业与政府帮扶相结合，促进多渠道就业

---

① 桑伟林，蔡智．改革开放 40 年来青年就业创业政策演进及其优化研究［J］．中国青年研究，2018（10）：12－18.

② 人力资源和社会保障部　共青团中央关于实施青年就业启航计划的通知（人社部函〔2019〕36 号）［EB/OL］．［2021－06－01］．http：//www.mohrss.gov.cn/SYrlzyhshbzb/jiuye/zcwj/201904/t20190401_313594.html.

③ 中共中央国务院印发《中长期青年发展规划（2016—2025 年）》［N］．人民日报，2017－04－14（1）.

④ 陈晓颖．放飞青春理想　探索青年就业服务新模式［EB/OL］．［2020－07－12］．http：//www.why.com.cn/epaper/webphone/qnb/html/2017－09/29/content_39196.html.

创业”[①]。

为了实现青年群体更高质量更充分就业的目标，中国近年来从政策体系、公共服务、权益保障、创业支持等几个方面着手，推进了相关工作。具体而言，针对青年的就业促进工作包括以下几个方面。

一是就业服务。就业服务不仅有利于促进人力资源市场的供求平衡，还可以帮助困难群体顺利就业。中国针对青年的就业服务包括公共就业服务和高等院校的就业服务。在大中专学校，随着就业的市场化，原有的“毕业分配办公室”都转变成了“就业指导中心”，负责本校毕业生的就业指导、咨询和服务工作。公共就业服务主要依托人力资源和社会保障部门的就业促进机构提供就业信息服务、登记服务、求职协助等，一般以举办招聘会、求职经验分享会、面试会等形式进行。例如，上海市建立了健全的区域和社区就业服务体系，各区都设有就业促进中心，大多数街道、乡镇都设立了社区就业服务工作站，并配备职业指导师、就业援助员等专职工作人员和就业管理信息系统。这些就业服务机构会举办专门针对失业青年的就业培训、求职指导以及举办各类“启航”专场招聘会。对于就业存在困难的特殊青年人群，一些地方还会提供个性化、精细化的就业服务。在上海市浦东新区，长期失业青年在一般的就业服务之外，还可以获得“一人一基本表册、一人一扶持对策、一人一服务档案”等“三个一”的服务支持。[②]

二是职业培训。职业培训的目的是提高劳动者的职业技能，以便更好地适应岗位需求。中国公共职业培训起步于21世纪初，当时针对的是国有企业下岗人员，此后，又扩展至青年和农村转移劳动力。2019年发布的《国务院关于进一步做好稳就业工作的意见》（国发〔2019〕28号）

---

① “十四五”就业促进规划［EB/OL］.［2021-09-20］. http://www.gov.cn/zhengce/content/2021-08/27/content_5633714.htm.

② 上海市人力资源和社会保障局. 最高补贴50万元！浦东扩大就业“硬核”服务来了［EB/OL］.［2021-06-02］. http://rsj.sh.gov.cn/ttpxw_17107/20210820/t0035_1401988.html.

中指出要发展劳动预备制培训制度，对象是“城乡未继续升学的初高中毕业生、20岁以下有意愿的登记失业人员”，说明青年群体已成为职业培训的主要对象。同年，人力资源和社会保障部、财政部、共青团中央专门实施百万青年技能培训行动，计划在两年内面向各类青年群体开展职业技能培训200万以上人次，同时鼓励企业组织新招用高校毕业生或在职青年职工等参加一年以上的企业新型学徒制培训。① 实践当中，职业培训的形式多样、不一而足。针对急速的社会变迁和职业变化，一些就业服务机构能够及时调整培训内容和培训方向。例如，上海市静安区根据城市居住条件和建筑情况的变化，发现消防监控和消防管理的职位需求逐渐增多，于是联合区内培训学校、消防局以及知名物业公司，举办了消防工程专业“半工半读”大专班，帮助一部分失业青年学习消防管理的知识与技能，取得了较好的成效。②

三是岗位创造。中国当前的岗位创造包括公共部门的岗位提供、公共工程建设岗位以及面向青年的专项招聘等。“大学生村干部”“脱贫攻坚专干”“乡村振兴协理员”“三支一扶”“特岗教师”“西部计划”等项目每年选派13万多高校毕业生前往乡村和基层就业。③ 2019年，共青团中央启动“千校万岗”行动，目标是帮助来自贫困家庭的大中专毕业生实现就业，为此，各级团组织积极与企事业单位协调，为贫困家庭大学毕业生征集了一批定向岗位资源。除了全国性的岗位创造计划之外，一些省市也开展了区域性的岗位创造活动。例如，2006年，贵州团省委与贵州移动通信有限责任公司共同实施“贵州移动营业厅青年就业计划”，通过在贵州全省600个乡镇建立“贵州移动青年励业厅”，向青年提供了1500个专

① 李心萍．劳动力市场活跃度回升［N］．人民日报，2020-08-11（2）．

② 孙璐，陈栋渊．助“宅男宅女”重燃梦想：上海实施“启航”计划助失业青年走出“三重门”［J］．中国人力资源社会保障，2013（6）：16-18．

③ 本报记者．让广大青年在乡村一线激扬青春［N］．人民日报，2021-06-23（1）．

项就业岗位。①

四是补贴就业。补贴就业一般指向雇用特定人群的机构提供补贴，或者直接向就业者提供部分补贴，目的都是鼓励机构招聘，这样一方面提供了工作岗位，另一方面可以提升在这些岗位工作者的就业力。一些研究者认为补贴就业也属于广义的岗位创造范畴。② 中国当前直接的补贴就业并不多见，但针对青年群体的补贴就业、补贴实习、补贴见习计划有发展的势头。例如，上海市宝山区对失业一年以上的青年实现市场化就业后，给予每人每月 360 元的就业补贴，补贴期限为 36 个月。③ 上海市浦东新区为促进高校毕业生等重点群体的就业工作，于 2021 年推出新政策，规定凡是税收征管关系位于区内的企业每录用一名当地户籍的应届高校毕业生可以获得 1500 元的直接补贴。④ 在青年实习和见习方面，团中央联合人力资源和社会保障部等六部委实施了“三年百万”青年就业见习计划，加强了青年就业见习服务，为促进青年就业、成长发展提供有力支撑。

五是创业支持。新时期以来，中国政府强调对创业的支持和服务，就业方针也从“政府促进就业”演变成“政府促进就业和鼓励创业”。同样，青年创业也受到高度重视，“创业是就业之源”，政府希望通过对创业的支持来带动青年就业增长。具体而言，政府不断优化创业环境，并通过政策、资金、税收优惠、平台建设以及提供政策咨询、项目推介、开业指导等直接的服务来激发年轻人创新创业的活力。以上海为例，该市实施了多轮“鼓励创业带动就业三年行动计划”，2009—2014 年，实现创业教育和培训 17.1 万人，创建创业型城区 12 个，帮助成功创业 7.1 万人，创

① 厚坤．就业援助情意切 政策落实创新多：各地落实积极就业政策典型经验集锦（上）［J］．中国就业，2007（3）：15－16．

② 赖德胜，孟大虎，李长安，等．中国就业政策评价：1998—2008［J］．北京师范大学学报，2011（3）：110－124．

③ 孙璐，陈栋渊．助“宅男宅女”重燃梦想：上海实施“启航”计划助失业青年走出“三重门”［J］．中国人力资源社会保障，2013（6）：16－18．

④ 上海市人力资源和社会保障局．最高补贴 50 万元！浦东扩大就业“硬核”服务来了［EB/OL］．［2021－06－02］．http：//rsj.sh.gov.cn/ttpxw_17107/20210820/t0035_1401988.html．

业带动就业59.7万人。为鼓励青年创业，该市推出人才引进居住证积分、初创期创业社会保险费补贴、优秀创业项目奖励、电商创业融资支持、创业孵化基地补贴、高校创业指导站经费补贴等六条具体政策。在这些政策的激励下，青年已成为创业最为活跃的人群。①

虽然有研究者认为中国的促进就业政策与发达工业化国家的积极劳动力市场政策在概念和内涵上有很多相似之处，② 但两者也存在一些差异。首先，虽然积极劳动力市场政策在20世纪七八十年代也采取过“职位创造”等需求侧的干预措施，但总体上关注的是劳动力市场的供给侧，尤其是希望通过对劳动力的“激活”来减少失业、增加就业。中国的积极就业政策则是供需两端同时发力，既强调就业服务和职业培训，也强调“稳岗扩岗”和扩大就业容量。其次，中国没有“福利病”现象，除了部分尼特族之外，年轻人总体上求职、就业意愿较高，所以积极就业政策体系中“强化激励”的措施较少。最后，在集中统一领导之下，中国政府相关动员机制坚强有力，部门之间协调顺畅，基本形成了全社会关注青年就业的舆论氛围。但由于幅员辽阔，地区之间经济社会发展存在一定差异，中央政府只是提出政策和方向要求，具体的方法措施则由各地区因地制宜提出，因而也存在一定的区域差异。

失业给失业者个人以及整个社会都会带来负面影响，而帮助失业人员再就业、获得一份工作虽然不能一劳永逸地解决失业所产生的所有问题，但可能是应对这些负面影响的“最有效的治疗方案”。③ 例如，20世纪80年代初的一项经典研究发现，当失业者开始工作几个月后，自杀、冲突和压力等失业症状就会减少或消失，并且受访的失业者认为，这些显著的变

① 陈琼珂．上海新一轮创业扶持政策鼓励支持“青年大学生创业”［N］．解放日报，2016－01－16（2）．

② 马永堂．市场经济国家的积极劳动力市场政策（一）［J］．中国劳动，2004（4）：50－52.

③ BRIAR K H. Unemployment：Toward a social work agenda［J］．Social work，1983，28（3）：211－216.

化源自获得了一份工作。[①] 同样，在密歇根州进行的一项社区调查也显示，失业者中抑郁、焦虑、躯体化和自我报告的身体疾病显著增加，但这些不利影响在很大程度上能够被再就业所扭转。[②] 这也说明，帮助失业者求职和再就业是干预的重点。20 世纪 90 年代以来，发达工业化国家失业压力剧增导致社会福利负担过重，一些国家开始了失业保险制度的改革，从过去的被动保护转向促进就业，推动了积极劳动力市场政策进入以“激活”为重心的新阶段。这一阶段，主要的政策对象是青年失业者。为了激活青年失业者重新参与劳动力市场，政策通过削减失业福利来增强激励，同时通过就业服务、职业培训、就业补贴等措施提供支持。进入 21 世纪之后，在全球化和科技革命的推动下，发达国家劳动力市场进一步“弹性化”，青年失业和不充分就业成为常态，为兼顾市场竞争力和劳动者的就业和收入安全，通过教育和培训提高劳动者就业力和适应力成为不二选择。在这一背景之下，积极劳动力市场政策更为强调对失业者的支持和服务。在早期，中国城镇青年的就业由国家安排。但随着改革开放之后计划经济体制向市场经济体制的转轨，这种方式逐渐失效。进入 21 世纪之后，中国青年失业问题逐渐显性化。2008 年之后，中国推行积极就业政策和就业优先战略，主张“就业是最大的民生”，强调通过供需两端发力，推进就业工作。青年就业被认为是影响就业局势的关键一环，在就业战略和就业政策中，青年群体都被给予特殊的关注。

---

① BRIAR K H, FIEDLER D, SHEEAN C, et al. The impact of unemployment on young, middle-aged and aged workers [J]. The journal of sociology and social welfare, 1980, 7 (11): 907 -915.

② KESSLER R C, TURNER J B, HOUSE J S. Effects of unemployment on health in a community survey: Main, modifying, and mediating effects [J]. Journal of social issues, 1988, 44 (4): 69 -85.

第四章

失业青年就业支持与社会工作介入

CHAPTER 4

“失业”的消灭是就业政策的核心概念。[①] 让失业青年重返劳动力市场是发达工业化国家积极劳动力市场政策的核心目标，也是中国当前促进就业工作的重点之一。在实践层面，实现这些目标和诉求的关键是帮助失业青年顺利实现就业和再就业。本章将讨论如何在实务工作中达致此目标，并探讨社会工作在此过程中可以扮演什么角色、能发挥什么作用以及如何发挥作用等问题。

一、成功再就业的影响因素

就业和再就业的目标都是找到一份工作。如上一章所述，虽然存在一定争议，但无论对失业青年还是对社会整体而言，找到一份工作是解决青年失业问题的“最有效的治疗方案”。衡量再就业成功的指标有两个方面：一是速度，越快找到工作越好。大量研究已经发现，失业持续的时间越长，对个体健康和福祉的负面影响越大，因此，缩短失业时间意义重大。二是就业的质量。找到的工作是否能提供满意的工资、福利，是否符合个人兴趣和技术技能，通勤时间、工作环境能否满足个人偏好等，这些常常表现为个体对工作的满意度。虽然贾霍达曾断言，任何类型的工作，甚至是一份不好的工作，也比没有工作要好，[②] 但利姆（Ramsay Liem）发现，从事不满意的工作不仅会牺牲个人控制力，而且会损害其自我认知。[③] 并且，不满意的工作意味着随后更高的离职可能性，它将会再一次导致失业问题。

要想实现成功的再就业，首先需要了解成功再就业的影响因素。从劳动经济学的视角来看，成功的就业是劳动力供求双方期望和需要的吻合，因此，顺利、成功就业受到供求双方多重因素的影响。受明尼苏达经济安

① COUTROT T. 全新的欧洲就业战略：数量还是质量［J］. 劳动保障通讯，2003（10）：53－55.

② JAHODA M. Employment and unemployment：A social psychological analysis［M］. New York：Cambridge University Press，1982.

③ LIEM R. Unemployed workers and their families：Social victims or social critics［M］// Families and economic distress. Beverly Hills，CA：Sage，1992：135－151.

全部的委托，明尼苏达大学的万伯格（Connie Wanberg）等人研究了成功再就业的影响因素问题并提出了一个综合的模型，如图 11 所示。他们综合了经济学、社会学和心理学的视角并通过经验研究的验证，认为劳动力市场需求、雇主的歧视、求职者对工作的经济需要、求职者再就业的局限性、求职者的社会资本、求职者的人力资本以及求职者的求职强度、清晰度和质量等七个因素可能会影响到再就业的速度和质量。[①] 这一模型的积极意义在于它的跨学科性，这有利于公共就业服务者以及决策者从多维的视角来审视、识别和评估影响再就业成功的因素。但这一模型也存在一定的局限性，例如，它同时考虑了劳动力市场供给侧和需求侧的因素，但把宏观、中观、微观层面的因素杂糅在一起，没有把求职者可以控制的因素与求职者掌控之外的因素区分开来，不利于在实践中指导失业者通过自身努力来实现成功再就业。

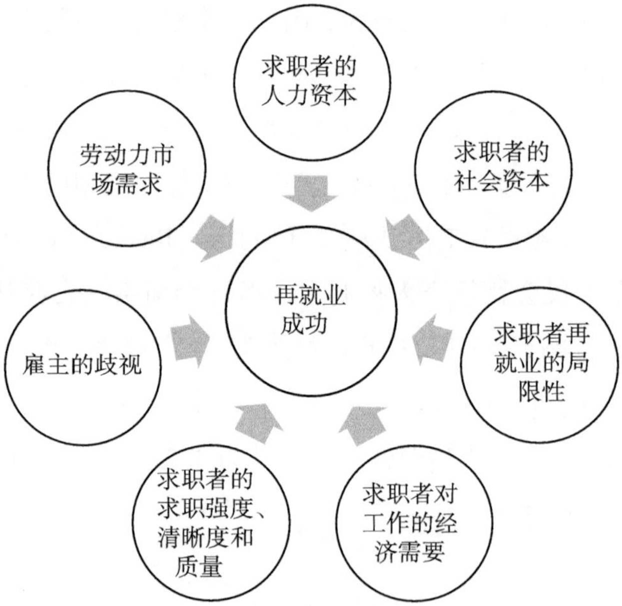

图 11　成功再就业影响因素模型

① WANBERG C, HOUGH L, SONG Z L. Predictive validity of a multidisciplinary model of reemployment success [J]. Journal of applied psychology, 2002, 87 (6): 1100 – 1120.

不容否认，能否成功地实现再就业，受到就业市场需求方因素的影响，包括宏观层面的劳动力市场需求情况、中观层面的行业和职业情况、微观方面的雇主偏好甚至歧视等，但供给方也就是求职者本身的因素也是一个重要的方面，而这些恰好是失业者能够掌控的因素。

一些研究聚焦于失业者个人因素对再就业成功的影响。首先，一些研究者关注了失业者求职动机的影响。求职动机是激发失业者积极求职的内在驱动力。在1995年进行的一项工厂关闭导致的失业研究中，两位作者着重探讨了失业者求职和再就业的动机问题，他们发现，经济压力越大的失业者能够更多地参与应对行为，同时也意味着更快的再就业。① 同时，求职动机越强烈，失业者求职的努力程度和强度就越大，而这些也有利于他们尽快找到一份工作。

其次，一些研究者提出，失业者对失业的认知状况也是影响再就业成功与否的重要因素。在失业下岗人员再就业的一项早期研究中，两位研究者认为，背景因素（如裁员是永久性的还是临时性的，失业率和对工作的依恋）和个人对这些因素的看法影响着一个人对失业的反应是积极的还是消极的。考虑到个体人格类型和公司干预方案，积极反应会引导人们选择以问题为中心的应对策略，而消极反应则引导人们选择以症状为中心的应对策略。通过对位于佛罗里达州和宾夕法尼亚州的两个公司下岗人员的经验研究，他们的基本发现是，对裁员的负面看法（如严重和不可逆转）会导致一个人选择以症状为中心的策略，更不容易适应裁员，并且认为再就业的机会很小。相反，积极的认知会让一个人选择以问题为中心的策略，更好地适应裁员，并感知到一个很好的再就业机会。② 这项研究提示我们，失业人员对失业的认知会影响到应对策略的选择以及最终的再

① LEANA C, FELDMAN D C. Finding new jobs after a plant closing: Antecedents and outcomes of the occurrence and quality of reemployment [J]. Human relations, 1995, 48 (12): 1381-1401.

② LEANA C, FELDMAN D C. Coping with job loss: How individuals, organizations, and communities respond to layoffs [M]. New York: Free Press, 1992.

就业结果。

再其次，一些研究考虑了个人所拥有的资源在求职和再就业过程中的作用。经验研究表明，社会资本和人力资本影响到对失业的积极应对。拉塔克（Janina C. Latack）等人研究发现，那些拥有大量经济资源和社会支持的个体不仅能够有效应对失业问题，而且往往能够把失业转化为职业发展的机遇。① 这也意味着，缺乏这些经济、社会资源将构成风险因素，致使失业者处于脆弱和不利的状态。万伯格等人以某制造厂245名下岗员工为样本，在下岗2个月和5个月后对他们进行调查，结果发现有165人继续失业，40人就业。分析表明，来自配偶和重要他人的社会支持尤其是求职支持对求职行为和再就业结果产生影响。回归分析显示，求职支持不仅是求职行为的重要预测因子，也是再就业的重要预测因子。②在拉塔克等人建立的“失业应对模型”中，个人的应对资源不仅影响到对失业的认知评价和应对策略的选择，而且与应对目标存在双向互动关系。③ 这也说明失业者的个人资源是影响失业应对的重要因素。

最后，还有众多的个性因素也会影响到失业应对和再就业结果。坎弗（Ruth Kanfer）等人对影响求职行为和就业质量的众多研究进行了一次元分析，发现外向性、经验开放性、宜人性、自觉性、自尊、自我效能感等心理因素与再就业速度相关，同时，更高的经济需要也能提高再就业速度，求职努力和强度能提高再就业质量。④

随着劳动力市场的弹性化，职业环境发生了巨变。例如，美国劳动统

---

① LATACK J C, KINICKI A J, PRUSSIA G E. An integrative process model of coping with job loss [J]. Academy of management review, 1995, 20 (2): 311 - 342.

② WANBERG C, WATT J D, RUMSEY D J. Individuals without jobs: An empirical study of job-seeking behavior and reemployment [J]. Journal of applied psychology, 1996, 81 (1): 76 - 87.

③ LATACK J C, KINICKI A J, PRUSSIA G E. An integrative process model of coping with job loss [J]. Academy of management review, 1995, 20 (2): 311 - 342.

④ KANFER R, WANBERG C R, KANTROWITZ T M. Job search and employment: A personality-motivational analysis and meta-analytic review [J]. Journal of applied psychology, 2001, 86 (5): 837 - 855.

计局发现，21 世纪初，美国工人在职业生涯中可能会经历十几次工作变动，① 这说明失业—再就业变得越来越寻常。在强调个人因素的研究基础上，同时立足于当前职业环境的多变性和劳动力市场的弹性化趋势，弗盖特（Mel Fugate）等人把个体的失业—再就业看作一种新的职业常态，在此背景下探讨影响再就业成功的因素。弗盖特提出，在新的职业常态下，个体要积极主动地管理自身频繁的职业变动（失业—再就业）和环境变化，为此，个体需要建构和提升自己的就业力②。就业力是一种心理社会结构，由职业认同、适应性以及社会和人力资本三个维度组成。职业认同包括清楚地掌握自己的工作经历和愿望。个人适应性包括适应不断变化的环境的意愿和能力，需要乐观、对学习的开放性、灵活性、能动性和自我效能感。社会资本使个人获得更多的信息和职业机会。人力资本包括年龄、受教育程度、工作经验、技能、职业知识、情商和认知能力等诸多因素。对于失业者而言，就业力是一种重要的应对资源，可以提高失业者的应对效能；同时，就业力还会对失业者的求职行为、求职选择和求职结果产生独特的影响，并会提高再就业的最终质量。③

正如万伯格等人指出的，有关影响成功再就业因素的研究还可以让求职顾问等助人专业者明白，有些因素远远超出了他们的控制范围，但有些因素是可以帮助失业者来改变的。④ 这虽然有些令人沮丧，却是切实做好失业者就业支持工作的基础。

事实上，有关对失业者干预的研究显示，大多数时候干预都产生了较好的心理效果，并对再就业具有促进作用。例如，斯佩拉（Stefanie

① KANFER R, WANBERG C R, KANTROWITZ T M. Job search and employment: A personality-motivational analysis and meta-analytic review [J]. Journal of applied psychology, 2001, 86 (5): 837-855.

② 也译作"就业能力"。

③ FUGATE M, KINICKI A J, ASHFORTH B E. Employability: A psycho-social construct, its dimensions, and applications [J]. Journal of vocational behavior, 2004, 65 (1): 14-38.

④ WANBERG C, HOUGH L M, SONG Z. Predictive validity of a multidisciplinary model of reemployment success [J]. Journal of applied psychology, 2002, 87 (6): 1100-1120.

Spera）等人在1994年进行了一项有趣的实验。63名平均失业5个月的专业人士被招募参加了实验。其中20人被分配到写作实验组，他们在实验期间按指导写下他们对失业的最深刻的想法和感受，以及失业对他们个人和职业生活的影响；21人被分配到写作控制组，他们在实验期间被要求写下每天的计划和求职中的活动，但不要表达关于自身状态的观点或感受；另外22人分配到无写作控制组，他们不参与写作实验，但完成了相关的问卷。实验持续了一周，3个月和8个月后分别检查了三组成员的求职情况。结果发现，如果不考虑工作类型的差异，写作实验组、写作控制组和无写作控制组中分别有68.4%、47.6%和27.3%的人找到了工作；同时，与两个控制组相比，写作实验参与者更有可能获得全职工作；此外，在求职活动中，三组之间的联系次数、信件发送次数或电话接收次数均未发现差异。研究者认为，再就业结果的不同源自写作实验组的成员通过表意性写作宣泄了对失业的消极情绪并成功地调整了心态、提升了求职动机，从而促成了再就业活动的成功。①

这些研究的具体结论虽然存在差异，但都说明，实现成功的再就业受到很多因素的影响，但失业者自身的因素（包括内在的人口属性、心理、认知因素和外在的资源）不仅占有重要的地位，而且是可以改变的。传统的再就业服务关注信息的媒介和物质资源的提供，但忽略了再就业过程中“人”的因素的改变。上述研究说明，对失业者自身因素的干预与传统的再就业服务相结合，可能对失业者实现成功再就业非常有利。除此以外，这一发现更重要的意义或许在于，为社会工作等助人专业介入就业支持和援助指出了方向。

二、社会工作参与就业支持的历程

今天的社会工作强调自己的工作对象是社会中的“弱势群体”和

---

① SPERA S, BUHRFEIND E D, PENNEBAKER J W. Expressive writing and coping with job loss [J]. The academy of management journal, 1994, 37 (3): 722-733.

"弱势成员"，其实在专业社会工作发展的早期，"弱势群体"和"弱势成员"几乎就是"穷人"的代名词。在工业化和城市化的背景下，"穷人"又与"失业"有着紧密的关联，对此，美国社会学家肖尔（Alvin Schorr）这样谈道：

> 接受个人社会服务的案主最显著的共同特色是贫穷和被剥夺。或许都认为社会服务应该建立在普世原则上的缘故，通常这个特点没有人会提起，只是在这一行里大家心照不宣罢了。一项又一项的调查显示，案主都是失业的人，或严格来讲，就是没有受雇——目前没有工作，也没有去找工作的人。[①]

正因为如此，在发达国家工业化早期，社会工作者有时会为城市穷人提供与就业相关的服务。例如，在一本有关美国女性社会工作者先驱亚当斯（Jane Addams）的传记中记载了这样一个小故事：一天深夜，"赫尔之家"（Hull-house）进了一个窃贼。亚当斯临危不惧，与窃贼进行了交谈。当发现窃贼只是一个失业的人而非职业小偷后，亚当斯让其离开并于第二天上午九点再过来，她要看看能不能替他找一份工作。第二天上午，那个入室行窃的人按约前来，亚当斯给他找了一份工作。[②] 亚当斯于 1889 年在芝加哥创办"赫尔之家"并向周边的穷人提供社会服务，这是美国中西部地区第一个安置所。传记作者通过这则故事想表达的是亚当斯在恶劣环境中无所畏惧的精神品质，但从中也可以看出，早期的社会工作者在服务穷人的过程中已经意识到"工作"的重要性了。

虽然如此，早期的社会工作者更多地把自己定义为福利和服务的递送者，而不是失业问题的解决者。"二战"之后，由于明确了穷人的困境与失业之间的关联，美国等工业化国家的社会工作者在有关失业问题的立法

---

① DAVIES M. 社会工作概论［M］. 朱道凯，苏采禾，译 . 台北：群学出版有限公司，2005：13.

② LINN J W. Jane Addams：A biography［M］. New York：D. Appleton-Century，1935：114.

工作中发挥了一定的作用。同时，也开始倡导社会工作实践不仅要解决失业的影响，而且要通过帮助失业者求职和再就业来解决失业状况本身，但正如布瑞尔指出的："长期以来，社会工作者目睹了失业带来的灾难，但他们在行动主义和解决问题方面并没有取得和维持领导地位。"①

职业社会工作或工业社会工作可能是社会工作学科中与工作和就业关系最为密切的部分，相关实践也在一些具体职业环境中开展。在职业社会工作中，占主导地位的工作模式是"员工援助"（employee assistance programs，以下简称 EAPs）。这种模式以一定的组织为依托，社会工作者对该组织的员工提供有关个人问题、关系协调、工作场所健康与安全等方面的服务，同时也为组织管理者提供有关员工福利与组织发展以及劳资关系处理与协调方面的咨询和培训。由于组织管理者更关心组织的生存、发展、盈利等组织目标能否实现的问题，因而 EAPs 模式就要兼顾员工的需要和组织发展的需要。这也可以说是职业社会工作的一个特色。② 可以说，这种职业社会工作在工作范畴和内容上与国内学界所倡导的"企业社会工作"非常接近，只不过其涵盖的范围除了企业之外，还包括非企业性的其他工作组织。因此，正如艾弗森（Roberta R. Iversen）所指出的，一直到 20 世纪晚期，职业社会工作实践都聚焦于在组织中工作的就业人员，很少关注那些从组织中去职的以及想进入组织工作的失业人员的需求。③青少年就业问题在专业社会工作中的地位同样如此。例如，在英国，直到 20 世纪 90 年代初，青少年就业议题只是在学校社会工作领域偶有涉及，但并不占有显眼位置，因为当时主要关注的是童工问题和青少年权益

---

① BRIAR K H. Unemployment: Toward a social work agenda [J]. Social work, 1983, 28 (3): 211 -216.

② KURZMAN P A, AKABAS S H. Industrial social work as an arena for practice [J]. Social work, 1981, 26 (1): 52 -60.

③ IVERSEN R R. Occupational social work for the 21st century [J]. Social work, 1998, 43 (6): 551 -566.

保护问题。[1]

20世纪90年代之后，情况逐渐发生变化。变化的起因是积极劳动力市场政策的“激活”转向和“从福利到工作”（welfare-to-work program）[2]政策在美、英两国的实施。“从福利到工作”是一个在20世纪90年代发明出来的简称，指的是一系列推动非就业人员（尤其是纳入福利系统的非就业人员）从事有偿工作的社会政策的总称。与之类似的概念还有“工作福利”（workfare）、“作为福利的工作福利”（workfare-as-welfare）等。这些政策是20世纪90年代之后发达工业化国家积极劳动力市场政策的重要组成部分。

一般认为，“从福利到工作”一开始特指美国在20世纪90年代进行的福利制度改革。这一改革的一个推动因素是美国福利思想的变化。20世纪80年代，奉行新自由主义的里根政府在社会福利领域削减预算，而布什政府沿袭里根政府的做法，提出反福利主义主张，鼓吹自我依赖的福利政策，试图通过福利私有化来减轻政府负担。克林顿上台之后，基本继承了这一思想，积极推动福利制度改革以减轻福利依赖。此外，财政赤字的压力产生了福利制度改革的直接推动力。由于不断增长的福利支出，美国联邦政府的财政赤字问题日趋严峻。在这当中，最大的一宗福利支出是“失依儿童家庭援助”（assistance to families with dependent children，以下简称AFDC）。AFDC的前身是罗斯福政府于1935年颁布的《社会保障法案》第四章中的“失依儿童救助”（aid to dependent children，以下简称ADC），主要内容是美国联邦政府向各州拨款以给予失去生活来源的儿童一定的现金救济。为了修正这一方案在实践中存在的诸如覆盖面过小等问题，1962年美国国会通过AFDC方案以取代ADC。与ADC相比，AFDC

---

① DAVIES M. 社会工作概论［M］. 朱道凯，苏采禾，译. 台北：群学出版有限公司，2005：280－281.

② “welfare-to-work”也译作“工作福利”“以工代赈”，为避免语义混淆，本书直译为“从福利到工作”。

最大的变化是扩大了社会救助的范围。此后数十年，AFDC逐渐成为美国福利制度的一个核心组成部分，各届政府的福利改革无不与其有关。[①]

1996年10月，为缓解联邦政府财政压力，同时也为了竞选连任的选情考虑，克林顿政府通过了《个人责任与工作机会调解法案》。这一法案的主要内容包括三点。第一，正式废除延续30多年的AFDC方案，代之以贫困家庭临时援助（temporary assistance to needy families，以下简称TANF）方案。第二，重新界定联邦政府和州政府的福利责任，联邦政府向各州分配财政补贴，但具体向低收入家庭提供援助的业务则交由各州自行开发和运营。这意味美国联邦政府把对穷人的相当一部分社会保障和福利责任转交给了各州政府。第三，强调“有条件的福利”，具体而言就是对福利领取者的个人责任和工作情况作出要求。一方面，联邦政府在把福利方案开发和运营权下放给各州时要求新的方案必须包含工作要求。例如，新法案规定，各州的具体救助方案必须包括以下内容：已有或将有孩子的贫困家庭可以获得援助，但同时父母应接受工作培训、求职辅导等辅助服务，以便他们能够获得有偿工作从而脱离福利援助；一旦父母或监护人可以开始工作，或他们已接受援助总计达到24个月，他们就必须开始工作。另一方面，一些具体的方案和计划中也明确了工作的要求和相应的惩罚措施。例如，其中的食物券计划要求18~50岁的有工作能力的领取者必须外出工作，否则取消其领取资格。[②]

可以看出，《个人责任与工作机会调解法案》的重点在于强调适龄人员通过工作来养活自己的“责任”，正如我国台湾地区学者郑丽娇所强调的，这一法案的通过意味着美国只强调福利领取者权利而忽视其责任和义

---

① 郑丽娇．美国一九九六年“个人责任与工作机会调节法案”之政策论证分析［J］．台湾行政评论，1999，8（2）：181－229．

② 郑丽娇．美国一九九六年“个人责任与工作机会调节法案”之政策论证分析［J］．台湾行政评论，1999，8（2）：181－229．

务的“‘应享权益’社会福利时代的结束”①。

后来的事实证明，《个人责任与工作机会调解法案》对整个西方国家的福利制度改革和积极劳动力市场政策的发展都产生了深远的影响。1997年，布莱尔领导的工党政府在英国执政之后，开始实施“新政”。新政的最主要特征是激励人们参与工作，并把工作参与作为福利领取的条件。具体而言，一方面，通过向失业者提供培训、就业补贴和志愿工作以及针对低收入工人的税收减免计划来激励人们工作；另一方面，宣称国家有权从那些“拒绝合理工作”的人那里收回福利。新政被认为是布莱尔领导的新工党政府的政策基石，它一开始针对的是失业青年，后来扩展至其他群体。虽然新政与撒切尔时代的福利改革、20世纪90年代初期梅杰政府的“工作项目”都有一定的承袭关系，但研究者认为，它更多的是在效法美国1996年的福利制度改革。2010年，“新政”被保守党领导的联合政府的“单一工作方案”所取代，但激励人们参与工作的主旨并没有改变。例如，2011年出台的《福利制度改革方案》规定，连续一年拒绝政府推荐工作的人将丧失福利领取资格。②

美英两国的福利改革本质上都是以“激活”为导向的积极劳动力市场政策，它们采用的政策措施同样可以看作一种“减、加组合法”，即一方面通过缩减福利或限制福利领取条件以推动失业人员去工作，另一方面通过为失业人员增加教育、培训、辅导、咨询等服务以协助失业人员求职与就业。然而，受20世纪80年代以来的新自由主义思想的影响，美英两国普遍强调政策组合中的“减法”，“加法”则没有受到应有的重视，这也影响到两国“从福利到工作”政策的实施效果。

人们发现，“从福利到工作”政策虽然有着美好的愿望，但在实践当

---

① 郑丽娇．美国一九九六年“个人责任与工作机会调节法案”之政策论证分析［J］．台湾行政评论，1999，8（2）：181－229．

② 曹劼．英政府减支拿懒汉开刀 削减福利遭受争议［EB/OL］．［2022－07－29］．http：//news. sohu. com/20110222/n279470980. shtml．

中会遭遇困境。首先，这些政策强调个体责任，但忽视了劳动力市场等结构性因素的影响。在经济兴衰和劳动力市场变化面前，个体往往是无力的。即便有就业意愿，有时候工作也不是轻而易举就能找到的，对弱势群体而言更是难上加难。同时，有限的工作机会还不是平等地分配的。一项研究发现，只有13%的职位空缺和8%的全职工作职位空缺是面向失业的贫困者的。① 政策实施的后果更能说明这一问题。例如，在纽约市，《个人责任与工作机会调解法案》实施之后的前几个月，只有不到三分之一的妇女通过工作脱离了福利援助，而且她们通过工作获得的收入仍然低于贫困线。② 其次，即便这些脱离福利援助的人勉强获得了工作，但对他们中的一些人而言，持续地保有这份工作也是一个巨大的挑战。调查显示，那些从福利援助中脱离的人工作后失业率要高于社会平均水平，介于25%～40%。③ 再其次，“从福利到工作”政策强调“工作优先”，把获得和维持工作作为终极目标，有可能忽视劳动者的收入和工作福利状况，会导致僵化机械的形式主义。现实当中，存在有工作但收入很低、福利很差的“工作贫困”和“不充分就业”现象。最后，一些批评者认为，“从福利到工作”政策的目标存在悖论，这一点对该政策的起源地——美国而言尤为明显。在美国，原有AFDC的受益者主要是年轻的单身母亲，因此“从福利到工作”政策最关键的效果是让越来越多的单身母亲进入职场，政策宣称其目标是提升单身母亲的自立和履行公民责任的能力，同时也能让她们通过工作收入为其家庭和子女发展提供更多保障。然而，外出参加工作又与照料孩子（尤其是年幼的孩子）直接抵牾。

这些情况促使人们认识到，从福利到工作的转变是一个漫长而复杂的

① PEASE J, MARTIN L. Want ads and jobs for the poor: A glaring mismatch [J]. Sociological forum, 1997, 12 (4): 545－564.

② HERNANDEZ R. Most dropped from welfare don't get jobs [N]. New York Times, 1998－03－23 (A1, B6).

③ HERSHEY A M, PAVETTI L A. Turning job finders into job keepers [J]. Future of children, 1997, 7 (1): 74－86.

过程，在这个过程中，那些脱离或试图脱离福利系统的人不仅需要“激励”，更需要得到如何找工作和如何保有工作的支持和服务。这就如一些研究者所指出的：“在所有情况下，重点都越来越多地放在那些可能需要大量援助以满足其需要并帮助他们找到和维持就业的群体上。”①

这种支持、服务和援助最适宜由社会工作机构和社会工作者来提供。但在美国和英国，受新自由主义的影响，相关的支持和服务没有受到重视，同时社会工作者也没有参与“从福利到工作”政策的制定和实施过程。这些都影响了该政策的实施效果。但澳大利亚、丹麦和瑞典等国家强调了对失业人员的支持与服务，社会工作者也参与了这一政策过程，取得了较好的效果。

1998 年，澳大利亚开始实施“就业网络”计划。这是一个由澳大利亚政府资助的、包括私营部门和社区的组织和服务网络，它被看作“从福利到工作”政策的澳大利亚版本。澳大利亚就业、教育与工作关系部通过公开招标程序选择符合条件的参与者并与其签订合同，然后由这些参与者在全国各地设立站点向失业者提供就业支持与服务。2009 年，澳大利亚政府将这一项目直接更名为“澳大利亚就业服务”，2015 年则被“工作积极性计划”取代。

“就业网络”的服务对象主要是领取各种津贴的失业者。根据对象自身情况的差异，服务内容分为不同类别。第一类是普通的服务对象，服务内容包括三块：首先，进行简历制作、目标设定、职业规划、求职程序、面试技巧等相关的知识、技能培训；其次，服务网络通过就业、教育与工作关系部主办的澳大利亚在线求职网站（AJS）协助服务对象创建在线简历，以便申请工作；最后，服务网络会将求职者的知识、技能和经验与现有的工作机会相匹配，在求职者与潜在的雇主之间进行双向推荐并协调应

① MILLAR J, AUSTIN M. The role of social workers in welfare to work programs: International perspective on policy and practice [J]. Journal of policy practice, 2006, 5 (2-3): 149-158.

聘过程。存在一定程度不利条件的服务对象如残疾人被划为第二类。此类服务对象除了获取与第一类对象相同的常规服务之外，还可以参与就业途径计划，其中包括旨在提高求职者就业力的活动和援助，重点是解决求职者的职业和非职业需求。第三类服务对象是处于严重不利状态的脆弱人士，如经受心理问题、虐待、无家可归、毒品或药物依赖的人。对于这类服务对象，首先要帮助他们解决所面临的紧迫问题，然后才提供一般的就业支持与服务。此外，无论服务对象属于何种类型，项目开始 12 个月后必须每年参加一次工作经验活动。[①]

可以看出，无论是“就业网络”还是其后继者，澳大利亚“从福利到工作”政策的主旨也是推动福利领取者参与就业，但澳大利亚与美、英两国相比有着明显的不同。首先，澳大利亚的“就业网络”计划更强调对失业人员的支持与服务，即便不属于弱势群体的无业人员也可以获得相关的求职和就业服务。其次，服务由社会工作、社会服务机构提供，通过其专业性确保了服务的质量。最后，强调多方参与并引入了商业逻辑。政府通过外包的方式让私营部门和社区参与就业服务的提供，竞争性有利于提升就业服务和支持的质量。同时，更加注重就业服务的效果。澳大利亚就业、教育与工作关系部每 6 个月对相关机构进行一次评估，评估的依据是将客户安排到工作岗位并让他们继续工作 13 周 ~ 26 周。结果评定采用从一星到五星的星级制。[②] 这种定期的评估也有利于激励相关机构提升就业服务水平。

一向以高福利著称的北欧国家在 20 世纪 90 年代之后也转向以“激活”为重心的积极劳动力市场政策，其本质上非常接近“从福利到工作”政策，但与新自由主义盛行的美、英两国不同，北欧国家在激励人们参与

① MCDONALD C, MARSTON G. Workfare as welfare: Governing unemployment in the advanced liberal state [J]. Critical social policy, 2005, 25 (3): 374 - 401.

② MCDONALD C, MARSTON G. Workfare as welfare: Governing unemployment in the advanced liberal state [J]. Critical social policy, 2005, 25 (3): 374 - 401.

就业市场的同时注重提供相关的支持与服务。“一方面，福利领取人有义务接受就业选择或培训计划以获得福利；另一方面，国家有义务提高福利申领人的就业能力。”① 一些研究者认为，北欧国家通过社会工作尤其是个案管理为失业人员提供个性化、精细化的支持与服务，这形成了“从福利到工作”政策“一个相对较新的特点”。②

例如，在素有“福利国家橱窗”之称的丹麦，20 世纪 90 年代之后也开始了“从福利到工作”的改革。一方面，把福利领取与就业状况挂钩。失业津贴额度被削减，领取年限由之前的 7 年缩短为 4 年，2008 年金融危机之后更进一步缩短为 2 年，同时要求失业津贴领取者必须参加相关的就业准备和训练项目。另一方面，由政府提供资金或津贴，为失业者提供就业训练，同时鼓励企业为失业人员提供在职培训或工作机会。③ 在此过程中，官员的角色也发生了变化，正如一位研究者所总结的：失业援助的负责人不应只是给那些获得援助的人开支票，而应在提供咨询以及劝导个人从事有偿工作方面发挥积极作用。④ 这样的工作显然适合由社会工作者来承担，这就如同布瑞尔所指出的：“在就业服务项目中，社会工作方法的注入可以促进更有效的咨询，并改善提供关键服务的时机。”⑤

在瑞典，对就业支持与服务的重视也促进了社会工作介入失业人员服务工作当中。21 世纪初，瑞典整个劳动力市场政策分为两个部分：为失业保险基金和其他基于国家的收入福利系统提供支持的国家系统以及为需

① EICHHORST W, KAUFMANN O, KONLE-SEIDL R, et al. Bringing the jobless into work? An introduction to activation policies [M] //Bringing the jobless into work? Experiences with activation in Europe and the US. Berlin, Germany: Springer, 2008: 6.

② EICHHORST W, KAUFMANN O, KONLE-SEIDL R, et al. Bringing the jobless into work? An introduction to activation policies [M] //Bringing the jobless into work? Experiences with activation in Europe and the US. Berlin, Germany: Springer, 2008: 6.

③ 吴小芳. 欧洲福利政策的转型及其启示 [J]. 学术论坛, 2013 (1): 96 - 101.

④ TORFING J. Workfare with welfare: Recent reforms of the Danish welfare state [J]. Journal of European social policy, 1999, 9 (1): 5 - 28.

⑤ BRIAR K H. Unemployment: Toward a social work agenda [J]. Social work, 1983, 28 (3): 211 - 216.

要社会援助的失业者提供支持的市政系统。后者主要是社会工作服务，他们在传统的儿童监护服务、药物滥用服务、精神卫生服务的基础上增加了对失业人员的社会援助。① 根据瑞典的《社会服务法》，对失业人员服务的主要内容是指导他们从事实践培训或其他技能提升活动。这一政策最初主要适用于25岁以下的失业青年，但后来扩大适用于25岁以上的人。②在为失业人员提供的服务中，社会工作者扮演了比较重要的角色。首先，社会工作者会进行受助人资格的审查和认定工作。在此过程中，社会工作者会运用专业自由裁量权，评估服务对象的生活状况和需求并确定是否将对象纳入相关的就业支持服务。其次，社会工作者会提供评估和转介服务。社会工作者对符合资格的服务对象的就业和求职情况进行评估，如果需要，他们会将服务对象转介给地方就业服务机构、社会保险办公室或其他机构。最后，社会工作者也会提供部分直接服务，例如，帮助服务对象访问互联网和求职网站并撰写申请和简历，在可能的情况下，也会对一些服务对象和工作机会进行匹配。③

20世纪90年代之后，随着积极劳动力市场政策的深入发展和“从福利到工作”政策被更多国家采纳，西方国家福利制度的性质、意义和活动等方面发生了重要的“范式转变”④。这一转变的主旨是激励人们参与有偿工作，因而使得帮助人们获取和维持工作成为实践的焦点，而社会工作恰恰可以在这方面发挥独特的作用。例如，艾弗森提出，随着美国经济

---

① KÖHLER P A, THORÉN K H, ULMESTIG R. Activation policies in Sweden: “something old, something new, something borrowed and something blue” [M] //Bringing the jobless into work? Experiences with activation in Europe and the US. Berlin, Germany: Springer, 2008: 265.

② KÖHLER P A, THORÉN K H, ULMESTIG R. Activation policies in Sweden: “something old, something new, something borrowed and something blue” [M] //Bringing the jobless into work? Experiences with activation in Europe and the US. Berlin, Germany: Springer, 2008: 269.

③ KÖHLER P A, THORÉN K H, ULMESTIG R. Activation policies in Sweden: “something old, something new, something borrowed and something blue” [M] //Bringing the jobless into work? Experiences with activation in Europe and the US. Berlin, Germany: Springer, 2008: 270.

④ MILLAR J, AUSTIN M. The role of social workers in welfare to work programs: International perspective on policy and practice [J]. Journal of policy practice, 2006, 5 (2-3): 149-158.

结构的急剧变化和福利政策的调整，尤其是“从福利到工作”政策的出台，社会工作尤其是职业社会工作应该将实践的重点放在失业人员和新就业人员与工作相关的需求上来，具体而言就是通过评估、咨询和转介、倡导、项目开发和社会互动四项实务工作的开展来帮助人们获得工作和保有工作。[①] 事实上，在澳大利亚、丹麦、瑞典等国家以及我国香港地区，社会工作不仅正式介入了失业人员支持领域，还将帮助失业人员获取就业和维持就业作为直接目标。

三、失业青年就业支持的5E框架

虽然美国的“从福利到工作”政策一开始针对的是有受抚养子女的单亲父母，特别是单身母亲，但随着这一政策的传播，在英国、澳大利亚、北欧等地，政策逐渐聚焦于长期失业者和青年失业者。所以鲁茨（Roets G）等人提出，“从福利到工作”政策对失业青年有利，而社会工作者在此过程中大有用武之地。[②] 事实上，社会工作在解决失业青年问题上确实具有一些独到的优势。首先，社会工作帮扶弱势群体的传统有助于社会工作者接触到失业青年。社会工作者在个案工作、家庭治疗、学校社会工作、青年社会工作、企业社会工作、司法社会工作、社区矫正等社会工作实践中都有可能遭遇失业青年的问题。其次，社会工作实务很有可能形成这样一种认识，即对进入劳动年龄的弱势群体及其成员而言，失业往往是他们的一个共性问题，而社会工作的帮扶成为解决他们所面临问题的一个枢纽。最后，对失业青年的支持与扶助也契合社会工作的价值。社会工作除了追求社会公平、正义以外，也强调个人价值和人的尊严。而拥有一份体面的工作不仅意味着获得稳定的经济来源，也是提升个体自我价值

① IVERSEN R R. Occupational social work for the 21st century [J]. Social work, 1998, 43 (6): 551-566.

② ROETS G, ROOSE R, VANDEKINDEREN C, et al. Reinventing the employable citizen: A perspective for social work [J]. British journal of social work, 2012, 42 (1): 94-110.

和尊严的体现，因此，帮助年轻人获得一份满意的工作也是实现社会工作价值的重要方式之一。同时，社会工作强调“助人自助”。获得一份工作不仅能够借此安身，还可以激发失业青年的能动性，激励其通过劳动和努力解决自身生存与发展的问题，这显然有利于发扬自助精神。

虽然如此，专门讨论社会工作介入失业青年支持与援助的文献并不多。2001 年，为了应对全球范围内的青年失业和就业难题，由国际劳工组织牵头成立的“青年就业网络”（youth employment network，简称 YEN）提出了促进青年就业的 4E 框架，即各国通过提升青年的就业力（employability）、提供平等的就业机会（equal opportunities）、创造就业（employment creation）和培育创业精神（entrepreneurship）来促进青年就业并把青年就业工作作为优先事项加以推进。① 但香港理工大学的社会工作专家梁健强等人认为，4E 框架以及世界各地的大多数促进青年就业的项目都是基于人力资本理论，强调通过教育和职业培训来改善失业青年的人力资本，从而增强其在劳动力市场上的竞争力。然而，人力资本理论忽视了阻碍青年人就业的结构性障碍因素，诸如经济走势、工作机会、职位分布等因素就是个人无力掌控的；同时，人力资本理论把失业青年看作孤立的个体，忽视了其与家庭、学校、社区、劳动力市场以及社会、经济、文化和政治制度之间的相互作用。因此，他们借鉴生态系统理论提出通过建立“生态联系”（ecological connections）来连接和强化就业力、平等机会、就业创造和创业精神的 5E 框架。②

5E 框架的理念基础是：“青年失业是社会工作者难以解决的一个大问题，它需要一个全社区的解决办法”，因此，除了改善失业青年的人力资本之外，还需要整合与失业青年相关的微观系统、中观系统以及宏观系统

---

① 修晶，李志刚. 国外促进青年创业的措施及对中国的启示［J］. 青年探索，2006（3）：86－89.

② LIANG Jianqiang，NG G T，TSUI M，et al. Youth unemployment：Implications for social work practice［J］. Journal of social work，2017，17（5）：560－578.

的力量。① 其中，微观系统是指与青年直接相关的系统，如家庭、学校、同辈群体、工作单位等；中观系统是指两个或多个微观系统之间的相互关系，如家庭－学校的互动；宏观系统则包括社会中的文化和亚文化。整合不同系统的力量就是建立生态联系的过程，社会工作者在这个过程中发挥着独一无二的作用。因此，社会工作介入失业青年支持和援助的重点不在于发展其人力资本，而在于建立生态联系。

为了建立生态联系，社会工作者要发挥调解、协调和协作等功能。②例如，在家庭系统中，首先，社会工作者可以通过调解来缓和失业青年与父母之间的代沟和紧张关系，鼓励父母提供更多的家庭支持；其次，社会工作者可以与失业青年父母合作，因为他们本身也可能面临失业等困境或问题，帮助他们解决这些问题，并考虑父母的价值观和对工作的态度如何影响子女；最后，社会工作者可以帮助处于不利境地的家庭与外界联系，如获取就业信息、获取社区帮助、积累社会资本等。类似地，在学校等其他微观系统中，社会工作者也可以发挥这些功能。例如，社会工作者可以与教师合作，开展就业准备教育，提升就业教育的效果；同时，对于有失学或辍学风险的学生，社会工作者可以进行预防性干预，如劝阻其辍学、改善其求学态度等；对于那些坚持要离开学校的学生，社会工作者可以提供就业前培训、就业信息，或转介至社区就业服务等部门，帮助他们与社会保持联系。在中观系统，社会工作者可以动员利益相关者向失业青年提供就业支持与援助。例如，可以帮助学校建立与社区、政府机构以及就业单位的联系，解决从学校向工作转换中存在的问题。梁健强等人认为，在宏观系统中，如建立高层次的关系以及影响制度和文化上，社会工作者似乎难以发挥作用，但也可以利用媒体、专业论坛等发出一定的呼声，推动

① LIANG Jianqiang, NG G T, TSUI M, et al. Youth unemployment: Implications for social work practice [J]. Journal of social work, 2017, 17 (5): 560－578.

② LIANG Jianqiang, NG G T, TSUI M, et al. Youth unemployment: Implications for social work practice [J]. Journal of social work, 2017, 17 (5): 560－578.

更有影响力的利益相关者如政府机构、就业单位作出有利于失业青年就业的改变。[①]

梁健强等人认为，生态联系的建立也有利于改善劳动力市场中存在的不同形式的歧视，从而有利于提供平等的就业机会。此外，通过连接资源，向有志于创业的年轻人提供资金、场地、经营管理知识咨询等也有利于创业精神的培育。而单个的社会工作者虽然难以创造就业，但社会工作机构以及社会工作者创办的社会企业可以提供就业岗位。[②] 因此，通过社会工作者带来的“生态联系”可以把促进青年就业的4E要素激发和盘活起来。

5E框架为社会工作介入失业青年支持和援助工作提供了一个新颖且综合的视角。这一框架的一个贡献是明确了社会工作者在失业青年支持工作中的独特地位和作用。一般认为，社会工作服务与单纯的公共就业服务不同，后者只提供与就业问题有关的信息媒介和咨询服务，在实务领域，社会工作者如何向失业青年提供支持和援助却是一个悬而未决的问题。5E框架为这一问题提供了一个答案，它认为社会工作者的独特作用在于通过调解、协调和协作等工作的开展建立生态联系。

通过对社会工作介入就业支持问题的历史回顾可以发现，在早期，社会工作只是把就业看作解决弱势群体问题的一种手段。20世纪90年代以后，随着积极劳动力市场政策的“激活”转向以及“从福利到工作”政策的出台和传播，发达工业化国家开始重视弱势群体的社会责任和“就业”的义务，这使得帮助弱势群体获得和维持“工作”成为政策实践的重点，同时也推动了社会工作更直接地介入就业支持与援助问题。伴随着青年失业率的高企，失业青年逐渐成为“从福利到工作”政策的主要目

---

① LIANG Jianqiang, NG G T, TSUI M, et al. Youth unemployment: Implications for social work practice [J]. Journal of social work, 2017, 17 (5): 560 – 578.

② LIANG Jianqiang, NG G T, TSUI M, et al. Youth unemployment: Implications for social work practice [J]. Journal of social work, 2017, 17 (5): 560 – 578.

标人群，4E 框架提出了促进青年就业的全方位计划，而 5E 框架则强调了社会工作在介入青年就业支持工作中的独特地位和作用。5E 框架是在 4E 框架基础上发展而来的，需要注意的是，4E 框架并非完全基于人力资本假设，因为 4E 框架设置了影响青年就业的结构性因素（如平等的就业机会）和个人因素（如就业力、创业精神）。5E 框架依然杂糅了这些因素，虽然通过增加生态联系来连接 4E 以强调个体与环境因素的互动和相互作用，但在实践当中有可能忽视失业青年自身的能力建设和能动性的发挥。此外，研究已经发现，在创造就业岗位和促进就业问题上，以失业者为工作对象的直接方法更具成本效益。根据美国在 20 世纪 70 年代的测算，通过减免税收等方法创造的每个就业岗位的平均成本是 17 000 ~ 21 000 美元，而以失业者为目标的针对性方法创造的每个就业岗位平均成本是 2600 ~ 3500 美元。[①] 因此，失业者应该成为解决失业问题的政策、服务和支持的焦点。

① BRIAR K H. Unemployment：Toward a social work agenda [J]. Social work，1983，28 (3)：211 - 216.

第五章

抗逆力与失业青年能力建设

CHAPTER 5

20世纪90年代之后，随着发达工业化国家积极劳动力市场政策的“激活”转向和“从福利到工作”政策的广泛施行，向失业人员尤其是失业青年提供就业支持和援助越来越成为必要。在此背景之下，一些国家和地区的社会工作机构和社会工作者正式介入了失业青年的就业支持工作。同时，社会工作实务工作者和研究者还发展出了相关的实践模型，为社会工作有效介入青年失业问题积累了经验、作出了积极的探索。进入21世纪之后，伴随着劳动力市场的弹性化，青年失业的整体压力更趋严峻，同时青年就业环境也发生了巨大变化。鉴于职业环境的多变性和不可预测性，失业青年自身能力建设成为关键，而抗逆力建设则是失业青年能力建设的核心和基础。对于社会工作实践而言，抗逆力建设也是介入青年就业支持与援助的一个有效抓手。

一、抗逆力：从工程材料到人的演进

“抗逆力”是对英文“resilience”的翻译。除了“抗逆力”之外，这一词汇还可以翻译成“恢复力”“韧性”“强韧”“复原力”等，有时也被翻译成“心理韧性”。事实上，抛开翻译过程中的文化差异不谈，这个概念在英文中的内涵也充满了争议。导致争议的原因之一是这一概念的跨学科性，即不同学科、不同领域的研究者都使用这一概念，但会根据自身的研究意图、使用目的和学术传统而赋予其特定的意涵。

虽然有所争议，但一般认为，抗逆力最初应用于物理和工程领域，物理学家用其来描述弹簧之类的材料在承受外力作用后发生形变但又可以恢复原状的物理属性和能力。[①] 随后的概念迁移过程不甚清楚，但早期借用这一概念的两个领域分别是心理学和生态学。

---

① DAVOUDI S. Resilience：A bridging concept or a dead end［J］. Planning theory and practice，2012，13（2）：299－305.

按照明尼苏达大学心理学家马斯顿（Ann S. Masten）的观点，心理学领域最早对抗逆力现象的经验研究与发展精神病理学的出现密切相关。① 20 世纪 70 年代早期，一批发展心理学家开始关注精神疾病的早期预防与干预问题。例如，加梅齐（Norman Garmezy）研究了精神疾病患者子女的发育情况，发现一些儿童虽然处于不健康的家庭和生态环境中，但能够顺利成长：拥有良好的同伴关系和学业成绩，生活目标明确，也能够取得职业成功。加梅齐使用“不脆弱”这一术语来指称这一类虽然遭遇了家庭与环境的不幸但成功“免疫”、没有被不幸“打垮”的儿童，相应地，那些不能适应不利环境的儿童则被称为“脆弱的”。② 随后，这一发现激励了更多的研究者去关注个体在应对风险和逆境中的表现差异问题，具体的风险和逆境从父母精神疾病扩展至社会经济劣势、贫困与暴力、忽视与虐待、慢性疾病、灾难性生活事件等。更多的证据表明，一些儿童比另外一些儿童能够更好地适应不利条件并发展良好。一开始，研究者们往往使用“不脆弱”“免疫的”“适应的”“抗压的”等概念来描述不利环境中健康成长的儿童，但随着这些概念被批评为“绝对化”和“静态化”之后，“抗逆力”和“韧性的”替代了它们并成为进一步研究的焦点。为了显示学科差异，有时也特称为“心理抗逆力”或“心理韧性”。这意味着抗逆力正式进入心理学研究领域。随后，关于抗逆力的研究对象不断扩展，从早期的困境儿童扩展至各个年龄段受到风险、灾难和不利环境威胁的人，再后来又从个体扩展至群体和社会组织。

虽然借鉴物理学上的抗逆力一词来描述逆境中发展良好的个体不是一个多大的问题，但如何精确地定义个体的抗逆力则是一个争论纷纭的问

---

① MASTEN A S. Resilience in development: Implications of the study of successful adaptation for developmental psychopathology [C] //CICCHETTI D. The emergence of a discipline: Rochester symposium on developmental psychopathology. Hillsdale, NJ: Lawrence Erlbaum Associates, Inc., 1989: 261-294.

② GARMEZY N. Vulnerability research and the issue of primary prevention [J]. American journal of orthopsychiat, 1971, 41 (1): 101-116.

题，正如鲁萨（Suniya S. Luthar）等人在一篇回顾性论文中所指出的："关于抗逆力的理论和研究文献反映出关于定义的共识很少，这一关键构念的操作化和测量也存在重大差异。"[①] 有研究者把心理学领域有关抗逆力的不同定义总结为"特质说""过程说""结果说"和"多面向说"四种类型。[②] 具体而言，"特质说"把抗逆力定义为个体的一种内在品质，这种品质如乐观、自主、高自尊等有助于个体战胜风险和逆境带来的冲击和压力。但批评者认为，"特质说"意味着抗逆力是一种内在恒定的东西，然而现实当中，人们对风险和逆境的应对是动态变化的，成功应对某种风险的人并不能确保能够自如地应对另外一种风险。同时，一些研究也发现，促使个体成功应对逆境的因素也有可能来自个体之外。一些研究者提出，讨论抗逆力必须有两个前提：其一，要有风险和逆境的出现；其二，在经历逆境后，行为、福祉依然发展良好。"过程说"和"结果说"都考虑了这两个前提。"过程说"把抗逆力界定为保护因素和风险因素交互作用的动态过程。"结果说"认为抗逆力是成长的一种客观结果，它只关注最终的表现而无须考察人们内在的品质。例如，拉特（Rutter M）就把抗逆力定义为"高风险中个体之间发展结果分布的积极一端"。[③]"多面向说"则采取了一种综合的方法。例如，马斯顿等人把抗逆力定义为"在面临挑战或威胁的环境下成功适应的过程、能力或结果"，他们认为抗逆力可以从三个维度来看：一是高风险个体能够表现出的良好结果，二是在压力情况下能够维持胜任的能力，三是经受创伤后能够恢复。[④]

---

① LUTHAR S S, CICCHETTI D, BECKER B. The construct of resilience: A critical evaluation and guidelines for future work［J］. Child development, 2000, 71（3）: 543－562.

② 刘玉兰. 西方抗逆力理论：转型、演进、争辩和发展［J］. 国外社会科学，2011（6）：67－74.

③ RUTTER M. Parental mental disorder as a psychiatric risk factor［C］// American psychiatric association: Annual review. Washington D. C.: American Psychiatric Press, Inc., 1987: 647－663.

④ MASTEN A S, BEST K M, GARMEZY N. Resilience and development: Contributions from the study of children who overcome adversity［J］. Development and psychopathology, 1990, 2（4）: 425－444.

与心理学领域中抗逆力概念的多元竞争格局不同，生态学领域的抗逆力概念则呈现了相对清晰的演进路线。[①] 同时，生态学与系统理论的天然联系也有利于超越心理学的静态观点，便于从人际关系和社会脉络的系统论视角来审视个体的抗逆力。20 世纪 60 年代，随着系统论的兴起，一些生态学家把抗逆力概念引入了对自然生态系统的研究，开始关注生态系统的自我修复能力。1973 年，加拿大不列颠哥伦比亚大学的生态学家霍林（Crawford S. Holling）在一篇名为《生态系统的抗逆力和稳定性》的论文中提出，与稳定性不同，抗逆力是生态系统的持久性和它们吸收变化和扰动且在种群和状态变量之间维持相同关系的能力。同时，霍林还强调，不稳定性或者说波动性有时也可以产生抗逆力和持久的能力。[②] 这一思想随后得到了一些生态学家的响应和支持。

1996 年，霍林回顾了生态研究中的抗逆力思想，明确提出并区分了“工程抗逆力”与“生态抗逆力”这两个概念。[③] 霍林认为，物理学中强调恢复原状的抗逆力是“工程抗逆力”，“生态抗逆力”则与此不同。首先，工程抗逆力要求恢复原来的平衡状态，这种平衡状态有且只有一个；而生态抗逆力认为系统存在多个平衡状态，在受到外力扰动发生变化后，一个有抗逆力的生态系统可以恢复到原来的平衡状态，但也可能过渡到一个“新的”平衡状态。其次，工程抗逆力强调恢复能力，而生态抗逆力强调生存和保持能力，一个生态系统——如一片森林——在遭遇外来的冲击和扰动——如火灾——之后，即便不能恢复到原初的状态，但只要能生存下来，也说明有抗逆力。最后，两种抗逆力的测度方法有异。工程抗逆

① 在生态学及受其影响的研究领域，resilience 更多地被翻译成“韧性”，本书为保持术语的统一，也使用“抗逆力”这一译法，但必要的时候也会使用“韧性”这一译法。

② HOLLING C S. Resilience and stability of ecological systems [J]. Annual review of ecology and systematics, 1973, 4: 1 – 23.

③ HOLLING C S. Engineering resilience versus ecological resilience [C] //Engineering within ecological constraints. Washington D. C.: National Academy Press, 1996: 31 – 43.

力强调恢复到原初的平衡状态，因此抗逆力大小取决于从发生形变到恢复原状的时间长度，时间越短，说明抗逆力越大。生态抗逆力强调生态系统发生变化并达到新的平衡状态的能力，“这种情况中，抗逆力是通过在系统中改变那些控制行为的变量和过程来改变其结构之前所能吸收的扰动的当量来度量的”①。因此，生态抗逆力的衡量除了考虑生态系统反弹到下一个平衡状态所用时间长短之外，还会考虑在变化之前所能吸收的干扰程度。

生态抗逆力与工程抗逆力的共同点在于相信平衡状态的存在，因此强调系统达到平衡的能力。进入 21 世纪之后，一些生态学家提出，相信平衡状态的存在是建立在牛顿力学基础之上的假设，但现实世界可能是复杂的、混乱的、不稳定的，充满了不确定性因而也是不可预测的。② 受这种新世界观的影响，一些生态学家彻底抛弃了平衡观念，主张系统的性质可能会随着时间的推移而改变。在此基础上，形成了抗逆力思想发展的第三个阶段：“社会－生态抗逆力”或者“演进抗逆力”。“演进抗逆力”把抗逆力定义为系统通过改变和转变来适应不断变化的内外因素而保持基本相同的结构、功能、身份和反馈的能力。③ 演进抗逆力在生态抗逆力强调系统的保持能力之外，还强调系统在面对冲击和压力时的适应性和转变性。适应性表示系统根据不断变化的外部驱动因素和内部流程而调整应对措施的能力，转变性则指在生态、经济或社会结构使现有系统难以为继的情况下通过引入新的变量而重组的能力。④

以上是生态学中抗逆力思想发展的三个阶段。抗逆力思想的演变不仅

---

① HOLLING C S. Engineering resilience versus ecological resilience [C] //Engineering within ecological constraints. Washington D. C.: National Academy Press, 1996: 31－43.

② SCHEFFER M. Critical transitions in nature and society [M]. Princeton NJ: Princeton University Press, 2009.

③ WALKER B, HOLLING C S, CARPENTER S R, et al. Resilience, adaptability and transformability in social-ecological systems [J]. Ecology and society, 2004, 9 (2): 11－20.

④ WALKER B, HOLLING C S, CARPENTER S R, et al. Resilience, adaptability and transformability in social-ecological systems [J]. Ecology and society, 2004, 9 (2): 11－20.

表现在主体从物理材料到自然生态系统再到复杂的社会生态系统的变化上，而且体现在其内在理念的变迁上。工程抗逆力强调物理材料恢复原状的能力，生态抗逆力强调生态系统吸收扰动和冲击的能力，而演进抗逆力则强调社会系统适应和转变的能力。时至今日，虽然工程抗逆力观念依然得到一些人的认同并加以应用，但理论界一般认为，在复杂且持续变化的世界中，对“恢复原状”的强调不仅是不可能的，也是狭隘的。[①] 因此，在吸收各阶段抗逆力思想合理成分的基础上，当前学界更强调“功能”的维持和恢复，把抗逆力看作系统通过对灾害冲击和扰动的吸收、适应、转变而维持或恢复自身功能的能力，并以此来应对不利的环境变化。可以看出，生态学中的“抗逆力”有一个相对清晰的发展演变过程，在不同阶段强调恢复、吸收、适应和转变等不同的能力，但又没有形成绝对的前后替代关系。

当前，受生态学相关研究影响的抗逆力思想除了应用于对自然生态系统的分析之外，已扩展至人类社会系统，如城市、社区、家庭、国家、金融系统、医疗保健体系等，以探讨这些主体如何应对自然灾害、技术故障、人为破坏、环境变化、传染病疫情以及经济、政治和社会动荡所带来的扰动和冲击。据两位美国研究者的检索分析，近十年来，与抗逆力相关的研究呈指数级增长。[②] 这说明抗逆力思想已经变成一种重要的分析问题的视角和思维方式。

虽然很少有人对分别由心理学和生态学发展而来的抗逆力概念的两大“支流”进行细致地比较，但不难发现，这两个“支流”不仅有着共同的源头，而且在概念的本质上也是一致的。一方面，无论是对抗逆力的心理学研究还是生态学研究都是以承认逆境的客观存在为前提的，只不过心理

① 邵亦文，徐江．城市韧性：基于国际文献综述的概念解析［J］．国际城市规划，2015（2）：48－54.

② MEEROW S，NEWELL J P. Urban resilience for whom，what，when，where，and why［J］. Urban geography，2016，40（3）：309－329.

学中的逆境往往表现为风险因素，而生态学中的逆境更多地表现为灾害冲击。另一方面，两者都强调经历逆境之后的良好表现，只不过心理学强调人的行为调适和福祉保持，而生态学则强调系统结构、功能和身份的维持。

更重要的是，通过这一比较还有利于廓清心理学中围绕抗逆力内涵所产生的纷争。通过梳理生态学领域中抗逆力一词的演进可以发现，虽然不同阶段这一概念强调的重点不同，但总体上可以把抗逆力概括为系统对外部冲击的吸收、适应和转变能力。[①] 这提醒我们，除了注意不同抗逆力内涵的发展演进关系之外，还可以考虑不同观点的聚合和协同，即不是把“吸收”“适应”和“转变”看作概念内涵的发展和替代关系，而是看作“抗逆力”的不同维度。这种对抗逆力多维度的理解不仅可以精确而全面地把握其内涵，还可以减少概念使用上的冗余。用弗盖特等人的话来说就是：“有效的聚合避免将一个概念域分割成更小的元素；相反，它们代表了对一个特定现象的一种更简洁但更完整的观点。”[②]

以此来观察心理学中对抗逆力的不同定义，就会发现，虽然聚讼纷纭，但总体上也不超出这三种能力的范畴。例如，马斯顿等人把抗逆力概括为遇高风险时个体能够表现出的良好结果、在压力情况下能够维持胜任以及经受创伤后能够恢复等三种能力。其中，个体在高风险状况下能够表现出良好结果说明个体能够缓冲风险冲击，本质上就是一种“吸收”能力。而在压力情况下能够维持胜任说明人们能够通过调整来适应压力状态，表现的是“适应”能力。第三种能力是“恢复”，但如陈悦琴等人的分析，美国心理学界也强调抗逆力并非简单地恢复原来的心理状态，而是

① 华智亚．韧性思维、韧性基础设施与城市运行安全［J］．上海城市管理，2021（1）：19－26.

② FUGATE M，KINICHI A J，ASHFORTH B E. Employability：A psycho-social construct，its dimensions，and applications［J］．Journal of vocational behavior，2004，65（1）：14－38.

经由对逆境的适应而激发和提升自身的潜能。[①] 这常常表现为成长与发展，就像沃尔什（Froma Walsh）所说："抗逆力不仅要应付或解决问题，还包括正面的转化与成长。"[②] 这些理念正好契合生态学家们对"转变"能力的强调。因此，本书认为，抗逆力是通过对风险和逆境带来的冲击和压力的吸收、适应和转变而保持正常行为、福祉和发展的能力。

把握抗逆力的另外一种方法是把它看作一个包含吸收能力、适应能力和转变能力的多维构念。构念是为了解释一个特定且通常是复杂的现象而特意创造的一个概念，它最初由美国心理学家乔治·凯利（George Alexander Kelly）提出，意指个人在其生活中经由对环境中人、事、物的认识、期望、评价、思维所形成的观念。凯利的本意是强调个人构念反映了个人不同的人格特征，但后来构念一词更多的是指人们为了解释、分析那些在以往的研究中没有涉及的现象而创造出来的一个新概念。构念可以是一维的，也可以是多维的。一维的构念用来表示一些简单的概念，此时，构念与概念的区别很模糊。多维的构念用来表示一些复杂的概念，通常一个多维的构念包含一组相关的概念，此时，构念与概念的区别较为明晰，高阶的抽象是构念，低阶的抽象是概念。根据构念本身与其维度之间的关系差异，多维构念又分为两种类型：潜在的多维构念和聚合的多维构念。前者如"一般心理能力"，是指那些现象在其多重维度中得到反映或表现的构念，此时，构念处于比其维度更高的概念抽象水平上。后者如"总体工作满意度"（由对薪酬、晋升、同事合作、主管支持等维度的满意度程度构成），是指那些由其构成维度引起的现象，此时，构念的抽象水平与其维度的抽象水平相似。[③] 借鉴这一思想，本书

---

① 陈悦琴，蔡明宏，林明杰．建构创业家失败复原力调节机制之研究［J］．管理评论，2014，33（3）：71－92．

② 沃尔什．家庭抗逆力［M］．朱眉华，译．上海：华东理工大学出版社，2013：ii．

③ LAW K S，WONG Chi-Sum，MOBLEY W M. Toward a taxonomy of multidimensional constructs［J］．Academy of management review，1998，23（4）：741－755．

认为，“抗逆力”更接近于“聚合的多维构念”这一理想类型，即抗逆力难以直接观察，但它是由“吸收能力”“适应能力”和“转变能力”这三个维度引起，并由这三个维度赋予意义。或者说，“适应能力”导致“抗逆力”比“抗逆力”导致“适应能力”更为合理。明晰了这种关系，也为在实践中进一步提升抗逆力提供了行动指南。

把抗逆力看作一个多维度构念，除了考虑构念与其构成维度之间的关系之外，还可以思考其构成维度之间的相互关系。在抗逆力的三个构成维度之中，吸收能力是适应和转变的基础。如果不能吸收风险带来的冲击而被打垮、摧毁，那么适应和转变就失去了意义。适应能力是核心，一些研究者甚至直接把抗逆力定义为“逆境中的积极适应”[①]。而转变能力可以看作适应能力的进一步发展，是一种“积极主动的适应”。过去的研究者往往把适应看作反应性的，即当环境发生变化时，人们作出被动的调整。但随着环境变化的恒常性和不可预测性被人们接受，“主动的适应”更受到强调，即人们会主动发起变革，不仅适应环境，而且会改善环境。这种“主动适应”的能力就蕴含着变革的需求和能力。在心理学领域，曾有研究者提出，抗逆力的概念与“积极调整”概念重合，因此可以用“积极调整”来替代“抗逆力”这一概念。[②] 但反对者认为，虽然“抗逆力”含有“积极调整”的意涵，但它是对“积极调整”的进一步发展。此外，“积极调整”对环境并没有特定要求，而“抗逆力”更强调环境的“不利”因素。[③]

需要注意的是，抗逆力的三个构成维度之间的关系是双向的。例如，只有有效地吸收风险冲击的压力，才能适应不利的处境；而适应力强的人

---

① LUTHAR S S, CICCHETTI D, BECKER B. The construct of resilience: A critical evaluation and guidelines for future work [J]. Child development, 2000, 71 (3): 543 -562.

② TARTER R E, VANYUKOV M M. Revisiting the validity of the construct of resilience [M] // Resilience and development: Positive life adaptations. New York: Plenum, 2002: 85 -100.

③ LUTHAR S S, CICCHETTI D, BECKER B. The construct of resilience: A critical evaluation and guidelines for future work [J]. Child development, 2000, 71 (3): 543 -562.

更擅长吸收压力。有研究已经发现，主动行为倾向有利于在失业背景下减轻压力。[①] 同样的道理，适应性强的个体更有可能有效地发展社会资本和人力资本，从而有利于在职业环境中实现转变。反过来，社会资本和人力资本对于个人的适应能力有着非常重要的影响。因此，要提升抗逆力，就必须完整地考察这三个维度。

二、提升抗逆力的路径与一般原则

（一）如何提升抗逆力：保护因子的作用

个体发展中的抗逆力现象被揭示出来之后，如何提升抗逆力成为一个关键的问题。早期的基本观点是：逆境中发展良好的儿童具有一些保护力量，这些保护力量可以称为“保护因子”，个体通过与保护因子的接触，可以抵消或缓冲风险冲击和压力以及它们所产生的负面影响。个体拥有的保护因子越多就越能抵消逆境的负面影响，因而能够产生更好的恢复和适应。因此，哪些因素是可以对抗逆境的保护因子成为早期研究的焦点。

在一开始，被探索的保护因子主要限于人格特质（如乐观）、气质特征（如开朗）以及生理因素（如健康）等个体特征。随着研究的进展，人们发现，抗逆力也有可能来自个体之外的因素，因此，对保护因子的探索扩展至家庭（如父母和其他家庭成员的支持）和社区（如良好的学校教育、角色模范等）。[②] 虽然具体的保护因子各不相同，但按照马斯顿和

① MCKEE-RYAN F M, KINICKI A J. Coping with job loss: A life-facet perspective [M] //COOPER C L, ROBERTSON I T. International review of industrial and organizational psychology (Vol. 17), Chichester, NY: Wiley, 2002: 1-29.

② MASTEN A S, GARMEZY N, TELLEGEN A, et al. Competence and stress in school children: The moderating effects of individual and family qualities [J]. Journal of child psychology psychiatry, 1988, 29 (6): 745-764. SMITH J, PRIOR M. Temperament and stress resilience in school-age children: A within-family study [J]. Journal of the American academy of child and adolescent psychiatry, 1995, 34 (2): 168-179.

里德（Reed M J）的说法，这一阶段对抗逆力的研究本质上是聚焦于变量的，[①] 只不过，在前期，抗逆力被视为个体的特征，而后期，抗逆力被看作多重保护因子共同作用的产物。

一些研究者还建立了保护因子的类型学。早在20世纪80年代，一些发展心理学家就把儿童对抗压力的保护因子分为个人、家庭和外在支持系统三大类。[②] 这一分类体系被抗逆力研究者所承袭，例如，维尔纳（Emmy E. Werner）和史密斯（Ruth S. Smith）把保护因子分为个人、家庭、社区三类。[③] 琳达·塞隆（Linda Theron）和亚当·塞隆（Adam Theron）则从自我、家庭、社区和文化四个层级归纳了可以促进青年抗逆力的保护性因素和资源。[④] 兰德公司对美国军人抗逆力建设项目的评估研究也是从个人、家庭、单位和社区四个层面来分析各种建设方案和努力的。[⑤] 亨利（Robert Henley）从抗逆力测量和评估的角度把"抗逆力因素"分为"抗逆力态度"和"抗逆力行动"两大类，其中抗逆力态度是指"个体内在的技巧、能力、态度、价值和感知"，而抗逆力行动则指"个体获取对自身有支持作用的社会资源或者提供支持他人的机会的能力"，两者综合起来就能反映个体的总的抗逆力能力。[⑥] 亨利关注的是个体内在的能力以及向外寻求资源的能力，最终是以个体自身为本位的，但没有考虑外界环境如何回应以及能否有效回应的问题。

---

① MASTEN A S, REED M J. Resilience in development［M］//SNYDER C R, LOPEZ S J. Handbook of positive psychology. New York: Oxford University Press, 2005: 74-88.

② MASTEN A S, GARMEZY N. Risk, vulnerability, and protective factors in developmental psychopathology［M］//LAHEY B B, KAZDIN A E. Advances in clinical child psychology. New York: Plenum Press, 1985: 1-52.

③ WERNER E E, SMITH R S. Journeys from childhood to midlife: Risk, resilience, and recovery［M］. Ithaca, NY: Cornell University Press, 2001.

④ THERON L, THERON A. A critical review of studies of south African youth resilience, 1990-2008［J］. South African journal of science, 2010, 106 (7/8), 11-18.

⑤ MEREDITH L S J., SHERBOURNE C D, GAILLOT S J., et al. Promoting psychological resilience in the U. S. military［M］. California: Rand corporation, 2011.

⑥ HENLEY R. Resilience enhancing psychosocial programmes for youth in different cultural contexts: Evaluation and research［J］. Progress in development studies, 2010, 10 (4), 295-307.

虽然具体的保护因子可以列出一份长长的清单，同时也可以采用不同的分类方法加以概括，但总体上可以分为内在保护因子和外在保护因子。需要注意的是，两类保护因子之间存在一定的交互作用，可以相互影响。

（二）如何提升抗逆力：保护机制的作用

对保护因子的探索是一种静态的分析，保护因子被看作一个个独立的静止的变量，但更深入的研究发现，不仅保护因子之间存在着复杂的互动关系，而且人们对压力的吸收、适应和转变也是在人际关系网络和社会脉络背景中开展的互动过程。因此，近年来，抗逆力研究的重点逐渐从简单地识别保护因子转向理解潜在的保护过程和保护机制，也就是试图发现具体的保护因子如何有助于产生积极的结果以及它们发挥作用的机理是什么。这种对于保护机制的探索不仅有利于从系统论、关系思维与互动的角度来审视抗逆力问题，从而获得对抗逆力的全新理解，而且有利于为面临逆境的个人设计适当的预防和干预策略。①

早在 1987 年，拉特（Michael Rutter）就提出，如果仅停留在寻找保护因子的层面，并不能获得对抗逆力的更多认识。例如，一般都认为自信和自我效能感是保护因子，但在面临相同的逆境时，为什么一些人会尽力保持高度的自信和自我效能感，而另外一些人则会放弃或失去希望？拉特指出，要回答这一类问题，更重要的是去追问这些特征是如何发展起来的，又是如何改变生命历程的，也就是要探索保护过程中的发展和情境机制。这种发展和情境机制也就是保护机制，它使得个体产生抗逆力，并在抗逆力与压力性事件所导致的脆弱性之间保持一种动态平衡。在经验研究基础上，拉特认为存在四种一般性的保护机制：减少风险冲击、减少负面

① LUTHAR S S，CICCHETTI D，BECKER B. The construct of resilience：A critical evaluation and guidelines for future work［J］. Child development，2000，71（3）：543－562.

的连锁反应、建立和维持自尊和自我效能感以及开创机会。[①] 其中，减少风险冲击可以理解为免疫或吸收机制，在这种机制作用下，保护因子可以直接避免冲击和压力的发生，例如，乐观主义作为一种负向中介因素可以避免“习得性无助感”的产生。减少负面的连锁反应可以视为一种缓冲机制，其中保护因子被用来对抗和抵消冲击和压力的负面效果，例如，积蓄可以缓冲灾难带来的财务压力。建立和维持自尊和自我效能感是一种适应机制，即通过自我调适和重整保证在压力情境下发挥正常技能。开创机会可以看作一种转变或挑战机制，即把压力转化为动力并激发和挖掘潜能去实现成长和发展。可以看出，这四种机制正好对应着组成抗逆力的吸收、适应和转变这三种能力。

芝加哥大学的沃尔什把拉特的抗逆力保护机制框架应用于家庭系统，提出了增强家庭抗逆力的四条途径：降低风险因素、减少负面连锁反应、增强家庭保护过程并降低脆弱性，以及通过成功地解决问题来增强家庭和个人的自豪感和效能感，如表 8 所示。[②] 沃尔什的这一应用也被看作对抗逆力保护机制的一种探索。

表 8　增强家庭抗逆力的途径

序号	途径	具体做法
1	降低风险因素	预见威胁性环境并为之做准备
		减少对压力的暴露或者避免压力过大
		提供信息，改变悲观的信念
2	减少负面连锁反应	缓冲应力效应；缓冲冲击，克服障碍
		改变不适应的应对策略
		经得起余震和长期紧张，能从挫折中反弹

① RUTTER M. Psychosocial resilience and protective mechanisms [J]. American journal of orthopsychiatry, 1987, 57 (3): 316 - 331.

② WALSH F. Strengthening family resilience [M]. New York: Guilford Press, 2006: 118 - 119.

续表

序号	途径	具体做法
3	增强家庭保护过程并降低脆弱性	增强家庭力量、机会和成功的能力
		动员和加强资源，以恢复和掌握能力
		事后重建、重组和重新定位
		预见可能出现的和不可预见的新挑战并做好准备
4	通过成功地解决问题来增强家庭和个人的自豪感和效能感	通过协作获得能力、信心和联系
		随着时间的推移管理挑战，以在胁迫下保持能力

与聚焦于保护因子的研究不同，聚焦于机制的研究不仅强调抗逆力是一个动态的过程，而且强调个体内在因素与环境因素的交互作用。这受到发展心理学中强调先天自然因素和后天养育因素相互作用的交互模型的启发，例如，翁格（Michael Ungar）等人通过对 19 名加拿大青少年的质性研究探讨了他们用以应对逆境的策略，结果发现，青少年的抗逆力反映了他们获取 7 种不同的心理健康提升经验的程度，包括获取物质资源、获取支持性关系、发展理想的个人认同、对权力和控制的经验、对文化传统的坚持、对社会公正的经验、对与其他人团结感的经验。① 与以往研究对保护因子的罗列不同，这一研究实际上强调了抗逆力的获得既包含了青少年们的主动追求，也包含了家庭和社区环境的积极回应，正是内外因素的交互作用促成了心理健康提升经验的形成。此外，保护机制研究既关注抗逆力的普遍性，也关注其特殊性，认为不同文化、不同时空、不同情境下的抗逆力及其发生过程是不一样的。

事实上，对保护机制的探索并没有否认保护因子的重要性，保护机

① UNGAR M，BROWN M，LIEBENBERG L，et al. Distinguishing differences in pathways to resilience among Canadian youth［J］. Canadian journal of community mental health，2008，27（1）：1－13.

制可以看作保护因子发挥作用的动态过程。1993 年，在回顾了一些与抗逆力相关的个体和环境特征与变量（即保护因子）的研究后，拉特指出："证据确实支持他们的结论，即这些特征与暴露于心理逆境的儿童的更好结果相关，但这些变量没有被更深入地考虑的原因在于，从预防和干预的角度来看，主要的焦点应该放在如何产生这些特征上。"① 言下之意，对实务工作者而言，更重要的是在理解保护因子发挥作用过程的基础上如何帮助服务对象生成这些保护因子。因此，要提升特定人群或个体的抗逆力，需要在保护机制启动的前提下，培育、累积和巩固各种保护因子。②

无论如何，对于保护因子和保护机制的揭示都为政策、策略制定以及实务工作者进行抗逆力培育、促进和建设等实际的干预工作（如确定干预目标、课程内容、工作坊项目、社区规划、家长教育内容等）提供了基础。

（三）抗逆力建设的一般原则

在具体提升抗逆力的过程中，还需要遵循抗逆力建设的一般性原则，它们包括习得性原则、过程性原则和差异性原则。

习得性原则强调了抗逆力的"习得性"和"可培育性"，例如，"它可能是人本身固有的能力，也可以是学习来的。因为复原力可以是学习来的，所以可经由外在的资源、方法来促进；这正是对助人工作者特别有意义之处。"③亨利回顾了不同的抗逆力提升项目，发现通过特定方案的实施，青年的抗逆力可以被培育，因此他建议，抗逆力培育和建设应该被整

---

① RUTTER M. Resilience: some conceptual considerations [J]. Journal of adolescent health, 1993, 14 (8): 626 - 631.

② 白倩如．机构安置少女复原力培育之行动研究 [J]．台大社会工作学刊，2012，25：103 - 155.

③ 李开敏，陈淑芬．受暴妇女的充权：社工复原力训练及督导之整合模式 [J]．应用心理研究，2006，32：183 - 206.

合进青年服务工作中。[①] 在回顾了23项有关南非青年抗逆力的研究后，琳达·塞隆和亚当·塞隆也认为，抗逆力可以经由多样化的保护资源来培育。[②]

一般认为，抗逆力理论是一种“优势视角”。[③] 需要注意的是，优势视角的“优势”往往特指个体内在的长处与力量，但抗逆力理论认为，除了个体自身、内在的保护因子之外，外在的资源如社会支持网络也可以促进抗逆力。翁格就曾指出，人们在研究逆境中的积极发展问题时，把抗逆力仅仅看作个体所拥有的东西而不是家庭、学校、社区和政府推动的过程，这不仅会遭遇定义和测量困境，而且会忽略人与社会环境互动的重要性。[④] 而外在的资源同样是可以培育或有意建设的，同时，一些研究也发现了外在资源与内在特征存在交互作用。

正如众多研究者所强调的，承认抗逆力的“习得性”对于社会工作等助人专业具有特别重要的意义。因为这将会使得工作重点从如何激发抗逆力转向如何建设、促进和提升抗逆力。通过对包括工作内容、工作方法、工作技巧以及对促进和阻碍抗逆力建设的因素的分析，可以在实践基础上寻找和建构特定的“工作模式”。

过程性原则强调动态地看待抗逆力的生成。当前，西方学术界普遍接受对抗逆力的过程视角，并强调应重点关注抗逆力“如何形成”这一问题。例如，沃尔什就指出，抗逆力“是一种应对危机和挑战时的忍耐、自

---

① HENLEY R. Resilience enhancing psychosocial programmes for youth in different cultural contexts: Evaluation and research [J]. Progress in development studies, 2010, 10 (4), 295 – 307.

② THERON L, THERON A. A critical review of studies of south African youth resilience, 1990 – 2008 [J]. South African journal of science, 2010, 106 (7/8), 11 – 18.

③ 刘玉兰. 西方抗逆力理论：转型、演进、争辩和发展 [J]. 国外社会科学, 2011 (6): 67 – 74.

④ UNGAR M. The social ecology of resilience: A handbook of theory and practice [M]. New York: Springer Science and Business Media, 2012.

我修正和成长的积极过程”。[①] 我国台湾地区学者萧文[②]、利翠珊[③]、林东龙[④]等也认可“过程”的视角。他们都认为，过程的视角相比特质和结果的视角更具综合性，能够涵盖个体及环境的特质、人与环境的互动以及这一过程的结果；更重要的是，过程的视角综合了抗逆力的习得性、生成性和发展性，个体可以借由学习以及与环境的互动而获得这一特质及结果。为了区别动态的“过程”与静态的“特质”及“结果”，有研究者提出用“resilience”指代前者，而创造出“resiliency”一词来指代后者。[⑤]

过程性原则对于实务领域尤有意义。一些批评者认为，抗逆力的理论研究除了告诉人们“抗逆力是好的”之外并没有产生更多价值。但从过程的视角来看就不一样了。抗逆力是一个过程意味着可以通过一定的措施来建设、促进、发展和提升个体的抗逆力。此外，一些研究还揭示，抗逆力的培育是一个回旋反复的成长过程[⑥]，因此，需要足够的耐心，不能操之过急。

差异性原则强调抗逆力既是一种能力，也会因年龄、风险冲击和逆境的不同而有差异。例如，拉特就曾指出，不要把抗逆力看作个体固定的特质，能够在生命的一个阶段成功应对困难的人在形势变化的情况下也可能无法对其他压力源作出有效的反应，抗逆力会因环境变化而变化。[⑦] 因此

---

① 沃尔什．家庭抗逆力［M］．朱眉华，译．上海：华东理工大学出版社，2013：6.

② 萧文．灾变事件前的前置因素对心理复健的影响：复原力的探讨与建构［J］．测验与辅导，1999，156：3249－3253.

③ 利翠珊．华人婚姻韧性的形成与变化：概念厘清与理论建构［J］．本土心理学研究，2006，25：101－137.

④ 林东龙．从男子气概分析男性口腔癌存活者的韧性形成过程［J］．台大社会工作学刊，2014，30：139－186.

⑤ LUTHAR S S，CICCHETTI D，BECKER B. The construct of resilience：A critical evaluation and guidelines for future work［J］．Child development，2000，71（3）：543－562. 利翠珊把“resilience”翻译成“韧性”，而把“resiliency”翻译成“韧力”，参见利翠珊．华人婚姻韧性的形成与变化：概念厘清与理论建构［J］．本土心理学研究，2006，25：101－137.

⑥ 白倩如．机构安置少女复原力培育之行动研究［J］．台大社会工作学刊，2012，25：103－155.

⑦ RUTTER M. Psychosocial resilience and protective mechanisms［J］．American journal of orthopsychiatry，1987，57（3）：316－331.

有研究者建议，可以学习埃里克森（Erik Erikson）的认同发展理论，在不同的年龄段关注不同的抗逆力要素，如在婴幼儿期强调信任，青少年期突出自我认同等不同的因素。类似地，在世界人口老龄化的浪潮中，为了提升老年人的生活质量和福祉，一些研究者提出要根据老年人的身心特征来进行抗逆力建设。①

抗逆力还会受到文化的影响。比利时社会学家瓦尼斯滕代尔（Stefan Vanistendael）很早就指出："抗逆力是在各种相互作用的领域中建立起来的，并且总是在当地环境和文化的具体背景下发展起来的，在任何建立抗逆力的努力中都必须考虑到这一点。"② 此外，抗逆力也会因具体压力和逆境的不同而不同，同一个人经受某种风险冲击时会表现出较高的抗逆力，但遭遇另外的逆境时可能就无法恢复。因此，抗逆力建设需要针对特定的风险冲击和逆境来作出具体的、差异化的努力。

这一原则在当前抗逆力研究从聚焦于保护因子向聚焦于保护机制的转向中也得到强调。对于实务工作而言，这一原则也有着众多启示。例如，如果要提升失业青年的抗逆力，差异性意味着既需要考虑"青年"这一独特的人生发展阶段，也要考虑"失业"这一冲击和压力的特殊性。

三、抗逆力提升与失业青年能力建设

当前，无论是中国还是世界其他国家，青年失业的形势都比较严峻。与此同时，伴随着新的科技革命的发生和社会生活形态的急剧变迁，人们的职业生活也正经历着颠覆性的变化。传统上，个体的职业生涯往往发生在单一的或有限数量的组织中，这被称为有限或有组织的职业生涯。然

① FRY P S，KEYES C L M. New frontiers in resilient aging：Life-strengths and well-being in late life [M]. Cambridga：Cambridge University Press，2010.

② VANISTENDAEL S. Growth in the muddle of life [EB/OL]. [2021 - 09 - 02]. https：//eric. ed. gov/? id = ED387569.

而，当前，这一传统逐渐被打破，人们进入“无边界的职业”状态，[①] 这种状态意味着个体一生当中会与多个职位、多个组织，甚至多个行业打交道。例如，近年来一些年轻人因为频繁地更换职业和工作而被称为职场“跳蚤族”。[②] 弗盖特等人也指出，求职已经成为员工们越来越重要和普遍的经历。[③] 由此带来的结果之一便是摩擦性失业显著增多，人们尤其是青年人会频繁地经历“失业—就业”或者说“工作转换”的过程。

研究已经发现，失业作为一种“生活改变事件”既可能引发其他类型的生活改变事件，也可能引发适应障碍。[④] 这种适应障碍不仅会影响到失业者的生活，也会影响到失业者的求职和再就业。例如，张坚通过对上海市静安区失业青年群体的调查发现，择业心态失衡、缺乏较强的心理承受能力是造成城市失业青年群体就业难的主观原因之一。[⑤] 显而易见，要解决失业者的问题，通过抗逆力建设提升其对于风险冲击的吸收、适应和转变能力是一个关键。

如今，不仅获得就业需要抗逆力，胜任职业并取得职业生涯的成功同样依赖于抗逆力。进入 21 世纪之后，由于劳动力市场的弹性化，工作之间、组织之间以及生活角色之间的界限变得模糊，个人需要协调更多种类的角色转换。在这样宏大的背景之下，近几十年来，研究者已经关注到社会对就业者和失业者能力的要求发生了巨大变化。一些研究者指出，要想在当今的工作环境中取得成功，人们需要有很强的适应性，并能管理好多

---

① ARTHUR M B. The boundaryless career: A new perspective for organizational inquiry [J]. Journal of organizational behavior, 1994, 15 (4): 295 - 306.

② 姜乃强. 大学毕业生缘何出现“跳蚤族”[N]. 中国教育报, 2009 - 12 - 09 (2).

③ FUGATE M, KINICKI A J, ASHFORTH B E. Employability: A psycho-social construct, its dimensions, and applications [J]. Journal of vocational behavior, 2004, 65 (1): 14 - 38.

④ DOOLEY D, FIELDING J, LEVI L. Health and unemployment [J]. Annual review of public health, 1996, 17 (1): 449 - 465.

⑤ 张坚. 从公共职介角度对城市失业青年就业问题的研究: 以静安区为例 [D]. 上海: 上海交通大学, 2008.

种身份。[①] 另外一些研究者则提出“主动行为”[②]、“主动人格”[③]、“主动社会化”[④] 等概念。可以发现，这些概念无一例外地强调，为了获得职业生涯的成功，个人要肩负起主体的责任，不仅要吸收挫折的冲击，还要能适应变化，并主动发起变革，而这些能力的聚合正好就是抗逆力。

事实上，在失业研究领域，人们已经发现，具有抗逆力的个体更能够有效应对失业过程。[⑤]首先，吸收能力有利于缓冲压力，降低失业冲击的负面影响；其次，适应能力有利于自我调适，能够从容面对失业冲击后的生活改变；最后，转变能力有利于对自我和环境作出改变。

在这种形势下，对失业青年的就业支持和援助就应从就业信息服务转向以能力为核心的综合咨询服务，因为，失业青年需要的不仅是简单的就业信息，而且是应对劳动力市场变化的综合能力。我国台湾地区研究者辛炳隆早就指出，当前失业者“所需要的不再只是提供就业资讯的就业媒合，而是针对个人需求的就业咨询服务，以协助厘清寻职障碍，并提供排除障碍的适切服务，重建其就业信心和能力”[⑥]。在我国台湾地区，各公立就业中心从 21 世纪初即开始向失业者和求职者提供简易咨询、个案管理、职业训练咨询以及就业促进演习等专业化、个别化和精致化的就业服务，具体服务由受过社会学、社会工作、心理辅导和劳动政策等专业训练的工作人员提供。[⑦]

---

① HALL D T, MIRVIS P H. The new career contract: Developing the whole person at midlife and beyond [J]. Journal of vocational behavior, 1995, 47 (3): 269 – 289.

② CRANT J M. Proactive behavior in organizations [J]. Journal of management, 2000, 26 (3): 435 – 462.

③ BATEMAN T S, CRANT J M. The proactive component of organizational behavior [J]. Journal of organizational behavior, 1993, 14 (2): 103 – 118.

④ SAKS A M, ASHFORTH B E. Organizational socialization: Making sense of the past and present as a prologue for the future [J]. Journal of vocational behavior, 1997, 51 (2): 234 – 279.

⑤ FRYER D, FAGAN R. Coping with unemployment [J]. International journal of political economy, 1993, 23: 95 – 120.

⑥ 辛炳隆. 就业服务政策之新方向 [J]. 就业安全, 2002, 1 (2): 3 – 6.

⑦ 林桂碧. 社会工作与就业服务：个案管理于就业服务之运用 [J]. 辅仁社会研究, 2012 (2): 81 – 120.

失业青年抗逆力建设契合社会工作领域中的积极青年发展方法。积极青年发展方法反映了一种“积极”转向，即在青年服务和发展中重点从预防消极的青年行为转变为促进积极的青年行为。[①]抗逆力提升之后，可使失业青年形成就业力，这不仅有利于提高再就业的速度和质量，而且有利于确保职业生涯的可持续性，可以保证有效应对此后职业生涯中的风险和变幻。可以预见，具有高抗逆力的个体不仅无惧失业和职业转换，甚至勇于主动追求职业转换。因此，就如研究就业力的学者们所主张的那样，抗逆力不仅会促进职业流动，也可能有利于应对组织变革、绩效和主动社会化等重要的职业现象。[②]

抗逆力理论在心理学尤其是心理治疗领域已有很长的应用历史，研究者们构建了很多具体的抗逆力指标以测量和衡量不同情境下人们展现的抗逆力，但由于人们所经历的逆境或风险冲击多样而繁杂，因而难以适用统一的指标。为此，一些研究者建议，可以在把握抗逆力基本内涵的基础上，根据研究对象和逆境的具体情况构建不同的解释定义与操作方法。[③]本书认同这一建议，在承认失业青年抗逆力特殊性的基础上，强调失业青年遭遇的逆境主要是求职失败或失去工作，这也是失业青年最主要的压力来源。而失业青年抗逆力的主要表现是经受住失业的压力并能在失业状态下维持良好的身心健康、发挥社会功能，并能扭转局面，尽快实现高质量就业。最后一点既可以作为应用“简捷质性判别法”[④] 判断失业青年抗逆力的标准，也是失业青年不同于其他人群抗逆力的突出表现和特色。

---

① LIANG Jianqiang, NG G T, TSUI M, et al. Youth unemployment: Implications for social work practice [J]. Journal of social work, 2017, 17 (5): 560 -578.

② FUGATE M, KINICHI A J, ASHFORTH B E. Employability: A psycho-social construct, its dimensions, and applications [J]. Journal of vocational behavior, 2004, 65 (1): 14 -38.

③ 陈悦琴，蔡明宏，林明杰. 建构创业家失败复原力调节机制之研究 [J]. 管理评论，2014，33 (3): 71 -92.

④ 席居哲，左志宏. 心理韧性者甄别诸法 [J]. 心理科学进展，2009 (6): 1295 -1301.

第六章

社会工作与失业青年抗逆力建设的内容

CHAPTER 6

香港社会工作专家梁健强等曾提出，社会工作介入失业青年就业支持工作的最核心问题是“社会工作者能做什么”①。同样，在以抗逆力为核心的失业青年就业支持和援助过程中，要解决的关键问题是“社会工作者能做些什么”以及“社会工作者怎么做”。本章在提出失业青年抗逆力形成的过程机制模型之后，着重讨论失业青年抗逆力建设的主要内容，下一章将讨论失业青年抗逆力建设的社会工作介入路径与方法。希望通过这两章的讨论可以初步回答上述两个关键问题。

一、失业青年抗逆力形成的机制与过程

抗逆力是主体在不利的环境下对冲击、压力的吸收、适应和转变，从而保持自身结构、功能和身份的能力。根据抗逆力建设的习得性、过程性和差异性原则，失业青年的抗逆力主要表现为对失业带来的压力和冲击的吸收、适应并能在压力情境下识别和把握就业机会从而顺利实现就业和再就业的能力。

无论是学术界还是实务界，现在已形成广泛的共识，即抗逆力的形成是一个过程，在此过程中，除了要培育足以抵抗风险因子的保护因子，还要形成有效的保护机制。例如，拉特提出，形成抗逆力、免受逆境的冲击需要经历四个主要环节：首先，降低风险影响；其次，降低负面的连锁反应；再其次，建立和维持自尊和自我效能；最后，开拓各种机会。② 在家庭层面，沃尔什则提出家庭抗逆力的形成要经历免疫、补偿和挑战三个阶段。③ 受这些过程性模型的启发并结合关于抗逆力的一般理论和青年失业问题的特殊性，本书认为失业青年的抗逆力形成要经历三个阶段：吸收压

① LIANG Jianqiang, NG G T, TSUI M, et al. Youth unemployment: Implications for social work practice [J]. Journal of social work, 2017, 17 (5): 560 – 578.

② RUTTER M. Psychosocial resilience and protective mechanisms [J]. American journal of orthopsychiatry, 1987, 57 (3): 316 – 331.

③ 沃尔什. 家庭抗逆力 [M]. 朱眉华, 译. 上海: 华东理工大学出版社, 2013.

力、积极适应和挑战转变，如图 12 所示。

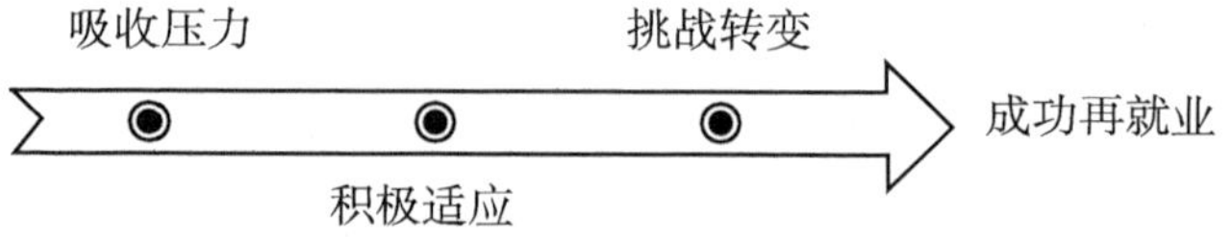

图 12　失业青年抗逆力形成机制

这一模型是一种理论建构，现实生活中的抗逆力形成是一个复杂、连续起伏也是难以分割的过程。为便于分析，这一过程模型可以分为紧密相连但又相对递进的三个阶段，每一阶段各有一个主导性的保护机制，分别对应抗逆力的三种能力。同时，这种阶段性划分也与失业的阶段性过渡基本契合。从微观层面来看，失业是环环相扣的一系列压力性事件，从对失业的预期到进入没有工作的状态再到求职和准备（如进行学习或培训），最后是再就业的实现。因此，当青年进入失业状态时，首先，可能会感受到压力和挫折，身心健康、行为方式和自我认知会受到冲击，此时，通过认知调适、提供支持来培育内部和外部保护因子，可以激发出抗逆力，对压力、挫折产生吸收、抵抗和缓冲作用，避免或弱化失业的消极影响。其次，在控制住失业冲击消极影响的基础上，继续通过内外部保护因子的作用，支持失业青年恢复和保持正常的生活，包括正常的时间结构、生活功能、社会联系、自我认同等，从而适应失业压力下的日常生活。最后，在适应的基础上，积极锻炼能力、培育资本并寻找和创造就业机会，提升就业力，一旦机会出现，能够把握机会，顺利就业，从而实现转变，跃升到新的生命阶段。

从这个三阶段模型可以看出，失业青年的抗逆力建设也符合失业预防和干预的一般工作目标。失业预防与干预工作包括三级目标，即避免失业、降低失业对个人的影响并缩短失业持续时间、帮助个人成功应对失业。只不过，抗逆力理论强调风险防不胜防和不可预测，因此，抗逆力建设是以失业的发生为前提的，在此前提之下，通过对失业冲击的吸收、适应和转变，显然有利于降低失业的影响、缩短失业时间并成功实现就业。

通过这一过程形成的抗逆力甚至具有更为深远的影响。在过去，获得一份工作往往是衡量对失业者干预成效的最终标准，但近年来一些研究者指出，由于失业青年再就业后的职业稳定性较差、再失业的概率较大，[①]因而除了获得工作之外，还要考察工作的持续时间、就业者对工作的满意度、客观的工资和福利待遇等更多的指标。这意味对失业者的干预成效不仅要看就业的实现，还要看就业的保有和质量。当前，随着经济不确定性的增多和职场环境的多变，就业者依然面临再次失业的可能，而如果就业者已经激发和培育出了抗逆力，则不仅类似的失业风险尽可从容应对，还可以适应职场，确保职业生涯的顺利和成功。

为了实现失业青年抗逆力建设的目标，可以在确保这一保护机制运行的前提下，积极培育各种保护因子，从而提升对失业冲击的吸收、适应和转变能力。具体的建设内容可以分为认知改变、能力培养和资本培育三个方面。从实务的角度来看，这三个方面也是社会工作介入和干预的着力点。

二、失业青年的认知改变

心理学中的新行为主义认为，认知是情绪和行为的基础，也会影响到个体整体的生活状态。[②] 对失业青年而言，对他们行为和生活产生最重要影响的是对失业本身的认知。除此之外，对外在环境、自我以及职业的认知也很重要。认知改变是与环境调适的关键一步，通过认知改变建立新的自我认同才有可能带来行为上和生活上的改变，进而产生积极的调适、转变行动。这一过程如不能顺利完成，则会发生适应困难，并会引发消极的

---

① 课题组．青年失业对职业教育的启示：基于上海闸北区失业青年的调查分析 [J]．教育发展研究，2003（8）：69－72．

② 杨凤池．咨询心理学 [M]．2 版．北京：人民卫生出版社，2013．

心理和生理后果。因此，对失业者进行干预，可以通过改变其对一些问题的固有认知来进行。

(一) 恰当进行失业归因

对失业的认知主要涉及失业的归因问题，即如何认识和解释自身失业状态的发生。就失业问题而言，可以粗略地分为外向归因和内向归因。外向归因即把失业的原因归结为外在的、非自身的因素，如整体经济的萧条、工厂的倒闭、外在风险的波及、雇主的刻意行为等；内向归因会把失业的原因归结为内在的、自身的因素，如能力不足、资源匮乏、绩效较差等。归因要解决的关键问题其实是对失业责任的认定，具体到失业者个人，责任可以是一个连续体，从完全外在（他人或社会负责）到完全内在（自己负责）。

在对家庭暴力受害者的研究中发现，归因在暴力与其后果之间起到中介作用,[①] 这说明对挫折和逆境的归因会产生较大影响。同样，对失业的认知和归因并不一定符合客观的实际，但不同的归因会影响失业者的感受、压力和心理负担。研究发现，整体经济扩张期间解雇和裁员导致的失业，常常会让失业者将失业归因于自身的缺点，由此会导致失业者自尊心降低，而焦虑和抑郁的水平则会升高，还可能会引发其与家庭成员、朋友、前同事的紧张关系。这种情况与经济衰退或者机构倒闭中出现的失业形成对比，在后一种情况中，失业者会把失业归因于超出个人控制范围的外部因素，而不认为自己应当对失业负责，此时，他们的社会心理负担较轻。[②] 经验研究发现类似情况也存在于青年失业者当中：

其实自己也清楚，找不到工作都是自己的原因。大学四年什么也没

① 李开敏，陈淑芬．受暴妇女的充权：社工复原力训练及督导之整合模式［J］．应用心理研究，2006，32：183－206.

② BRAND J E. The far-reaching impact of job loss and unemployment ［J］. Annual review of sociology, 2013，41：359－375.

干，没好好学习、没参加社团、没参加比赛、没有实习、没有论文……最后简历上都没啥可写的。现在很焦虑，高度怀疑自己是不是就这样被社会淘汰了。(IB044)

整个求职过程中情绪起起伏伏，就像坐过山车一样。找不到工作不可能不焦虑，特别是看看身边的同学一个个都收到录用通知的时候。后来想想，找工作也不完全跟自己能力有关，有时也有运气甚至是缘分的因素，有些因素超出了自己的掌控，比如这次疫情，很多单位直接就不招人了，你再有能力，没有招人指标也进不去。这样想想，心里也就释然了，压力也就小一些了。(IB006)

对失业原因的认知在环境与个体反应和行为之间起中介作用，这也意味着改变失业青年的归因方式不仅有可能减轻他们的挫折和压力，而且可以调整他们的行为，让他们积极适应和改变。

首先，要帮助失业青年进行恰当的归因和责任认定。如果把失业经历看作一种“失败”，正确地认识失败比认识成功更具有积极意义。失业者通过反思为何失业，可以调整自己的思维和行动，同时可以从归因中培养和发展再就业和再次求职所需的能力和知识。社会工作者可以帮助失业青年详细分析导致失业的主客观因素，通过提供有关失业的知识与信息，让其客观认识导致失业的原因，做到既不苛责自己，也能坦然接受自身的不足。归因过程中不可避免地涉及“责任”的厘清，但要注意减轻失业青年过于“自责”的倾向。这样不仅有利于失业青年缓解压力、提升自尊和自我效能感，还有利于提升控制感。

其次，在坦然接受失败的基础上，还要对失败、挫折和冲击以及它们带来的痛苦赋予积极意义。帕特森（Joan Patterson）和加威克（Ann Garwick）在研究家庭压力应对问题时提出，对特定的压力性事件赋予积极的意义是有效应对家庭危机的关键步骤，这一步骤包括三个层次：对情境的解释、对家庭的认同、对世界的积极观点。① 这一研究具有重要的启发意义，如前所述，对青年人而言，失业是一项重大的压力性事件，要有效应对这一压力源，同样需要在认知层面进行正向的“意义建设”。具体而言，失业青年的“意义建设”也可以分为三个层次。第一，正确认识失业本身，要意识到在当代社会失业是一种正常现象，几乎每个人都有可能遇到。第二，赋予失业经验正向意义，把失业看作砥砺自我的机会。第三，积极参与各类求职、进修、学徒训练活动，找到新的价值。此外，在条件许可的情况下，也可以在生活的其他领域进行尝试，如参加志愿活动、慈善活动、体育活动等，以获得生活的意义和对自身价值的肯定。经验研究证实，一些失业青年通过学驾驶、学外语、学编程甚至是旅行转变了对失业和自身的看法。例如，一位失业青年通过反思失业期间学车的经历获得了意义感：

后来想想也不能一直这么闲着，就去学车考驾照吧。驾校有点“坑”，20 个人一组，一辆破车，一上午能练上四五个回合就不错了。教练也没什么文化，常骂人。一开始不适应，反应慢，手脚不协调，我是小组里挨教练骂最多的。后来斗志被骂起来了，心想我还被个驾照给憋死啦？晚上回去刷要点、刷技巧，花了两个多月时间，勤学苦练，科目二、科目三都是一次性通过，没多花时间，也少挨教练骂了。拿到驾照算是找到一些成就感吧，毕竟一起学车的人里有的光科目二就挂了三次。学车的经历也让我明白了，只要你坚持不放弃，没什么困难克服不了。(IB011)

最后，要坚定信念。信念与认知息息相关，是对自己的想法、观念及意识行为倾向的坚定信任。利翠珊在研究华人婚姻韧性的过程中明确提出婚姻韧性是在逆境中维持并建构满意婚姻关系的能力。这些能力的形成是

① PATTERSON J，GARWICK A. Levels of meaning in family stress theory [J]. Family process，1994，33 (3)：287 –304.

一个持续的历程，坚持希望、不轻易放弃等信念在其中起到重要的影响，而中国传统文化中的顺天、知命、惜福等人生态度对于这些信念则起到激发、维持和强化的正面作用。[①] 这启示我们，信念对于抗逆力的建设起到重要作用，在失业青年支持实践中，可以挖掘和利用“生于忧患，死于安乐”“东山再起”等中国传统文化中的相关资源来辅助培育失业青年的抗逆力。

（二）提升自尊和自我效能感

自尊和自我效能感都是广义自我认知的组成部分，同时也被众多研究确认为促进抗逆力的内在保护因子。

自尊是基于对自我的认知和评价而产生的自重、自爱等积极的情感体验。研究者很早就发现，自尊是一种应对逆境的保护因子。自尊水平越高，越能战胜逆境。一个低自尊的人被置入危险境地后，表现出的应变能力更差，而高自尊的人“不可能放弃自己认为很重要或是投入了许多情感的事情”[②]。对失业青年而言，高自尊水平不仅有利于对压力的缓冲和吸收，还有利于在压力情境下生活、学习的维持，因此，这对失业状态的适应是有益的。例如，一位失业青年认为自己之所以能在压力下不放弃找工作与自己自尊心强有关系：

接二连三失利之后，也有“躺下”的想法。网上说：“人生就是一个受‘锤’的过程”，有一定道理！但我从小就爱面子，想让我承认失败没那么容易！我对自己说，一定得撑住！咬着牙也得撑住！要跟工作死磕到底！（IB019）

在失业青年群体中，由于不当的自我认知，自卑、自责是普遍的状

---

① 利翠珊．华人婚姻韧性的形成与变化：概念厘清与理论建构［J］．本土心理学研究，2006，25：101－137.

② RICE．压力与健康［M］．石林，古丽娜，梁竹苑，等译．北京：中国轻工业出版社，2000：88.

态，而失业的污名化更会加重这一趋势。因此，在实务工作中，社会工作者要帮助失业青年发掘自身优势和长处，强化他们的自尊，减少自卑和无望感。强化自尊的具体方式不一而足。本书借鉴李开敏、陈淑芬在微观赋权理论基础上发展出来的3D模型，[①] 提出社会工作者介入失业青年扶助实践的3D过程：首先，与失业者进行对话（dialogue），倾听他们的失业经历及对自身的分析；其次，引导失业者发现（discovery），帮助他们发掘自身的优势、长处和潜力；最后，催化失业者发展（development）出对自己的全新认知，从而增强自尊和希望感。

自我效能感是一种对自我能力的认知，“代表个体对自己在各种情况下的表现能力的看法……（和）包括个人对其处理生活事件和成功应对生活挑战的能力的判断”[②]。具有高度自我效能感的人，对自己的生活和人生有高度的控制感，他们即便身陷逆境，也能坚持不堕落并敢于迎难而上，甚至会把逆境视为一种砥砺自己的挑战，激发出更大的潜能。自我效能感很早就被视为构成抗逆力的一种内在保护因子，通过对事业失败企业家抗逆力的研究，陈悦琴等指出，自我效能感比乐观、积极态度等一般心理特质更有利于从逆境中“东山再起”。[③]

自我效能会影响个体对压力源的应激反应。如果自我效能感低，会觉得事件是不可控的，这会强化应激反应。对自我效能低的失业青年而言，失业引发的应激反应会产生巨大压力感。反之，同样的失业事件，自我效能感高的人的压力感就会低，因为他相信自己有能力处理和应对这一事件，所以会形成无关或良性的评价。

此外，研究还发现，自我效能感有利于提升个体的适应性。因此，自

---

① 李开敏，陈淑芬．受暴妇女的充权：社工复原力训练及督导之整合模式［J］．应用心理研究，2006，32：183－206．

② FUGATE M，KINICHI A J，ASHFORTH B E. Employability：A psycho-social construct，its dimensions，and applications［J］．Journal of vocational behavior，2004，65（1）：14－38．

③ 陈悦琴，蔡明宏，林明杰．建构创业家失败复原力调节机制之研究［J］．管理评论，2014，33（3）：71－92．

我效能感对失业青年走出失业困境尤为重要。一方面，它可以提升个人的适应性，影响他们对失业这一不利环境的看法、态度和应对；另一方面，它可以提升失业青年的自信心，激发信念和行动力，有助于职业机会的识别和实现。例如，莫尼汉（Lisa Moynihan）等人研究发现，求职过程中，自我效能感高的个体比自我效能感低的个体更有可能将面试转化为工作机会。[①]

为了激发失业青年的自我效能感，在社会工作实践中可以借鉴班杜拉（Albert Bandura）的认知学习理论。班杜拉认为，个体在生活中可以通过四种途径形成自我效能感，具体包括：实践的成功经验、他人的替代性成功经验、他人言语的鼓励和劝导以及自身的身心状态。[②] 首先，在实践中，社会工作者可以帮助失业青年认知既往的成功经验和成就水平，从而提升自我效能感。班杜拉认为，当个体对自身实践中取得的成功经验有所感知时，会增强其自我效能感。其次，当个体观察到与自身人格特征、身份地位、社会境况相似的人取得了成功的经验后，也会增强个体的自我效能感，因为他相信自己在同样的情况下也可能成功。因此，社会工作者可以通过角色模范的榜样示范或者再就业成功者的经验分享来激发失业青年的自我效能感。再其次，当个体接受被人认为自己具有完成某一任务的言语鼓励和劝导后也可能会形成自我效能感。这说明社会工作者的鼓励、劝说也可以作为提升失业青年自我效能感的途径。最后，健康积极的身心状态也会增强自我效能感，因此，社会工作者可以通过设计一些活动帮助失业青年维系身体健康、保持乐观心态。

实践中，通过增强失业者自我效能感来改变失业状态已取得一些成功的经验。几位研究者开发了一种以口头自我指导培训为主体的干预措施，

---

① MOYNIHAN L, ROEHLING M V, LEPINE M A, et al. A longitudinal study of the relationships among job search self-efficacy, job interviews, and employment outcomes [J]. Journal of business and psychology, 2003, 18 (2): 207-233.

② 高建江. 班杜拉论自我效能的形成与发展 [J]. 心理科学, 1992 (6): 39-43.

以帮助土耳其女性失业者提升自我效能感。土耳其妇女的就业参与率远低于男性，大多数妇女被期望承担家务和照顾孩子的责任，而不是从事职业。在班杜拉社会认知理论的基础上，这项干预包括指导受训者扭转与其就业能力相关的消极自我陈述。例如，培训对象将“无论我多么努力都找不到工作”等想法改为“我知道自己有能力做什么，而且我非常有决心得到我想要的东西”等正面陈述。有27名女性失业者接受了这项训练，结果发现，她们的自我效能感、求职行为水平和再就业速度显著高于由另外28名女性失业者组成的对照组，而且自我效能感完全中和了培训项目对求职行为的影响。与对照组的女性相比，实验组成员更有可能在6个月和1年的培训期内找到自己感兴趣领域的工作。① 因此，提升自我效能感等自我认知状况有利于失业青年积极应对失业问题。

（三）塑造职业认同

塑造职业认同是失业青年认知改变的一个方面，也是解决青年失业问题的一个特殊而关键的领域。弗盖特等人提出“职业认同”是个体在职业背景下的自我认知和自我定义，即回答“我是谁”“我想成为谁”的问题。对这些问题的回答如同一个“认知指南针”，激励着人们去积极适应，以创造或实现符合自己愿望的机会。②

职业认同为处于失业这一不利境地中的青年人提供了目标和方向。职业认同通过解决“我是谁”以及“我想成为谁”的问题，廓清了自我的可能性——也就是描画出“可能的自我”，心理学家马库斯（Markus）用这个概念来表示“自我的期望状态以及关于如何实现、维持或避免这些

---

① YANAR B, BUDWORTH M H, LATHAM G P. The effect of verbal self-guidance training for overcoming employment barriers: A study of Turkish women [J]. Applied psychology, 2009, 58 (4): 586 - 601.

② FUGATE M, KINICHI A J, ASHFORTH B E. Employability: A psycho-social construct, its dimensions, and applications [J]. Journal of vocational behavior, 2004, 65 (1): 14 - 38.

状态的具体想法”[①]。这些想法不仅为失业者的求职和再就业提供了明确的方向，而且提供了指导、调节和维持行为的认知图式。例如，如果一个失业青年希望尽快成为一名职场中人，他或她就会尽力恢复或维持正常的时间结构、做好规划和求职准备并投身到求职活动中去。

认同并不仅仅是一个心理过程，它还具有“自我实现”的属性，因而也是行动的基础。职业认同还为失业状态中的青年人战胜逆境，进行转变提供了动力和能量。职业认同的一个基础性组成部分是职业动机，即失业者首先要回答“要不要就业”“为什么要就业”等问题。一个职业动机不足的青年人缺乏改变现状的动力，不仅难以走出失业困境，还有可能退缩为尼特族一员。职业动机分为内在动机和外在动机。外在动机包括获得收入、养活自己、获取财富和成就地位等外在的酬赏。内在动机主要是满足自己的好奇心、满足感，赋予生活和生命以意义，挑战自我、成就自我等。在遭遇风险、挫折、阻碍的时候，内在动机比外在动机更能激发人们的行动。内在动机一旦激发出来，会让个体自觉追求某一目标并乐此不疲，甚至百折不挠、“虽九死而不悔”，更能提供个体活动的动力。因此，在失业青年抗逆力建设中要注意激发他们的内在职业动机，从而为走出失业困境、实现再就业提供源源不断的动力。

职业认同还会影响求职态度、求职强度和持续性。克罗斯利（Craig Crossley）和哈耶豪斯（Scott Highhouse）根据人们的不同求职态度区分了三种求职策略。重点求职是指有明确的就业目标，因此努力寻找符合自己特定标准的工作的求职策略；探索性求职是指收集各种就业选择的信息并愿意研究不同机会的求职策略；随意求职是指在没有计划或信息收集的情况下随意地查看和申请机会的求职策略。研究发现，前两种策略能够获得更多的工作机会，而随意求职与工作机会数量以及求职后的工作满意度都

① MARKUS H. Self-knowledge：An expanded view［J］. Journal of personality，1983，51（3）：543－565.

是负相关的。[①] 具有强烈职业动机的人求职强度更大。求职强度通常是指为改变失业状态而在求职中投入的时间或精力以及参与各种求职活动的频率。一些研究者早就发现，在失业率高企的情况下，投入大量的时间和精力去寻找工作是实现再就业的必要条件。[②] 同样，坎弗等人的分析显示，较高的求职强度和努力程度与获得更多的工作机会和较短的失业时间有关。[③] 此外，职业认同还会影响到求职的持久性。这是考察个人是否坚持自己的努力以及求职是否随时间而改变的指标。一项研究在20周内每两周评估一次求职强度，发现积极自我概念和应对生活挑战效能较高的个体在求职过程中表现出了较高的持久性。[④]

在实践中，职业认同常常以叙事的形式表达出来，认同叙事受到个体动机的强烈影响。为了为未来的职业发展打下基础，个体会有选择地突出一些主题，相应也会淡化或回避一些主题。因此，在塑造失业青年职业认同的过程中，可以借鉴社会工作叙事疗法，[⑤] 首先帮助他们形成明确的职业认同，然后以此来指导其行动。需要注意的是，鉴于当前职业环境的复杂性和动荡性，应当引导失业青年通过认同叙事认识到身份的多重性，不要遮蔽现实的多样性和多种可能性。

三、失业青年的能力培养

能力是个体在实践中顺利完成某个活动并影响活动效率的综合素质和个性心理特征。需要说明的是，抗逆力本质上是一种能力，除了直接对吸

---

① CROSSLEY C, HIGHHOUSE S. Relation of job search and choice process with subsequent satisfaction [J]. Journal of economic psychology, 2005, 26 (2): 255 -268.

② PRUSSIA G E, FUGATE M, KINICKI A J. Explication of the coping goal construct: Implications for coping and reemployment [J]. Journal of applied psychology, 2001, 86: 1179 -1190.

③ KANFER R, WANBERG C R, KANTROWITZ T. Job search and employment: A personality-motivational analysis and meta-analytic review [J]. Journal of applied psychology, 2001, 86 (5): 837 -855.

④ WANBERG C R, GLOMB T M, SONG Z L. Job-search persistence during unemployment: A 10-wave longitudinal study [J]. Journal of applied psychology, 2005, 90 (3): 411 -430.

⑤ 何雪松. 叙事治疗：社会工作实践的新范式 [J]. 华东理工大学学报, 2006 (3): 7 -11.

收、适应和转变能力加以培养之外，认知改变和资本培育最终也有利于能力的提升。

（一）吸收能力

对压力和冲击的吸收、缓冲能力是抗逆力的基础。在早期，抗逆力一度被定义为在压力作用下保持平衡的能力。①

青年期的失业是一种影响深远的压力性生活事件，或者说，失业是一种重要的压力源。在科学文献中，压力通常有三种含义：一是指使人感到紧张的外在事件或刺激，二是指对这些事件或刺激的主观认知和体验，三是指人体对需要或刺激的生理反应和变化。② 为了区别，第一种含义有时也被称为“压力源”，第三种含义有时被称为“应激”，这样，“压力”有时就特指第二种含义，即人们对压力源的一种认知和体验。从过程性的角度来看，也可以把上述三种含义视作一个多环节构成的过程：压力源出现引发个体的认知和体验（常表现为紧张，即压力），然后又引发个体生理、心理反应（应激）。当然，这个过程并不是必然贯通的，每两个环节之间都会受到众多因素的调节。

压力常常与“烦恼”“焦虑”“恐惧”等负面的情感体验联系在一起。此外，长期的应激反应可能会引发心理衰竭、身体受损、疾病、死亡等消极后果。但应激并不总是坏的，“正应激”或“积极的应激”也可以加深意识、引发警觉、唤醒动机并促发高级的认知与行为表现。因此，压力管理中需要避免的是破坏性的应激，“应激管理的目的，不是彻底消除应激，而是把唤醒水平控制在一个最佳的状态上”。③

压力应对的策略很多，包括解决问题、计划、决策、认知重建等积极的策略，也包括合理化、否认和幻想等消极的策略。对失业青年而言，压

① RICE. 压力与健康［M］. 石林，古丽娜，梁竹苑，等译. 北京：中国轻工业出版社，2000：5.
② RICE. 压力与健康［M］. 石林，古丽娜，梁竹苑，等译. 北京：中国轻工业出版社，2000：5.
③ RICE. 压力与健康［M］. 石林，古丽娜，梁竹苑，等译. 北京：中国轻工业出版社，2000：4.

力应对的主要目标是减轻失业带来的精神痛苦和紧张水平，避免产生负面的应激后果。为此，在实务工作中，可以借鉴常用的压力管理方式来设计项目以锻炼和提升失业青年的压力应对能力，如表9所示。

表9 常见的压力管理行为

序号	压力管理行为	具体方法
1	消除紧张	渐进放松法、入静、深呼吸等
2	认知重组	认知行为训练（赋予积极意义、提升自尊和自我效能感、幽默）等
3	解决问题	学习、提升解决问题的能力；停止、选择、决定、行动、自我表扬五步法等
4	社会技能	人际交流、建立友谊等
5	积极转移	通过志愿活动、休闲娱乐、学习等建设性活动把注意力从压力中转移
6	自我暴露	宣泄情绪、释放情感
7	寻求信息	提供与压力相关的信息或查询信息的途径与方法

资料来源：RICE. 压力与健康［M］. 石林，古丽娜，梁竹苑，等译. 北京：中国轻工业出版社，2000：221－226.

除了积极的压力管理行为之外，压力情境中的人也可能会采取逃避、退缩、否认、压抑、药物滥用等方式来试图减轻压力，但研究发现，这些消极的应对方式虽然在开始阶段可以降低压力感受，但最终无助于降低或消除压力体验，也无助于人们对压力情境的适应和恢复。因此，在失业青年压力应对能力锻炼过程中，还应注意避免使用消极的压力应对方式，或者以积极的应对方式来对消极应对方式产生“挤出效应”。例如，可以通过合理安排时间、保持正常的时间结构和生活内容来“挤出”酗酒、吸烟、网络沉溺、手机依赖等消极应对方式。

需要注意的是，这里强调的仅仅是直接缓冲压力的技能问题，事实上，除了能力之外，压力的应对还受到认知、态度、信念、行为方式、应对资源的影响。例如，认知重建、社会支持也都是应对压力的策略，前一节中的认知改变（包括提升自尊）以及后一节中的社会资本培育同样也有利于提升对压力的吸收和缓冲能力。

（二）适应能力

适应能力是抗逆力的核心。研究者已经发现，人们对不断变化环境的适应能力主要取决于个体差异，即个性特征。弗盖特等人提出，乐观、学习倾向、开放性、内部控制点和一般自我效能感是影响个人适应性的五大要素，直接影响到个体在职业环境中识别和实现职业机会的能力。① 因此，要提升失业青年的适应能力，也可以从这五个方面着手。

乐观主义是人们对未来的发展持有积极的预期，同时对自己处理现实挑战的能力具有信心。乐观的人会把失业等职业危机视为一种挑战，在失业状态中也能坚持追求期望的结果和目标。积极心理学的研究表明，乐观主义可以通过行为训练、情绪管理、认知改变等方法而习得。为了提升适应能力，可以借鉴积极心理学的成果，把培育乐观主义整合进对失业青年的干预项目中。

在关于人的现代化素质的研究中，美国社会学家英克尔斯（Alex Inkeles）认为，与传统的人不同，现代化的人具有强烈的学习倾向。② 同样，持续的学习被广泛认为是职业成功的关键。当前，鉴于职业环境的不断变化，学习倾向对于个体的成功适应更为重要。只有具备积极的学习态度、强烈的学习动机和一定的学习能力，个体才会积极主动地去了解环境，关注环境的变化，并寻求职业机会。对于失业青年的社会工作介入而言，也可以从学习态度的改善、学习动机的强化、学习方法的改进等几个方面去增强其学习倾向，从而提升其适应能力。

---

① FUGATE M, KINICHI A J, ASHFORTH B E. Employability: A psycho-social construct, its dimensions, and applications [J]. Journal of vocational behavior, 2004, 65 (1): 14-38.

② 英克尔斯．人的现代化素质探索［M］．曹中德，等译．天津：天津社会科学院出版社，1995：50.

开放性也就是乐于采用新经验、欢迎革新和变化的一种态度和品质。它被认为是“现代人定义的首要成分”①。开放性是构成适应能力的基本元素，研究发现，面对不确定环境中的挑战时，开放的个体会表现出更多的灵活性。② 开放的人更可能将变革视为一种挑战而非威胁，并积极寻求改变。因此，那些乐于接受新的经历和变化的人是适应性强的，并且在不断变化的情况下，最终更容易找到工作。在对失业青年进行干预时，也要注意培养他们开放性心态和思维。

控制感常常与“控制点”（locus of control）联系在一起，这是美国心理学家罗特（Julian Bernard Rotter）创立的一个理论。控制点是指“个人的行为有效控制和驾驭外部环境的期望值”③，而每个人的实际控制点可能处在“内部控制点”和“外部控制点”这两个极值之间。简而言之，控制点是个体对个人行为与事件关系的观念和看法，具有内部控制点的人认为一切事情无论好坏都在个人的掌控之中，而具有外部控制点的人则正好相反，认为外部事件超出个人的控制范围。这就意味着，具有内部控制点的人对生活的控制感更强。研究发现，具有内部控制点的人比外部控制点的人适应性更强，工作角色转换也更顺畅。同时，具有内部控制点的人员也更有可能在失业和工作过渡期间参与积极主动的工作。④ 因此，控制感强的人更具有适应性和就业力，因为他们在不确定的情况下更倾向于主动和计划。在对失业青年进行干预时，也可以有意识地培养他们的内部控制点，如引导他们正确地认识就业和求职上的挫折、适当地进行内部归因，还可以通过榜样示范、正向强化等方式直接训练控制感。

---

① 英克尔斯．人的现代化素质探索［M］．曹中德，等译．天津：天津社会科学院出版社，1995：47.

② DIGMAN J M. Personality structure：emergence of the five-factor model［J］．Annual review of psychology，1990，41：417 –440.

③ RICE. 压力与健康［M］．石林，古丽娜，梁竹苑，等译．北京：中国轻工业出版社，2000：86.

④ STOLA-LOIKE M. Annual review：Practice and research in career development and counseling—1995［J］．Career development quarterly，1996，45（2）：99 –140.

（三）转变能力

转变意味着个体有决心、有条件并且在特定情形下愿意、能够改变认知、行为和情感来突破逆境中的生活状态从而跃升到一个新的生活状态。这是积极适应能力的进一步发展，也是抗逆力的独特之处。

就失业青年而言，转变能力最终表现为个体“就业力”的形成和提升。“就业力”是弗盖特等人在前人工作的基础上提出的一个聚合性构念，是指个体在复杂多变的职业环境中获得工作、保有工作以及做好工作的能力。就业力不仅是关于找工作的能力，更是不断发展的知识、技能和个人品质，使得个体在一生中保持可就业性。就业力可以通过学校和社会生活中的教育、训练和锻炼得到提升。早期的就业力研究和实践主要聚焦于在校学生，目标在于培养具有较高就业力、可就业的毕业生。例如，澳大利亚的阿德莱德大学就提出，要把学生就业力的提升整合进大学教育的每一个部分。[①] 事实上，就业力对于那些已经离开学校并经历了求职挫折（没找到工作或失去工作）的年轻人更重要。而且，早在20世纪80年代，布瑞尔在研究失业者再就业的过程中就提出了“再就业力”的概念。[②] 因此，在对失业青年的支持和援助工作中，就业力不仅是一个有用的概念，而且应该是一个终极性的工作目标。可以认为，抗逆力是就业力的核心能力基础，而就业力是抗逆力在就业和失业语境中的具体表现。

对于失业青年而言，要形成这种转变能力，首先，需要培养主动性。研究发现，主动性可以提高感知控制，[③] 获得控制感的欲望以促使个体减少不确定性，产生走出不利处境的强大动力，并自觉设立目标和行动路

---

① About employability [EB/OL]. [2021 - 01 - 26]. https://www.adelaide.edu.au/employability/about-employability.

② BRIAR K H. Unemployment: towards a social work agenda [J]. Social work, 1983, 28 (3): 211 - 216.

③ ASHFORD S J, BLACK J S. Proactivity during organizational entry: The role of desire for control [J]. Journal of applied psychology, 1996, 81 (2): 199 - 214.

线。就求职和就业而言，具有主动性的倾向可以帮助个人通过增加就业信心和求职强度获得更多的面试和录用机会。而非主动性的倾向常常表现为因为环境或他人的压力而不是因为自己想做而进行求职活动，结果会导致求职活动中的拖延，反复拖延会增加求职中的绝望感。①

其次，要培养失业青年的学习能力。包括获取并分析信息能力在内的学习能力为转变提供了必要的条件。在求职和就业方面，学习尤其是从失败和挫折中学习是走出失业状态所不可缺少的能力。两位研究人员把 109 名求职者随机分为三组：第一组是学习导向小组，主要训练他们把求职视为从错误中学习的机会，并设定学习目标以提高他们的求职技能；第二组是绩效导向小组，小组成员被鼓励注重与他人竞争，并在求职中表现出色；第三组是对照组。在进行了一段时间的训练之后来对比三个小组的求职意向、求职行为和再就业状况，结果发现，关注学习目标的情境有利于求职过程，导致更多的求职意向、更多的求职行为和更高的再就业概率，第一小组的成员比其他两组的人更有可能在试验结束后 8 个月内重新就业。② 这一研究说明，关注学习目标因而提升了学习能力的人更可能应对失业的挑战并走出失业困境。

最后，为确保转变过程的顺利进行，还需要提升失业青年的自我调节能力。不仅失业状态本身伴随着巨大的压力，求职过程同样不会一帆风顺。除了单调乏味之外，求职过程中还有持续的焦虑、担心以及因被拒绝而产生的挫折感。正因为如此，一些研究发现，越是花更多时间和精力努力求职的人，其心理健康水平越低。③ 因此，在高度自主性和不确定性的求职过程中需要进行自我调节，包括对自我的情绪、求职动机的动态管

---

① SENÉCAL C，GUAY F. Procrastination in job-seeking：An analysis of motivational processes and feelings of hopelessness [J]. Journal of social behavior and personality，2000，15 (5)：267 – 282.

② HOOFT E V，NOORDZIJ G. The effects of goal orientation on job search and reemployment：A field experiment among unemployed job seekers [J]. Journal of applied psychology，2009，94 (6)：1581 – 1590.

③ MCKEE-RYAN F，SONG Z L，WANBERG C R. et al. Psychological and physical well-being during unemployment：A meta-analytic study [J]. Journal of applied psychology，2005，90 (1)：53 – 76.

理。研究发现，这种自我调节能力会影响到求职强度和求职持久性，进而影响求职成功与否。①

四、失业青年的资本培育

研究者很早就指出，失业是一种剥夺，不仅会带来经济收入的损失，也会来带心理和社会资产的流失。② 而资本的培育在某种意义上可以弥补这些损失。在对失业青年进行社会工作干预时，资本的培育与认知改变和能力培养相比更容易把握，这或许与“资本”更为有形和具体有关。这里的资本主要包括人力资本和社会资本。

人力资本是指影响一个人获得职业并影响其职业发展和成就的一系列个性因素，通常包括教育背景、工作经验、工作技能以及内在的认知能力、情商等。在众多的人力资本因素中，教育背景和工作经验被认为与职业机会获得以及职业发展的关系最为密切。

对于失业青年而言，参与各种形式的教育和培训是人力资本培育的重要方法。当前，随着互联网技术的发展和互联网的普及，在线教育和培训方兴未艾，带来了众多便利。例如，为了促进非洲失业青年再就业，Google 公司与 Livity Africa 合作开发培训课程，并且还提供了专门的在线学习网站。③ 社会工作者可以推动失业青年积极利用这一发展趋势以提升自身的人力资本。

在今天的工作环境中，工作经验也很重要，因为经验就意味着“可

---

① KANFER R, WANBERG C R, KANTROWITZ T. Job search and employment: A personality-motivational analysis and meta-analytic review [J]. Journal of applied psychology, 2001, 86 (5): 837 - 855.

② JAHODA M. Employment and unemployment: A social psychological analysis [M]. New York: Cambridge University Press, 1982.

③ 佚名．为解决就业，Google 将在非洲为 100 万青年提供免费技能培训 [EB/OL]. [2021 - 02 - 18]. https: //m. sohu. com/a/69288389_114921/.

转移的技能”，为个人提供不同水平的熟练程度和隐性知识，[①] 这一点对未来的雇主非常有吸引力，部分雇主也会根据经验来选择员工。例如，一项调查显示，73.68%的企业对求职者的工作经历提出明确要求。[②] 现实中，工作经验已成为青年人尤其是应届毕业生较难逾越的求职障碍。《上海职工劳动就业状况分析及趋势研究》数据显示，上海劳动力市场招聘岗位对工作经验的要求平均为1.5年。[③] 由于相当一部分失业青年属于“初次求职者”，对他们而言，工作经验正好成为求职过程中的软肋。为此，社会工作者可以推动失业青年参与见习制度、学徒制度、志愿工作等，以积累工作经验来有效地规避这一问题。

求职方法、技能与技巧也可以包含在广义的人力资本中。近十多年来，求职方法的一个重大变化是越来越复杂，互联网作为招聘信息来源的使用也越来越多。当前，除了众多市场化职业中介机构积极打造基于互联网和移动互联网的求职网站和应用程序之外，非营利性的公共就业服务机构也在开发类似的网络工具。例如，上海市人力资源和社会保障局专门建设了“上海公共招聘”网络平台，能够提供365天24小时不间断的公共求职和招聘服务。国外的研究表明，对于那些使用互联网寻找工作的人来说，再就业速度并没有明显优势，这可能是因为现在大多数求职者在使用这种工具。[④] 尽管有这一发现，但互联网作为一个主要的求职工具，个人在互联网上能找到的工作数量大大超过了传统的求职渠道。因此，如何利用互联网来求职也应纳入对失业青年的培训工作，对于那些无法利用互联网的困难青年还应提供特别援助。

此外，随着用人单位对职业技能的重视，很多年轻人在求职时因为缺

① LUBIT R. Tacit knowledge and knowledge management: The keys to sustainable competitive advantage [J]. Organizational dynamics, 2001, 29 (3): 164 - 178.

② 张坚．从公共职介角度对城市失业青年就业问题的研究：以静安区为例 [D]．上海：上海交通大学，2008：22.

③ 陆晓文．上海近4成失业者为“啃老族” [N]．社会观察，2008 (10)：51.

④ FOUNTAIN C. Finding a job in the internet age [J]. Social forces, 2005, 83 (3): 1235 - 1262.

乏与岗位要求相匹配的实践技能而碰壁。在上海进行的一项调查显示，52.78%的企业要求应聘者拥有相关的职业技能证书，46.03%的企业表示会因为员工技能不足而在合同期满后不再与其续签合同。[①] 当前这一趋势有增无减。新近调查发现，41.4%的市场用人需求对技术等级和职称有明确要求，其中，对技术等级有要求的占26.4%，对专业技术职称有要求的占14.7%。[②] 德国多年来一直是欧盟青年失业率最低的国家之一，其秘诀之一就在于高度重视职业教育和青年的技能训练。这一经验愈来愈受到国际重视。例如，为了解决日益高企的青年失业问题，南非政府于2011年4月推出的第三期《国家技能发展战略》提出，新的五年计划要尤其关注青年失业者。除加大对教育、培训工作的投入外，还要在培训中做到实践与理论并重，提高高中以上文化程度青年的劳动技能，培养更多的科技精英和熟练工人。[③] 2013年在名为"增长与就业"的欧盟夏季峰会上，欧盟计划投资160亿欧元，支持教育培训国际交流项目，侧重提高青年人的技能。[④] 就具体的青年技能培训项目而言，一些计划强调政府、企业等多方的合作。例如，2013年法国推出了"代际合同"计划，这一计划由政府推动和资助，让失业年轻人与企业中的老职工结对签署为期3年的工作合同，一方面帮助失业青年找到一份工作，另一方面让年轻人传承老一辈的专业知识与技能。[⑤] 与之类似，上海一些地区也推出了"拜师带徒"项目，由热心企业推荐行业内优秀人才当"师傅"，对失业青年进行"一对一"带教，以提升他们的职业技能。[⑥] 与正在接受教育和培训的青年不同，失业青年要么缺乏专业知识与技能，要么具有的知识、技能与岗位需

---

① 张坚．从公共职介角度对城市失业青年就业问题的研究：以静安区为例［D］．上海：上海交通大学，2008：22.

② 李心萍．劳动力市场活跃度回升［N］．人民日报，2020－08－11（2）.

③ 张建波．南非 培训青年劳动技能［N］．人民日报，2013－06－26（22）.

④ 张亮，刘歌．欧盟欲治青年失业顽疾［N］．人民日报，2013－06－29（3）.

⑤ 邢雪．法国"代际合同"促进青年就业［N］．人民日报，2013－07－24（22）.

⑥ 孙璐，陈栋渊．助"宅男宅女"重燃梦想：上海实施"启航"计划助失业青年走出"三重门"［J］．中国人力资源社会保障，2013（6）：16－18.

求不匹配。因此，社会工作者除了要开发技能培训项目并推动失业青年参与之外，还要关注就业市场对技能的要求及其变化情况。

近年来，为帮助失业青年提升就业力，涌现出了一批创新性、综合性的培训项目。例如，发源于上海市杨浦区的“青年就业训练工场”就是一个取得较好成效的项目。“青年就业训练工场”由杨浦区人力资源和社会保障局与上海巴伐利亚职业技能培训学校于2014年合作创建。该训练工场采取全真模拟人力资源公司的方式，让失业青年、未就业的应届毕业生以及其他就业困难群体进入工场担任各种职业角色，处理各种工作任务，从而学习真实工作环境中所需的各种职业知识与职业技能，还开展各种职业指导与培训，最终目标是提升参与者的自主就业能力，实现稳定就业。该工场创办之后取得较好效果，参与活动的失业青年3个月内首次就业率能达到80%左右。① 这种就业训练工场的模式已经在上海市多个区得到推广。除了采取“360度全景实训”的方式帮助青年人积累人力资本之外，该模式还有一个隐性的功能，即通过小组的方式完成团队工作，锻炼了成员团队合作、社会交往的能力，这间接地有利于培育失业青年的社会资本。

社会资本是可以给个体带来所需资源的社会关系。② 一个人的社会资本与其社会关系网络紧密相关，在具体的研究中，关系网络往往也是衡量个体社会资本的指标。

来自关系网络中他人的鼓励、支持和帮助是提升失业青年抗逆力的重要资源。沃尔什甚至更直接地强调：“人际关系是个人抗逆力的生命线”③，支持性的人际关系不仅是帮助个体对抗压力、走出创伤和逆境的外在保护因子，还会影响个体遗传性的内在保护因子（即个体特质）能

① 佚名．“就业训练工厂”创求职培训“上海速度”［N］．工人日报，2020-08-31（1）．

② 赵延东，罗家德．如何测量社会资本：一个经验研究综述［J］．国外社会科学，2005（2）：18-24．

③ 沃尔什．家庭抗逆力［M］．朱眉华，译．上海：华东理工大学出版社，2013：13．

否出现以及能否发挥作用。研究已经证实，社会支持有利于在失业期间获得物质上的帮助和精神上的鼓励，进而降低失业带来的负面影响，增强对压力的吸收能力和适应能力。同时，社会支持还能影响失业青年的自我价值以及面对未来和挑战的态度。

对于失业青年抗逆力建设而言，社会资本更重要的意义或许在于其对转变能力的影响，也就是说，社会资本对于个体的求职和就业有着直接帮助作用。早在20世纪60年代，格兰诺维特（Mark Granovetter）等社会学家就发现，社会资本尤其是非正式的关系网络在找工作时发挥着特殊重要性。近年来，世界各地的实证研究继续证明了这一点，关于求职和再就业成功的研究已经发现，是否拥有一个由朋友、亲戚、同学、以前的同事以及其他熟人组成的庞大且理想的社会关系网络非常重要。

首先，通过社会网络可以获取信息和支持、帮助。研究已经发现，在职业环境中，信息和影响力为个人提供了获得职业的机会，是实现职业抱负的关键因素。[①] 一个人的社交网络成员可能会提供关于可用工作的信息。其次，社会支持影响求职过程。例如，坎弗等人发现，社会支持与求职者的求职强度正相关。[②] 最后，社会支持也会影响到就业的质量。一方面，通过社会支持和关系网络找工作可以实现信息对称，因而更有利于人与职位的匹配；另一方面，社会资本对获得工作后的工作报酬具有正向的独立影响。一些研究发现，通过关系网络找到的工作与获得更高的工资有关。[③] 此外，求职者对通过关系网络找到的工作往往具有更高的满意度。

2001年进行的一项研究发现，社会资本对下岗钢铁工人的高质量再

---

① PORTES A. Social capital: Its origins and applications in modern sociology [J]. Annual review of sociology, 1998, 24: 1－24.

② KANFER R, WANBERG C R, KANTROWITZ T. Job search and employment: A personality-motivational analysis and meta-analytic review [J]. Journal of applied psychology, 2001, 86 (5): 837－855.

③ MOUW T. Racial differences in the effects of job contacts: Conflicting evidence from cross-sectional and longitudinal data [J]. Social science research, 2002 (31): 511－538.

就业的贡献甚至比特定的职业培训还要大。① 因此，研究者建议，对失业青年而言，培育和积累社会资本是非常有意义的。具体而言，社会资本与关系网络的规模和网络强度有关，因此，要培育失业青年的社会资本也可以从这两个维度入手。

第一，帮助失业青年提高自己的社会交往能力，尤其要避免失业和求职受挫后的自闭倾向，例如，避免沉溺于网络游戏、避免形成手机依赖、避免酗酒等。虽然社会支持和关系网络很重要，但很多失业者在这方面存在困难和障碍。一些人的人际网络薄弱，在求职过程中不知道如何与朋友、家人和熟人联系和沟通。因此，社会工作者可以开展培训或者设计相关的项目来提升失业青年的社会交往能力和技巧。

第二，帮助失业青年搭建社会交往的平台。在失业青年支持和援助的工作实践中，社会工作者可以利用学习、培训、见习、志愿工作等集体活动的机会，促进青年的相互交往。同时，利用与社区、学校、企事业单位协作的机会，推动搭建更多的社交平台。

第三，在帮助失业青年建构关系网络时，需要注意避免他们进入过于同质化的群体，因为过于同质化不利于他们的就业和在其他方面的发展。研究已经发现，关系网络中男性较多的女性能够比那些关系网络中男性较少的女性获得更多的工作机会。② 对美国黑人工人的研究也发现了类似的问题，因为内城区的黑人工人主要依赖于一个孤立的、同质化的、贫困程度更高的社会网络来求职，结果反而限制了他们的工作机会。③ 在社交媒体流行的今天，这一问题尤其值得注意，社会工作者要鼓励失业青年加入

---

① ZIPPAY A. The role of social capital in reclaiming human capital: A longitudinal study of occupational mobility among displaced steelworkers [J]. Journal of sociology and social welfare, 2001, 28 (4): 99 - 119.

② BELLIVEAU, M A. Blind ambition? The effects of social networks and institutional sex composition on the job search outcomes of elite coeducational and women's college graduates [J]. Organization science, 2005, 16 (2): 134 - 150.

③ MOUW T. Racial differences in the effects of job contacts: Conflicting evidence from cross-sectional and longitudinal data [J]. Social science research, 2002 (31): 511 - 538.

不同的群体，吸收多元化观点，避免产生“网络回音室”效应。

本章从实务操作的角度把失业青年抗逆力建设内容分为认知改变、能力培养和资本培育三个方面。正如对抗逆力的“互动过程”视角所强调的，促进抗逆力的各种保护因子之间存在彼此互动关系。同样，把抗逆力建设内容分为三个方面是从实务操作和分析写作的角度进行的，事实上，三个方面是相互关联，同时也是相辅相成的。例如，支持性人际关系（即社会资本）是提升自尊和自我效能感的重要因素，反过来，认知改变也有利于个体更积极地投入到人际关系建构中去。因此，实践当中，失业青年抗逆力建设需要综合地考虑这三个方面，以共同提升对失业冲击和压力的吸收、适应和转变能力。

第七章

社会工作介入失业青年抗逆力建设的实践路径

CHAPTER 7

要取得失业青年抗逆力建设的实际成效，在明确了抗逆力建设的基本内容之后，还需要探讨社会工作介入的实践路径和具体方法。只有遵循可行的路径、运用切实的方法与技巧，才有可能通过社会工作实务的开展，提升失业青年的抗逆力，帮助他们走出失业的不利处境。本章借鉴社会工作实务的三大直接方法，结合失业青年群体的特点，提出个案、小组、家庭和社区等几种工作方法。

一、个案方法

个案方法原指由社会服务的个案管理者（也称个案经理、个案管理员）整合各类服务和资源以满足单个案主需求的社会工作方法和过程，这一方法被广泛地应用在多个领域中。

在传统的就业服务中，个案方法是最常用、最经典的方法。当前，个案方法在青年就业支持和援助服务中的地位日益突出。例如，上海市从1997年开始探索建立职业指导专业化以来，在各级就业促进机构设立专职的职业指导师。目前，全市共有专职职业指导师150余名，这些职业指导师的主要工作就是提供“一对一”的求职和就业指导服务，据统计，截至2020年年底，上海市全市职业指导师共提供“一对一”就业指导咨询服务11 530人次。[①] 近年来，为推动长期失业青年的就业工作，上海市又专门设立了“启航导师”计划，除了专职的职业指导师之外，还聘请共青团干部、企业人事部门工作者、专家学者等担任“启航导师”，与长期失业青年结对提供“一对一”的就业指导与帮助。[②] 虽然职业指导师和“启航导师”都不是专业的社会工作者，但这种“一对一”指导的工作方法体现了个案工作的精髓，也取得了一定的成效。在专业社会工作方面，从2004年开始，上海市阳光社区青少年事务中心承接政府购买服务，向

---

① 佚名. 本市职业指导师队伍已达150余人，七成为资深指导师，职业指导线上线下持续赋能[EB/OL]. [2021-09-28]. http://rsj.sh.gov.cn/tsj_17090/20201222/t0035_1396983.html.

② 孙璐，陈栋渊. 助“宅男宅女”重燃梦想：上海实施“启航”计划助失业青年走出“三重门”[J]. 中国人力资源社会保障，2013（6）：16-18.

失业青年提供就业支持服务，而个案工作是服务的主要形式之一。[①]

个案管理的一般流程包括下列环节：（1）建立关系，取得案主信任、明晰角色及期待；（2）评估，即评估案主的知识、能力和态度，找出障碍因素；（3）计划，即通过与案主及相关人士的协商，明确目标与行动路线；（4）获取资源，即对内发掘案主内在资源，对外促进案主与外部资源的连接；（5）协调，即处理各种关系；（6）结案，即评估成果，结束关系。[②]

林桂碧则把就业服务中的个案管理流程简化为“开案”“服务”与“结案”三个阶段。“开案”阶段包括需求评估和拟定处遇计划；“服务”阶段则根据案主的不同情况分别提供不同服务内容，如表10所示；“结案”阶段需对案主的情况再次进行评估，有些还需要进行“移案”处理，即转介至其他服务机构。

表10　个案管理“服务”环节的工作内容

<table>
<tr><td rowspan="11">服务</td><td rowspan="8">尚未做好就业准备</td><td>职业心理测验</td></tr>
<tr><td>就业促进研习</td></tr>
<tr><td>安排深度就业咨询</td></tr>
<tr><td>短期安置</td></tr>
<tr><td>创业辅导</td></tr>
<tr><td>职业训练咨询与推介</td></tr>
<tr><td>就业咨询</td></tr>
<tr><td>（转介）社会福利、卫生医疗机构或专业心理治疗</td></tr>
<tr><td rowspan="3">做好就业准备</td><td>找寻工作机会</td></tr>
<tr><td>介绍参与面试</td></tr>
<tr><td>追踪面试结果</td></tr>
</table>

资料来源：林桂碧．社会工作与就业服务：个案管理于就业服务之运用［J］．辅仁社会研究，2012（2）：81－120.

① 蔡忆．论青年就业服务领域中社会工作的介入：以上海市阳光社区青年事务中心的实践为例［D］．上海：复旦大学，2007：28－30.

② BALLEW J，MINK G. Case management in social work［M］. Springfield：Charles C. Thomas Publisher，1996.

这一工作模式对“就业准备”状态进行了区分，但简化了“关系建立”环节，把失业者寻求就业服务看作一个自然而主动的过程；与此同时，个案管理的主体着眼于一般性的就业服务内容，在信息媒介之外，虽然也涉及心理咨询和技能辅导，但没有关注失业者的能力发展问题。

根据失业青年的群体特征以及抗逆力建设的一般理论，本书认为，使用个案方法进行以抗逆力为中心的失业青年就业支持和援助工作时要经历“关系建立”“抗逆力需求评估”“抗逆力建设计划制订”“抗逆力建设方案实施”“一般性就业服务”“结果评估与结案”等六个阶段，下面主要对前四个阶段进行介绍。

第一步是个案管理者与失业青年建立关系。首先要意识到，这个过程不会自然而然地完成。失业青年有可能自主前来寻求帮助和服务，也可能由学校、社区或就业服务等其他机构转介而来。还有部分失业青年要么不知道如何求助，要么可能因挫折、气馁、自闭而趋向放弃求职，甚至转向尼特族。这种情况下，社会工作者可以经由相关工作的开展或者失业青年家庭的请求而主动与失业青年接触并动员其参与。这一点也能体现社会工作的价值，因为一般就业服务工作遭遇的困境之一就是部分失业青年求职意愿不强。当前，我国高度重视青年就业工作，一些政府和非政府机构也开发了一些失业青年支持与援助项目，但青年对这些项目的知晓度和参与度不够，此时，社会工作者可以发挥与失业青年联系紧密的优势，动员和促成他们参与这些项目。在上海的“启航计划”中，为了引导“宅”在家中的长期失业青年走出家门，一方面，社区机构、社会工作机构组织上门动员；另一方面，利用年轻人爱好上网的特点使用网络、多媒体等新潮服务把青年们“引出家门”。[①] 在实务工作中，有时还需要采取一定的策略动员失业青年参与相关活动并激发他们的求职动力。

---

① 孙璐，陈栋渊．助“宅男宅女”重燃梦想：上海实施“启航”计划助失业青年走出“三重门”[J]．中国人力资源社会保障，2013（6）：16－18．

26 岁的小 Z 本科毕业后就一直在家打游戏。父母亲退休了，工资都比较低，为了补贴家用，母亲出去做清洁工。但小 Z 不仅不心疼母亲，反倒理直气壮。如何让小 Z 走出家门成了件父母忧心的事情。江厦街道天封社区工作人员李缇红首先想到邀请小 Z 的同学帮忙劝说。“年轻人之间好说话一点。”一位在金融机构工作的高中同学接下了这单“业务”，在一番叙旧之后，他热情地邀请小 Z 去他单位看看，还约了小 Z 去参加社区活动。见小 Z 渐渐开朗起来，李缇红马上给他介绍了两份临时工作：先是去一家工地整理资料，然后去了一家药房当营业员。其间她还安排一名药剂师跟小 Z 结对，不时给些思想引导。小 Z 终于体会到了工作的艰辛，对自己“啃老”的行为也有所愧疚。李缇红说，现在小 Z 已经找到适合他的工作，在淘宝上开店卖游戏装备，每个月能有 2000 多元的收入，再也不用“啃老”了。①

在这个案例中，案主的同辈群体——同学在动员其参与就业援助项目中就发挥了关键的作用。因此，在实务工作中，社会工作者首先可以利用能对案主产生影响的“重要他人”的帮助来进行动员。其次，在建立关系的过程中，取得失业青年的信任非常重要。个案方法常常依赖长期的关系，如果缺乏信任，个案工作则难以开展。因为失业青年往往把失业经历视为一种“失败”，再加上失业的污名化，为了获取信任，社会工作者在与失业青年交往的时候尤其要注意展露对失业青年的尊重并维护其自尊心。最后，要让失业青年完整地理解项目的目的和目标，避免因为误解而影响关系的建立。例如，香港地区政府通过与非政府机构的合作向失业的年轻人提供旨在提升其求职技能的就业支持项目，但一些无业年轻人认

① 钱奕男. 宁波社区社会组织传播正能量　让啃老族自食其力［EB/OL］.［2021 - 09 - 15］. http：//news. cnnb. com. cn/system/2013/12/25/007943414. shtml.

为，这些项目的目的是禁止他们上街，结果项目遭到抵制。[①]

第二步是案主的需求评估。这是个案工作有效开展的关键。个案工作的优势是针对案主的特定情况提供个性化的服务，而每一个失业青年的情况都可能是不同的，有些人知道如何求职以走出困境，而另外一些人则不知道如何开始，因此，确定案主的现状以及需要通过社会工作服务加以改进的地方是后续工作的基础。需求评估可以通过个案管理者与案主的对话和沟通来进行，也可以使用评估表、量表等工具进行精确的测量。在上海市浦东新区，人力资源和社会保障局与专业公司合作专门开发了一款“青年就业导航快线”软件，其功能之一就是对失业在家的年轻人进行“职业兴趣”“职业能力”和“就业行为”分析。这一在线软件不仅可以让失业青年方便地对自身情况进行评估，也为后续的心理和行为干预提供了精确的依据。[②] 艾弗森提出以工作为中心的评估方法。社会工作者与案主一起对工作和就业动态进行情境化的评估，主要内容包括：原生家庭对教育和工作的态度和价值观；教育经历；工作经历；未来的目标；关于工作的网络和信息来源；工作场所中的冲突和歧视经历；与工作相关的身体能力和残疾；个人与家庭问题等。[③] 一些研究者还开发了针对一般再就业者的需求评估清单，例如，明尼苏达大学的万伯格等人开发了一个求职者需求评估清单。这份在明尼苏达州使用的调查问卷要求求职者指出他们的失业状态、求职目标和求职努力情况，除此之外，问卷还涉及对“求职方法”“求职技巧与信心”“压力与担忧”“主要障碍与支持”等几个项目的评估。[④] 这份清单虽然不是专门针对失业青年而设计的，但也可以借

① LIANG Jianqiang, NG G T, TSUI M, et al. Youth unemployment: Implications for social work practice [J]. Journal of social work, 2017, 17 (5): 560 – 578.

② 佚名. 陆家嘴打造“青年就业导航快线”[EB/OL]. [2021 – 09 – 26]. http://sh.wenming.cn/pudong/pd_jcxx/201412/t20141219_2355823.htm.

③ IVERSEN R R. Occupational social work for the 21st century [J]. Social work, 1998, 43 (6): 551 – 566.

④ WANBERG C R, ZHANG Z, DIEHN E W. Development of the “getting ready for your next job” inventory for unemployed individuals [J]. Personnel psychology, 2010, 63 (2): 439 – 478.

鉴用于评估失业青年的现状和需要改进的地方，让失业青年以及社会工作者等助人专业者明确需要进一步努力的方向。在以抗逆力为中心的失业青年支持与援助方案中，除了对失业青年进行一般的需求评估之外，还需要进行抗逆力的专项评估。目前，关于个体一般性抗逆力的评估已经出现很多相对成熟的专业量表，个案管理者可以加以运用。同时，还可以使用感知压力量表、社会支持量表等评估失业青年的压力、社会支持等情况。

第三步是抗逆力建设计划制订。在明确了案主现状和需求的基础上，就可以制订抗逆力建设计划。具体的计划因人而异，主要建设内容包括认知转变、能力培养和资本培育三个方面。例如，在认知改变方面，可以从积极应对、乐观主义与幽默感、正向思考、现实主义等方面辅导案主改变自己对失业问题的看法以及通过时间结构调整、行为控制等生活上的改变迈出积极的一步。

第四步是抗逆力建设方案实施。在个案工作中，各项抗逆力建设计划的实施和落实主要依赖咨询和辅导的形式进行。计划的最终目标是实现失业青年的抗逆力提升并顺利就业，因此，就业状况是结果评估的重要标志，同时也可以进行抗逆力等指标的测量，以作为结案的辅助标准。

下面我们来看一则案例。

小K于2017年6月从某大学公共事业管理专业毕业，时年22岁。毕业时试图报考公务员，但没有通过考试。待业两个月后通过人才市场找到了一份进口食品公司销售助理的工作，主要从事进口葡萄酒的大客户销售及市场开拓工作，由于业务不熟加上不善言辞，自觉无法胜任这一职位，工作两个月后辞职。此后半年陆续有过几次求职经历，但都被拒。在此期间也曾计划通过自学考取教师资格证，但计划未能有效执行，最后不了了之。从2018年上半年开始小K就“闷”在家中，不愿出门，放弃求职，整天以睡觉、打游戏和刷手机度日。小K的家境一般，父亲是公交车司机，母亲在一家大型超市担任理货员，一家三口住在一套50余平方米的老公房中。小 K 失业后，与父母关系紧张，父母希望他外出工作挣钱，但小 K 无动于衷，从一开始的争辩到后来的置之不理，父母也无可奈何。由于长期作息不规律及缺乏锻炼，小 K 身体虚弱，1.7 米左右身高，体重近 100 公斤，视力严重下降，佩戴 800 度近视眼镜。

2020 年 7 月，小 K 母亲所在的超市倒闭，失业在家。所在街道认定小 K 及其母亲为“就业困难人员”，决定向他们提供就业援助。经街道办事处和社区工作人员劝说动员，小 K 同意接受就业支持和援助，因而被转介至社会工作机构并接受社会工作者 S 的个案服务。

经过前两次的面谈，社会工作者了解了小 K 的基本情况，双方建立了基本的信任关系。在此过程中，社会工作者发现小 K 有一定的就业意愿，但经过前面几次的求职挫折，他丧失了自信，于是选择了逃避。虽然退缩在家，但其心中焦虑不安，所以通过沉溺于游戏和上网来“麻醉自我”。

随后对小 K 进行了抗逆力需求评估。经过交谈和分析后，小 K 的就业动机被激发出来，就业意愿逐渐变得强烈，甚至说：“只要有单位要我，不是那种根据业绩提成的工作，我都可以做。”虽然如此，小 K 也存在很多需要改善的弱项：一是失业带来的压力较大。虽然小 K 似乎沉溺于打游戏和上网，但这种逃避行为正是其应对压力的一种方式。二是缺乏自信，认为自己是“双非”大学毕业、专业不热门，再加上长期失业经历，他自认为不太可能找到工作了。三是职业定位不清。因为失业近三年，同时与社会存在一定的脱节现象，小 K 对就业市场情况缺乏了解，对自身情况认识不足，所以没有明确的求职目标。四是求职方法和技巧欠缺。没有接受过求职方法和技巧的训练，缺乏自信让其求职尤其是面试过程中容易紧张。大学毕业后的几次求职失败的经历也间接表明其求职方法和技巧需要改进。五是人力资本薄弱。虽然接受过高等教育，但没有突出的技能。同时，缺乏工作经验也是一大软肋。六是社会支持不足。小 K

的家境一般，除了社区和街道办事处之外，很少有外界力量关心他的就业问题。长期失业在家、社交退缩，同学、朋友也逐渐疏远。

在明确了小 K 的现状和需求的基础上，社会工作者为其制订了抗逆力建设计划。具体措施包括以下几个方面：一是建立积极应对模式。通过咨询和交流，让其能正面失业的现实并理解失业是当代社会中每个人都可能遇到的生活事件，然后进行失业的归因，分析导致自身失业的原因。二是压力管理与应对。通过个人咨询活动传授压力管理方法与技巧，建议通过重建时间结构、从事家务劳动、与父母及同学或朋友的交流来缓解压力。同时制订锻炼瘦身计划并积极实施。三是培养积极的情感，通过言语鼓励、分析自身优势和长处、回忆过去的成功经历来培养自信和自我效能感，让其树立对求职的乐观心态。四是调整认知，明确职业目标。社会工作者通过提供劳动力市场信息并分析小 K 自身情况，建议小 K 重点关注物流、电子商务等现代服务业相关初级管理岗位如行政专员、人事专员、行政人事助理等。五是提升求职方法和技巧，通过阅读相关书籍、参加相关讲座培训，系统学习求职方法并锻炼面试技巧。六是进行专业学习，积累人力资本。建议小 K 复习大学专业知识，并学习人力资源管理资格考试的相关科目，争取两到三年内通过考试获取相关资格证书。七是拓宽社会交往，积极与同学、朋友联系，参加聚会等社交活动并向同学、朋友表达就业意愿，寻求他们的支持与帮助。

抗逆力建设计划从 2020 年 8 月初开始实施。社会工作者每两周与小 K 见面一次，提供咨询服务、督促计划的执行并推荐其参加求职方法培训讲座等。通过努力，小 K 的生活逐渐回归正轨，每天早起跑步健身，三个月后成功减重 10 公斤；打游戏习惯戒除，能够协助母亲从事家务劳动；求职信心确立，重新制作了简历并积极参加招聘活动。至 2020 年 12 月，小 K 共获得 4 次面试机会。前 3 次失败后虽然受到一定打击，但小 K 能够联系社会工作者交流求职及面试过程并能够理性分析失败原因。最终，小

K 通过了第 4 次面试，被一家快递公司录用为人事助理。(IA002)[①]

这一案例中，社会工作者主要采用个案方法对青年失业者小 K 提供了就业支持与援助服务。与公共就业服务以及一般的社会工作服务不同，以抗逆力为中心的就业支持与援助服务关注的焦点是失业青年的抗逆力建设与提升。在本案例中，社会工作者在需求评估基础上通过与案主的协商制订的干预计划主要聚焦于抗逆力建设的三个方面：认知转变、能力培养和资本培育。例如，积极应对模式和积极情感的建立都是着眼于认知转变，即通过案主对失业、自身以及求职看法的改变来影响其对压力的吸收、对失业状态的适应以及为积极的转变做准备。同时，上述过程中通过行为的改变、时间结构的重建、自信心和自我效能感的提升也间接培养了案主的吸收、适应和转变的能力。而制订学习计划并实施、学习求职方法与技巧以及拓宽社会交往面等则是通过人力资本和社会资本的培育来增强案主的抗逆力。最终，案主的抗逆力得到提升，能够吸收失业带来的压力，在失业状态下回归生活正轨，并能识别和实现职业机会，最终实现再就业，达到了“积极转变”的目标。

这一案例也说明失业青年抗逆力建设可以遵循“我是”“我能”“我有”的模式。[②]“我是”解决认知问题，进而推动行为改变；“我能”关注能力提升，而“我有”聚焦于资本培育。实务工作中，个案社会工作者可以根据这一模式设计具体的抗逆力建设方案和方法。

个案方法的优势在于可以为案主提供量身定制的个性化支持和服务，事实上，这也是社会工作实践的支柱。在就业支持和援助领域，既往的实践也证明了这种量身定制的服务的价值。艾弗森发现，在美国的“从福利到工作”计划中，那些提供密集的、长期的个性化服务的项目往往能

① 这一案例来源于对 GA 机构社会工作者 S 的访谈，略有改写。

② 李开敏，陈淑芬．受暴妇女的充权：社工复原力训练及督导之整合模式［J］．应用心理研究，2006（32）：183－206.

够获得成功，即有助于案主获得工作、保有工作以及增加收入。[①] 在香港地区，政府与非政府组织签订合同，向青年人提供职业培训和就业辅导。这些项目大都由注册社会工作者担任个案经理并联合专业培训人员共同帮助不合格的年轻人获得必要的工作技能，同时提供个性化的职业指导和咨询，以克服就业障碍。对 1000 名参与者的研究显示，这些项目取得了相当积极的成果，例如，50% 的参与者获得了雇主提供的在职培训；63% 获得了在职培训后的工作机会；73% 成为工资获得者。[②]

需要注意的是，个案方法也对担任个案管理者的社会工作者提出了更高的要求。一方面，担任个案管理人员的社会工作者需要更多的职业指导和职业咨询方面的知识和技能、更多关于劳动力市场状况的最新信息，以及在与雇主合作方面有更大的灵活性。另一方面，要坚持“人在环境中”的理念，要关注人类行为与环境背景的交互作用，把获得工作和保有工作都看作一个过程，在此过程中综合开展认知转变、能力培养和资本培育等工作。

二、小组方法

小组方法是在社会工作者的策划和协助下，两个以上的受助对象结成小组，通过活动的开展和同伴支持，以达到目标的社会工作方法。小组方法在就业支持和援助中的应用已有一定历史，早期的小组方法常常以求职工作坊、工作俱乐部、支持小组等名义开展活动。

小组工作追求不同的目标，早期的小组项目一般是以失业者的健康尤其是精神健康为导向的。此外，一些小组项目关注失业者的社会功能恢复。例如，瑞典的一批研究者对一组失业女工提供了一种干预，目的是通

---

① IVERSEN R R. Occupational social work for the 21st century [J]. Social work, 1998, 43 (6): 551 –566.

② LIANG Jianqiang, NG G T, TSUI M, et al. Youth unemployment: Implications for social work practice [J]. Journal of social work, 2017, 17 (5): 560 –578.

过各种课程和咖啡会议来刺激她们结构化的日常活动，以恢复和维持她们因失业而丧失的时间结构和社会参与等潜在的功能。① 然而，无论是以精神健康还是以社会功能为目标的小组工作都没有取得显著的成就，这可能是因为解决失业问题及其衍生影响的最佳方法是找到一份令人满意的工作。这也导致了以就业为导向的小组方法的出现，这种方法约略可以归为小组工作中的发展模式，因为它追求成员共同目标的实现。

关于小组工作的过程有不同的观点，但毫无疑问，小组工作开展的前提是形成具有一定凝聚力和团体动力的集体。在目前的就业促进工作实践中，形成小组的常见方式是城市社区或街道委托社会工作机构为辖区内的失业青年提供团体的就业支持与援助，因而往往以行政区划为单位，通过政府基层组织和社区组织动员相关失业青年来参加。对于组织者而言，这种方式的优势在于节约成本，提升就业支持与促进工作的效率。对于社会工作者而言，这种方式也省去了组建小组和招募成员的麻烦，但劣势在于小组是建立在行政动员的基础上，成员的意愿不一定能得到充分的尊重。然而，无论小组如何形成，在初始阶段，社会工作者的核心任务是带领成员相互认识，形成信任感和团队氛围，然后设立小组的目标和行动路线。为达成这一阶段性目标，可以借鉴小组工作的一般方法与技巧。

小组形成之后，可以依托小组开展就业教育和培训工作。为了顺利实现就业的目标，失业青年们往往需要求职方法和技巧方面的知识。在小组工作中，可以开展求职方法和技巧的辅导、学习，例如，如何准备和修改简历，如何搜索职位信息，如何在面试中管理外表、表情和语速等。与个案工作不同，以小组的方式开展这些教育和培训活动可以节约成本、提升效率。

小组工作还可以发挥成员相互支持功能。失业青年往往具有相似的背

---

① BRENNER S O, STARRIN B. Unemployment and health in Sweden: Public issues and private troubles [J]. Journal of social issues, 1988, 44 (4): 125－140.

景和经历，也面临同样问题的困扰，让他们结成小组，相互交流和沟通，可以分享信息、建议和情感支持。小组内的相互分享和支持可以有效缓冲压力。两位研究者进行了一项著名的失业压力管理干预实验。干预的目的是寻求管理失业者求职过程中的压力，具体包括五个方面的内容：理解和评估压力、管理思考、强化自身、获得控制以及规划提升压力管理。为了观测实验效果，除了实验对象之外，还设立了一个控制组。在实验开始时进行的问卷调查显示，实验组和控制组成员的压力水平相似，但随着时间流逝，控制组成员的压力水平逐渐超过实验组成员。研究者认为，实验组成员之所以能够有效管理和应对压力，一个重要的原因在于他们可以定期参与工作坊，在工作坊中他们可以分享彼此的挫折和关切，而这一分享本身就有利于对压力的缓冲和吸收。①

除了常规的教育、治疗、支持和成长的功能之外，小组工作也有利于抗逆力的建设。众多有关抗逆力的研究也报告：同辈群体是促进抗逆力的重要资源，因为年轻人可以与同辈群体谈论困难、相互激励和相互帮助，进而发展出积极的社会认同并提升社会接纳感和价值感。这些保护因子都有利于促进抗逆力的生成，最终有利于人们吸收压力、适应失业状态并积极转变。莱弗（John Rife）和贝尔彻（John Belcher）进行了一项研究以检验工作俱乐部为表现形式的小组干预方法的效果。他们选取了 26 名失业者参与工作俱乐部项目，俱乐部的主要活动是向这些失业者教授和强化求职技巧和能力，同时开展活动让成员进行相互支持并相互分享工作线索。此外还设立了 26 名失业者组成的控制组，控制组没有参与工作俱乐部。在 13 周内所有参与者接受了 4 次访谈，结果显示，小组干预是非常有效的，12 周之后，65% 的实验组成员找到了新工作，而控制组中只有

① MAYSENT M, SPERA S. Coping with job loss and career stress: Effectiveness of stress management training with outplaced employees [M] // Job stress intervention. Washington D. C.: American Psychological Association, 1995: 159 - 170.

27% 的人找到了新工作。同时，实验组成员报告的抑郁水平显著低于控制组成员。[①] 在广州，小组活动是社会工作机构实施政府购买就业服务的服务手段之一，具体的小组活动形式多样，但最终目的都是提升小组活动参加者的就业竞争力。[②] 上海的社会工作机构也积极利用小组工作的方式开展失业青年的就业支持服务工作，除了一般的任务小组、教育小组之外，一些机构还针对失业青年心理压力大、社会资本薄弱的特点举办“治疗小组”和“支持小组”活动。[③]“治疗小组”可以提升失业青年的情绪控制能力，而“支持小组”有利于帮助他们培育和积累社会资本，两个小组都有利于促进失业青年的抗逆力建设。

在发达工业化国家的积极劳动力市场政策中，小组方法经常被运用。例如，瑞典 2000 年推出的“行动保证”计划把长期失业者以及可能会面临长期失业的人分为 10 ~ 15 人的小组，然后参与全日制的活动如求职、接受教育或者其他常规的积极劳动力市场政策项目。[④] 除了小组工作自身的优势之外，这样做也有利于节约干预的成本，按 2005 年统计，瑞典每个月有近 45 000 人参与这一计划。

在就业领域，协助失业者组织起来创办企业可以视为一种特殊的小组方法——行动中的小组模式。这种方法直接推动了就业目标的实现，因为企业创办起来之后，参与者就有工作了；同时，在创办和运营企业的过程中，参与的成员可以相互分享、协作和支持，实现小组工作的目标。近年来，为应对青年失业压力，韩国政府大力推广“合作社”创业模式，并先后通过了《合作社基本法》和《支援合作社发展条例》，鼓励失业青年

---

① RIFE J，BELCHER J. Assisting unemployed older workers to become reemployed：An experimental evaluation［J］. Research on social work practice，1994，4：3－13.

② 郑艳秋. 广州市政府购买就业服务研究：以 A 区 B 街为例［D］. 广州：暨南大学，2016：19.

③ 蔡忆. 论青年就业服务领域中社会工作的介入：以上海市阳光社区青年事务中心的实践为例［D］. 上海：复旦大学，2007：30.

④ KÖHLER P A，THORÉN K H，ULMESTIG R. Activation policies in Sweden：“something old，something new，something borrowed and something blue”［M］//Bringing the jobless into work? Experiences with activation in Europe and the US. Berlin，Germany：Springer，2008：274.

们以合作的方式抱团创业。[①] 实践中，这种行动中的小组模式常常与社会企业结合在一起。社会企业是一种特殊类型的企业，其目标并非追求自身利润的最大化，而是希望通过企业的运营帮助解决社会问题、增进公众尤其是弱势群体的福利。例如，我国香港地区的社会工作机构和社会工作者创办了一些社会企业，为包括失业青年在内的弱势群体成员提供了就业机会。其中一家美发店就是由社会工作者协助创立的社会企业，它专门招募刑满释放的无业青年。这些青年加入这家美发店后，不仅拥有了一份稳定的工作，而且可以学习理发、美发技能以及管理企业的知识。[②] 最终，这些年轻人不仅提升了人力资本，而且增强了自信并拥有了较好的同事关系，可谓一举多得。与之相似，英国也重视社会企业在解决青年失业问题中的积极作用。例如，伦敦有一家名为“十五”餐厅的社会企业，每年接受18名失业青年作为学徒，向他们提供为期一年的厨师培训。这些年轻人在培训期满之后要么留下工作，要么去其他餐馆就业，或者自己开办餐馆，从而解决失业问题。[③] 从抗逆力的视角来看，失业青年参与这一社会企业后，无论是认知方面，还是能力和资本方面，都得到了提升，因此，也可以说他们的抗逆力得到了增强。在运用小组工作方法为失业青年提供就业支持的过程中，社会工作者可以学习、借鉴这些模式。

三、家庭方法与社区方法

很多年前，研究者们就注意到，失业的影响不仅局限于失业者本人，还会波及其家人。例如，社会传染理论认为，失业不仅是一个个体的事

---

① 万宇．韩国　合作社开辟新天地［N］．人民日报，2013－06－07（13）［2022－07－18］．http：//www. people. com. cn/24hour/n/2013/0607/c25408－21768093. html.

② LIANG Jianqiang，NG G T，TSUI M，et al. Youth unemployment：Implications for social work practice［J］．Journal of social work，2017，17（5）：560－578.

③ 汪震．英国推行社会企业让社会获利［N］．人民日报，2011－10－20（21）．

件，其压力还会传染给关系亲密的人。[①] 而鲁克（K. Rook）和加泰罗尼（R. Catalano）等建立的压力传递模型认为，丈夫的失业压力会传递给妻子，提高了妻子的压力症状水平。[②] 事实上，失业会对家庭产生影响，而家庭也会影响到失业者及其对失业的应对。家庭方法就是以失业者的家庭为单位来开展干预和支持，从而提升失业者抗逆力并帮助其实现就业目标的工作方法。

实践中，家庭工作方法可能会以不同形式开展，但它们共同的特点是以失业者的整个家庭作为介入和干预的对象。例如，在芝加哥大学家庭健康中心与当地一家社区机构联合举办的失业应对项目中，失业者家庭成员也会被邀请一起参加工作坊活动。[③] 在我国上海，基层政府和社会机构创办的“家长课堂”本质上也是一种解决青年失业问题的家庭方法。早在2007 年，由于意识到青年失业与家长及家庭环境有着紧密的关系，上海市五角场镇就开展了针对失业青年家长的“家长课堂”活动。通过把失业青年家长请入“课堂”开展培训和指导，以改变家长的就业意识和就业观念来促进失业青年的就业。[④] 此后，这一活动形式得到推广。当前，“家长课堂”活动会邀请失业青年与其家长共同参与，除了常规的就业、创业辅导、培训之外，还会促进失业青年与家长的沟通、交流，为顺利实现再就业创造和谐的家庭氛围。

有关抗逆力的众多研究已经揭示，家庭也在个体抗逆力建设和提升中扮演了重要的作用。兰德公司对美军服役人员的研究显示，家庭层面的情感联系、沟通、支持、亲密性、养育方式和适应性都是促进军人抗逆力的

---

① LIEM R，LIEM J H. Psychological effects of unemployment on workers and their families［J］. Journal of social issues，1988，44（4）：87－105.

② ROOK K，DOOLEY D，CATALANO R. Stress transmission：The effects of husbands' job stressors on the emotional health of their wives［J］. Journal of marriage and family，1991，53：165－177.

③ 沃尔什．家庭抗逆力［M］．朱眉华，译．上海：华东理工大学出版社，2013：179.

④ 李蕾．助青年就业 先辅导家长［N］．解放日报，2007－07－09（7）.

重要因素。[①] 对南非青年抗逆力的研究也发现，父母角色、养育方式、家庭凝聚力等家庭层面的因素是促进抗逆力的保护性资源。[②] 就年轻人而言，在他们遭遇失业危机时，家庭可以提供金钱、物资、住所以及安慰和鼓励等众多的物质和情感支持。显而易见，这些支持可以促进他们对压力的吸收和适应，也为他们的转变提供了能量，因此，家庭支持是促进失业青年抗逆力的重要保护因子。

此外，家庭自身的抗逆力也值得重视。沃尔什认为，家庭如何遭遇和管理破坏性的经验、缓冲压力、有效地重组以及对于生活追求的再投资会影响所有成员的适应过程。[③] 林东龙通过对我国台湾地区口腔癌存活者的质性研究发现，家庭的支持有利于帮助存活者形成和发展抗逆力，进而有效应对患癌带来的压力和变化。[④] 孙颂贤认为，伴随着社会工作的积极性转向，可以把危机与保护因子并重的家庭抗逆力作为家庭治疗实务工作者的“施力点”，通过专业工作者的介入，启发和协助家庭展现抗逆力，以有效地应对压力。[⑤] 具体而言，这种视角强调，家庭本来就具有因应压力的潜能，在家庭面临压力和困难时，不仅要帮助家庭去除引发困难的危机因素，还要启发家庭发掘其所具有的克服困难的积极因素。

对失业青年而言，家庭工作的开展可以从以下几个方面进行。首先，以家庭为着眼点，重视家庭需求。根据社会学和社会工作的基本假设，人的行为总是由其生活的环境所塑造，家庭是形塑个体行为的最重要、最直接的环境。要理解失业青年的行为、态度和境遇，离不开对其家庭的了

---

① MEREDITH L S, SHERBOURNE C D, GAILLOT S, et al. Promoting psychological resilience in the U. S. military [M]. California: Rand corporation, 2011: 21.

② THERON L C, THERON A M C. A critical review of studies of South African youth resilience, 1990 - 2008 [J]. South African journal of science, 2010, 106 (7/8), 11 - 18.

③ WALSH F. Strengthening family resilience [M]. New York: Guilford Press, 2015: 118.

④ 林东龙. 从男子气概分析男性口腔癌存活者的韧性形成过程 [J]. 台大社会工学作刊, 2014, 30: 139 - 186.

⑤ 孙颂贤. 寻找协助家庭的施力点：危机与保护因子并重的家庭韧性观点 [J]. 应用心理研究, 2008, 39: 4 - 7.

解。社会工作者不能不假思索地接受社会大众对失业青年的一般看法，认为他们缺乏就业能力、没有就业动力，而应考虑到他们可能居于弱势地位、缺乏资源或者存在家庭压力。因此，以家庭为中心的服务模式要评估失业青年家庭整体的情况和需求。其次，促进家庭成员的沟通，创造和谐乐观的家庭氛围。沃尔什指出，相互尊重的家庭能够减少失业成员的污名和羞耻感。① 同样，家庭成员的支持，无论是物质上的还是精神上的，都能减轻失业青年的压力和焦虑。同时，要注重家庭乐观氛围的培育，可以构建“家庭快乐时光”，激发幽默感和欢笑。再其次，协助家庭发掘其长处和潜力。要引导家庭成员去发现他们的长处和优势，鼓励他们直面问题并主动努力地去解决可以做好的问题，通过一点一滴的积累，增强整个家庭成员的信心，去迎接挑战并逐步改变现状。最后，以家庭为单位，开拓支持性资源。对于那些需要更多帮助的家庭，社会工作者也可以链接资源，为他们提供必要的支援。

家庭方法有时又被称为“家庭治疗”，这是因为早期的家庭方法倡导者，无论是结构学派、策略学派还是米兰学会，关注的焦点都是家庭的“病态”和“机能失调”，而且他们把自己视为“医生”，不仅能够凭借自身的专业学识判断出“病因”，也能够依靠对家庭成员的控制和直接改变来消除症状。② 但抗逆力取向的家庭方法并未承袭这一路线，相反，与其他优势视角一样，抗逆力取向的家庭工作方法放弃了“专家式”“医疗式”做法，转而强调要创造一个有利于家庭潜能和优势发挥的环境，然后促使生活在其中的家庭自行解决所面临的问题。

下面我们来看一则案例。

案主 M，中等职业学校电子商务专业毕业，毕业后想从事与电商相关

① WALSH F. Strengthening family resilience [M]. New York: Guilford Press, 2015: 160.

② DAVIES M. 社会工作概论 [M]. 朱道凯，苏采禾，译. 台北：群学出版有限公司，2005：197－207.

的工作未果，受到一定打击。后从事物流公司客服工作一年，但因公司部门调整而离职。M的父母学历都不高，父亲曾失业数年，后在社区保安队工作，母亲在一电子厂工作。得知K失业后，父母压力很大，每天都催M赶紧找工作，M的压力更大了，用她的话来说就是："本身压力就很大，父母还整天输出压力，给人的感觉好像天塌下来一样。"M失业一个多月后，父亲骑电动车摔倒骨折，被迫在家休息。家庭矛盾逐渐尖锐，父母责怪M不好好找工作，抱怨家底子不厚，没有多少积蓄，养不起闲人等。父母和M以及父母之间经常为一些小事争吵。M索性不找工作了。后M母亲求助于街道助业服务所，社会工作者介入。

了解了M的情况及其家庭状况后，社会工作者借鉴家庭治疗模式中的"关注解决方案的短期疗法"，把干预目标设定为"鼓励家庭认识到他们的能力，通过自身的努力解决M的失业问题"。首先，缓解家庭压力与焦虑。停止家庭成员之间的相互责备和争吵。告诉家庭成员如果某种方式不能解决家庭面临的问题，就不要去做它。相互的责备和争吵对于解决失业问题无益，只会让整个家庭陷入恶性循环。其次，进行家庭叙事，鼓励M回忆自己以往所取得的成绩，也鼓励M的父母一起回忆。例如，通过这种家庭叙事活动，发现M虽然初中学习成绩不理想没有顺利考上高中进而读大学，但她动手能力强，初中时获得过"创意手工制作大赛"一等奖；虽然不善交际，但能够与人很好地合作。再其次，召开家庭会议，分析规划。了解了M还是想从事电子商务相关的职业后，社会工作者提醒其注意电子商务行业发展更新很快，因此鼓励M通过学习更新知识来提升相关职业技能。根据家庭会议的协商，M一边在家照顾父亲，一边进行有关电子商务运营的学习和培训工作。最后，寻找资源。经过社会工作者的协调，M前往街道助业服务所寻求帮助，表达了学习和技能培训的愿望，经助业服务所介绍，M被街道所在区举办的"青年创新创业训练工作坊"吸纳为成员，参加每周两次的训练活动。3个月后训练结束，M获

得了“优秀学员奖”，并被成功推荐至一家日本户外产品公司中国分公司从事电子商务运营助理工作。(IA001)

“关注解决方案的短期疗法”看重的是“鼓励家庭认识到他们的能力，而不是从寻找并且治愈病症这样的治疗框架入手”。[①] 如同上述案例所显示的，实践中，抗逆力取向的家庭方法最关键的两步是“发掘家庭潜能”和“发展家庭抗逆力”。在发掘家庭潜能时，社会工作者需要坚定的信心和信念，“即使是在最麻烦的家庭中，也能找到成员擅长的领域，并放大成为自豪感和成就感的来源。当我们鼓励家庭成员去发展可能性和培养技能而不是关注其局限性时，我们的治疗才最为有效”[②]。虽然也可能会帮助受助的家庭链接资源，但这种资源更重要的是对抗逆力培养的促进作用，而不是直接帮助家庭解决问题。

中国文化对家庭的重视也可以被利用来激发抗逆力。中国人有很强的家庭观念和家庭荣誉感，梁漱溟指出，中国人“所努力者，不是一己的事，而是为了老少全家，乃至为了先人为了后代。或者是光大门庭，显扬父母；或者是继志述事，无坠家声；或者是积德积财，以遗子孙。这其中可能意味严肃、隆重、崇高、正大，随个人学养而认识深浅不同。但至少，在他们都有一种神圣般的义务感。在尽了他们义务的时候，睡觉亦是魂梦安稳的”[③]。这种文化对失业青年抗逆力建设可以起到正向作用，例如，对于家人的爱与责任、对家庭和/或家族声誉的重视、感恩惜福等观念可以用来激发失业青年的求职积极性和对希望的坚持。然而，需要注意的是，虽然大量研究揭示了家庭支持的积极功能，但也有研究发现，家庭支持可能会带来负面影响，这在集体主义取向的中国文化环境中尤为明显。例如，一项针对我国香港地区癌症患者与家庭支持的研究发现，家庭

---

① 沃尔什．家庭抗逆力［M］．朱眉华，译．上海：华东理工大学出版社，2013：290.
② 沃尔什．家庭抗逆力［M］．朱眉华，译．上海：华东理工大学出版社，2013：290.
③ 梁漱溟．中国文化要义［M］．上海：上海人民出版社，2005：78.

的支持能提升癌症患者的社会心理状态，但家人高度的关切、尽心的照顾也可能会造成患者心理负担和情感困扰加重。研究者认为，在重视家庭以及集体主义取向的中国文化环境中，病患认为家庭整体的福祉比个人福祉更重要，因此，当其感觉自己获得的家庭照顾多于自己对家庭的贡献时就会引发自责、愧疚等心理负担并可能对家人的照顾产生消极反应。[①] 这一研究提醒我们，在向失业青年提供家庭支持帮助其发展抗逆力时，要注意支持的方式，同时也要关注失业青年的心理感受，避免其把“失业”归因为自己的过错而产生过度内疚、自责等额外的心理负担。事实上也有不少这样的案例，一些年轻人，尤其是大学毕业生，在求职或创业受挫后，因为担心自己“辱没家声”“连累家人”而选择闭门不出、沉溺网络或游戏。

在家庭之外，社区也是人们日常生活的空间。作为一种典型的社会工作方法，社区方法强调通过动员社区成员的集体行动以形成合力来解决社区面临的问题并促进社区发展。作为个人生活的物理环境和社会单元，社区状况也会影响成员个体的生活、福祉及问题的解决。

同样，个体抗逆力也会受到社区层面因素和资源的影响。例如，兰德公司的研究认为，归属感、凝聚力、联系和集体效能感等社区因素也是培育军人抗逆力的保护因子。[②] 琳达·塞隆和亚当·塞隆回顾了 1990—2008 年发表的 23 项有关南非青年抗逆力的研究，发现其中 18 项都提及社区层面存在有利于抗逆力的保护性资源，具体包括社区氛围、安全感、舒适感、归属感、动员力、集体活动参与机会等。[③]

---

① CHAN W C H, EPSTEIN I, REESE D, et al. Family predictors of psychosocial outcomes among Hong Kong Chinese cancer patients in palliative care: Living and dying with the “support paradox” [J]. Social work in health care, 2009, 48 (5): 519 – 532.

② MEREDITH L S, SHERBOURNE C D, GAILLOT S, et al. Promoting psychological resilience in the U. S. military [M]. California: Rand corporation, 2011: 22.

③ THERON L C, THERON A M C. A critical review of studies of South African youth resilience, 1990 – 2008 [J]. South African journal of science, 2010, 106 (7/8): 11 – 18.

对失业青年而言，为了提升他们的抗逆力并帮助他们实现再就业，首先，可以通过社区工作的开展构建尊重失业者的“社区文化”，避免加重失业的污名。研究发现，社区构成情况和社区文化会影响到失业者的精神健康状况。例如，特纳提出了一种三向交互作用，表明失业对心理健康的影响在低失业地区最强，特别是在具有大学教育水平的个体中。虽然社会经济地位较低的工人和失业率较高环境中的失业者的经济负担更大，但社会地位较高的失业者和失业率较低环境中的失业者由于更倾向于把失业归因于自己的缺陷，因而承受着更大的压力。相反，普遍失业的背景减少了与失去工作有关的责备和社会污名的内在化。① 这一发现被称之为“社会规范效应”，即随着总失业人数的增加，一个人自身的失业表现与社会规范的偏差较小，因此，在大规模裁员的情况下，失业对社会心理健康的影响可能较小。②“社会规范效应”的存在说明社区背景和社区文化可以影响失业者的压力状况和压力感知，这也意味着，可以通过社区文化的建设来降低失业的污名化，从而降低失业者受到的伤害。

其次，可以发掘社区资源，为失业青年构建社区支持网络、积累社会资本。社区由众多家庭和成员组成，这本身就是一个资源宝库，运用得当，可以为青年就业提供支持与帮助。在上海市静安区临汾街道，有一位居民邵先生曾担任劳务公司负责人，他不仅熟悉找工作和求职的众多事项，还在就业领域拥有庞大的私人关系网络。2010 年在该街道组织的青年就业沙龙上，街道办工作人员动员其成立一个公益性的就业服务机构，以整合资源来帮助街坊邻里解决失业青年的就业问题。邵先生答应了这一请求，随后成立了“安吉乐助业服务所”。③ 安吉乐助业服务所成立之后，

---

① BRAND J E. The far-reaching impact of job loss and unemployment [J]. Annual review of sociology, 2013, 41: 359-375.

② CLARK A, KNABE A, RATZEL S. Boon or bane? Others' unemployment, well-being and job insecurity [J]. Labour economics, 2008, 17 (1): 52-61.

③ 丁敏. 社会组织参与失业青年就业援助项目研究：以 A 助业服务所就业援助项目为例 [D]. 上海：上海师范大学，2020：17.

调动退休居委会干部、老支部书记等社区内外的资源，在失业青年就业支持与援助方面作出了不菲的成绩。截至 2019 年，该服务所共提供助业服务 25 290 人，岗位累计推荐 29 100 人次，成功就业上岗 5340 人次。[①]

最后，通过社区共同努力，可以开发支持失业青年的项目，甚至直接开发出工作岗位。例如，社会工作者可以与社区、当地学校以及当地社会服务组织合作开展职业指导和技能训练活动，这种活动可以让多方受益。青年人可以增加人力资本和社会资本，雇主可以获得丰富的招聘资源，而社区则可以避免失业、失学青年引发的社会问题。此外，在当地劳动力市场缺乏足够机会的情况下，可以开发社区服务计划，提供工作岗位，同时鼓励失业青年从事志愿工作、服务社区。例如，法国就有“区域作业方案”，通过中央政府和地方社区共同筹资，开发整理社区环境、整理校园、参与社区老年人照护等工作岗位，招募社区失业青年任职。这样青年人能够获得一份有薪工作，同时社区需求也得到了满足。[②] 在广州，社会工作机构为一街道开发出具有高度灵活性的“时分券”项目。针对该街道存在众多残疾、低保等无业、失业人员的现实，这一项目鼓励这些人员从事一些力所能及的社区公益服务，根据服务的时长奖励“时分券”，这些奖券能够兑换生活用品等物质奖励。[③] 此举虽然并非仅针对失业青年，但社区可以借鉴过来开发类似项目，这样不仅可以满足失业青年的基本生活需要，还可以激发失业青年的就业动机，增强其抗逆力。

四、需要注意的问题

针对青年就业支持和援助的社会工作实践是一个较新的领域。艾弗森

---

① 江跃中．探索“数字助业”静安模式 2019 年第六届中国助业研讨会召开［N］．新民晚报，2019－07－26（4）．

② 孙光德，董克用．社会保障概论［M］．北京：中国人民大学出版社，2008：204．

③ 郑艳秋．广州市政府购买就业服务研究：以 A 区 B 街为例［D］．广州：暨南大学，2016：15－16．

提出，为了介入失业与就业领域，社会工作者需要扮演很多新的角色，如职位开发人员、工作教练、就业顾问、留任支持人员、工作安置顾问等。[①] 这也意味着在这一领域工作的社会工作者需要具备很多与就业相关的知识与实践技能。就知识储备而言，社会工作者除了要具备青年社会工作的一般知识之外，还需要了解劳动力市场发展、就业政策演变以及相关的社会救济、社会保障等方面的知识。在能力方面，协调与协作能力非常重要，为了帮助青年解决失业问题，社会工作者需要与学校、政府机构、各类企业、决策者、非政府组织合作，还需要具备更大的灵活性以顺利地与潜在的雇主合作。

为了推动以抗逆力为中心的青年就业支持与援助工作，社会工作者需要具备抗逆力建设的知识与能力。首先，社会工作者要转变视角，要从“问题”视角转向“优势”视角，避免接受“失败”“颓废”“不争气”“低能”“适应力差”“啃老”等对于失业青年的负面看法，转向关注对失业青年优势和潜力的发掘。其次，要增强社会工作者自身的抗逆力。在助人的过程中，社会工作者自身也会经受压力和挑战，增强社会工作者自身的抗逆力不仅有利于应对这些压力与挑战，还可以让社会工作者借以提升抗逆力建设的能力。李开敏和陈淑芬提出了社会工作者抗逆力训练的三阶段工作法，[②] 从事青年就业支持与援助工作的社会工作者可以借鉴这一工作法。最后，要为社会工作者提供支持。除了要通过学习、进修充实自己之外，社会工作者也要构建支持性的关系网络，如与同事合作、建立私人情谊等，社会工作机构也应创造和谐及支持性的工作环境。

在以抗逆力为中心的失业青年就业支持与援助工作中，社会工作者除了要遵循一般的社会工作伦理原则外，还要特别注意共情原则和失业污名

① IVERSEN R R. Occupational social work for the 21st century [J]. Social work, 1998, 43 (6): 551 - 566.

② 李开敏，陈淑芬．受暴妇女的充权：社工复原力训练及督导之整合模式 [J]．应用心理研究，2006，32：183 - 206.

问题。

在劳动力市场政策积极转向的大背景下，社会工作者可能被期望与主流话语一致，以促进失业青年顺利找到工作为目标。但在社会工作实践中，社会工作者一定要注意，不要同政策制定者、公众和媒体一样指责失业青年不努力找工作或者不接受一份工作。相反，社会工作者要理解失业者，认识到他们的逃避、退缩、自我封闭也是规避痛苦、抵抗压力、维持自尊的独特方式。因此，社会工作者要坚持共情的原则，特别是对于年轻的社会工作者而言，他们的工作对象很有可能就是他们的同龄人，这一点显得更为重要。

在大多数现代社会，失业都可能被污名化。需要注意的是，社会工作介入失业人员支持也有可能带来衍生的污名效应。历史上曾出现这种情况：一项向汽车工厂失业工人提供的培训项目发现，那些自愿参与的失业工人反而比没有参与的工人更焦虑、更抑郁，研究者认为，这是因为就业培训本身让参与的失业者感受到了“污名”，因而加重了心理负担。① 这说明，失业支持和干预项目可能会让失业者承受压力进而导致他们拒斥这些干预项目。类似地，兰德公司一项有关美军中提升士兵抗逆力项目的回顾性研究发现，“精神健康污名”是影响这些项目实施的一个障碍性因素，因为很多士兵把抗逆力建设项目看作对精神问题的治疗，而他们不希望因此而带上精神问题的“帽子”。为了解决这一问题、鼓励士兵参与，工作人员通过强调这些项目的“建设”特性和“预防”特性以与一般精神问题的临床实践区别开来。② 因此，在实施对失业青年的干预和支持项目时，也要考虑是否存在这种污名效应。如果存在这种情况，就需要在社会工作干预的过程中通过一些策略的应用来规避或最小化污名的影响。例

① DOOLEY D, FIELDING J, LEVI L. Health and unemployment [J]. Annual review of public health, 1996, 17 (1): 449-465.

② MEREDITH L S, SHERBOURNE C D, GAILLOT S, et al. Promoting psychological resilience in the U. S. military [M]. California: Rand corporation, 2011: 52.

如，社会工作者要同潜在的服务对象进行充分的沟通，要强调抗逆力的预防和建设特性。

当前，关于失业问题的研究已从关注失业对生理、心理和行为的负面影响转向更快、更高质量再就业的影响因素和如何对失业者进行有效干预方面，并产生了很多有意义的成果。对社会工作实践而言，当务之急是把这些理论成果转化为可操作、可复制的工作模式。本章讨论了失业青年抗逆力建设的实践路径问题，初步提出了个案、小组、家庭和社区等不同的介入方法和服务模式。经由这些方法和模式，最终希望提升失业青年对失业冲击和压力的吸收、适应和转变能力，从而帮助他们有效应对失业逆境并顺利再就业。

结　　语

在现代社会，就业——也就是获得并从事一份赖以谋生的工作——是处于劳动年龄阶段的人们的立身之本。对于刚踏入社会的年轻人而言，顺利就业还是他们从青少年向成年阶段顺利过渡的关键标志。因此，能否有效应对青年人的失业问题和就业困境对于当事人及其家庭以及整个社区和社会都具有非同寻常的意义。本书主要从抗逆力的视角探讨了社会工作介入青年就业支持与援助的相关问题。

青年失业率高于成年人失业率是世界各国普遍存在的现象。近十多年来，随着劳动力市场的供求不平衡、结构不匹配以及青年就业观念的滞后，再加上偶发性经济社会风险的冲击，中国青年失业现象逐渐显性化。就业竞争和就业压力的加剧又衍生了非正规就业、不充分就业、就业不安全感增加等与就业相关的问题。失业和就业问题的存在给年轻人带来了巨大的压力，不仅影响他们的身心健康，还会改变他们的行为和态度，甚至会诱发一些社会问题。为了应对青年失业及其衍生问题，政府和社会也在积极参与。通过文献回顾可以发现，世界范围内青年就业支持政策总体上经历了由消极的生活保障向积极的就业促进的转变，这突出地表现在发达工业化国家的积极劳动力市场政策的发展演变轨迹之上。同样，中国近年来也实施了就业优先战略和积极的就业政策，高校毕业生、城镇青年等青年群体成为就业支持与援助的重点对象。

虽然社会工作很早就与失业者打交道，但社会工作介入青年就业支持与援助领域的历史并不长。20 世纪后期，随着发达工业化国家“从福利到工作”政策的实施和积极劳动力市场政策的“激活”转向，动员、支持和帮助失业青年和遭遇就业困境的人顺利进入劳动力市场成为重中之重。在此过程中，社会工作发现了其用武之地。社会工作介入青年就业支持与援助服务之后取得了一些宝贵的经验，在此基础上也提出了一些理论见解并总结出相关工作模式，但除了少数例外，这些模式大都着眼于人力资本假设，强调青年的求职指导、职业培训和继续教育，对青年自身的能力建设和能动性发挥关注不足。本书借鉴源自心理学和生态学的抗逆力理论，主张在当代职业环境多变和风险不可预测的背景之下，应对青年失业和就业困境的关键是促进青年的能力建设，而作为对逆境和风险冲击吸收、适应并实现转变的抗逆力不仅是应对能力的核心和基础，也是社会工作参与青年就业支持与援助服务的有效抓手。

社会工作要参与失业青年抗逆力建设，关键要明确抗逆力建设的内容和建设的路径。本书提出失业青年抗逆力的形成要经历压力吸收、积极适应和挑战转变三个阶段，而具体的建设内容可以分为认知改变、能力培养和资本培育三个方面。这三个方面也正是社会工作实务中进行介入和干预的着力点。具体干预时，无论是通过个案、小组还是家庭和社区方法，核心要点都在于在确保保护机制工作的前提下，帮助失业青年培育、积累各种有利于抗逆力的保护因子。

需要说明的是，抗逆力视角关注的是微观层面对失业者的支持和援助，通过失业青年抗逆力的建设帮助他们应对失业挫折和困境，但从宏观层面来看，就业问题更受到经济兴衰和劳动力市场供求关系的影响，而抗逆力视角缺乏这种宏观层面的分析和评判，因此，解决失业和就业问题也需要其他层面的分析和努力。正如沃尔什所提醒的：“我们必须谨慎，不要把抗逆力的概念误用在公共政策上，以免使社会支持的退缩与维持社会不公得以合理化，让人们把成功或失败看成是个人及其家庭能力的强弱问题。因为仅仅依靠增强处于危险中的儿童和家庭的抗逆力来‘战胜困境’

是不够的，我们还必须努力改变他们所面临的现实困境。”① 这同样也适用于青年就业问题。要想帮助青年们有效应对就业压力和困境，抗逆力建设是一个重要的方面，但抗逆力建设并不能代替公共政策方面的努力；不仅如此，公共政策方面的努力也有利于增强个体的抗逆力。

事实上，中国近年来实施的就业优先战略和积极的就业政策都注意到了宏观政策与微观措施的结合。在中国历史上第一个青年发展规划——《中长期青年发展规划（2016—2025 年）》中明确提出要达到“青年就业比较充分”的目标。为此，政府一方面推动青年就业创业促进政策体系的完善，另一方面要求加强青年就业创业服务工作。② 这些服务工作包括积极促进技能培训、强化就业指导、支持实习见习等，此外，还鼓励青年创业、支持新就业形态、零工市场和灵活就业的发展。2021 年 8 月，人力资源和社会保障部提出要对失业青年开展针对性帮扶，未就业毕业生和失业青年是重点帮扶对象。③ 在依托人力资源和社会保障部门的公共就业服务机构开展就业支持和援助工作的同时，一些地方也提出，对于市场化方法和公共就业服务都无法解决的就业困难人员，可以委托中介机构提供专业的就业服务。④ 这不仅有利于在微观层面上强化对失业青年的支持和援助，还为社会工作介入就业服务开辟了通道。

社会工作参与青年就业支持与援助服务具有特殊的意义。首先，社会工作秉持“助人自助”的理念，强调激发失业青年的主体性和内生力量，这不仅有利于应对失业问题，还可以提升再就业的质量，实现稳定的再就

---

① 沃尔什．家庭抗逆力［M］．朱眉华，译．上海：华东理工大学出版社，2013：15.

② 中共中央国务院印发《中长期青年发展规划（2016—2025 年）》［N］．人民日报，2017－04－14（1）.

③ 张维．人社部部署推进高校毕业生就业工作 对失业青年开展针对性就业帮扶［EB/OL］．［2021－09－20］．http：//www.legaldaily.com.cn/Education_Channel/content/2021－09/01/content_8593680.html.

④ 上海市人力资源和社会保障局，上海市财政局，上海市民政局，上海市残疾人联合会．关于进一步做好本市就业援助工作的若干意见（沪人社就发〔2016〕54 号）［EB/OL］．［2021－09－28］．http：//rsj.sh.gov.cn/tjnjygl_17265/20200617/t0035_1389515.html.

业。其次，“助人自助”强调以个人为中心，关注劳动者的健康、福利和生活质量，是切实提升人们获得感、幸福感和安全感的具体举措，也是以人民为中心的发展理念的具体体现。最后，社会工作方法更具成本效益。对青年的就业支持与援助可以通过安置就业、提供公益性岗位等方式进行，但这些做法的成本较高，且不具备可持续性。而社会工作方法强调通过青年自身的改变来寻求应对就业困境的方法，有利于降低政府成本。

社会工作参与青年就业支持与援助服务除了具有帮助解决青年就业问题的实践价值之外，还可以推动“就业社会工作”的发展。

从目前的形势和发展趋势来看，虽然与就业和失业有关的社会工作来源于“职业社会工作”，但其工作对象、工作内容和工作方法都有别于传统的职业社会工作，也与国内的“企业社会工作”有很大不同。创立专门的“就业社会工作”或“失业社会工作”如同“司法社会工作”“医务社会工作”一样，既专注于一个具体的实务工作领域，同时对于社会工作学科和专业的发展也具有深远的意义。

第一，“就业社会工作”有利于拓宽社会工作的服务范围。与传统的职业社会工作仅关注已经被某一组织聘用的就业人员不同，就业社会工作关注与人们的就业、工作以及职业发展相关的各种情况，除了常见的失业、求职和工作保有之外，它还会关注非正规就业、不充分就业、工作贫困以及与各种新就业形态相关的问题。同时，从社会工作实务角度来看，“就业社会工作”可以超越“职业社会工作”局限于工作组织的樊篱，可以与学校社会工作、家庭社会工作、青少年社会工作、戒瘾社会工作交叉融合。例如，可以与学校社会工作结合，对在校的青少年开展求职指导和失业预防工作；也可以与家庭社会工作相结合，通过提供就业支持来解决家庭面临的贫困、代际沟通等问题。

第二，“就业社会工作”有利于促进社会工作专业使命的发展。社会工作最核心的使命是帮助那些贫困的、有需要的弱势群体，由于就业和工作对于个体存在和发展的核心意义，失业的、不充分就业的以及低工资、低福利的人处于社会竞争的不利地位，而帮助他们通过更加充分、更高质量的就业来抵抗贫困、提升福祉正好彰显了社会工作专业的使命。

第三，发展“就业社会工作”可以提升社会工作专业对社会的贡献度。就业社会工作实务的开展不仅可以帮助处于不利地位的就业者和失业者，而且组织也可以从中受益。例如，社会工作者开展的技能培训和工作保有服务可以更好地匹配员工的技能和雇主的需求，从而提高员工的生产力；此外，由于社会工作者开展的求职培训，雇主可以降低招聘成本和初始培训成本。① 可以看出，这一点继承了职业社会工作对员工和雇主的双重关注的特点，不仅有利于弱势群体，还对组织、社会和经济带来正面效益。

第四，发展“就业社会工作”将使得社会工作专业在解决与就业、失业相关的问题和困境上处于领先地位。随着新技术革命的持续推进和经济结构的深刻调整，失业以及与就业相关的问题越来越多，除了社会工作学科之外，劳动经济学、公共管理学、职业社会学等学科也关注这一领域，但社会工作由于对实务和解决问题的实践能力的强调，不仅能够较多地接触案例，而且在为客户提供服务的过程中可以积累相关知识，磨炼调解、协调和协作的技能，因此可以在解决就业和失业问题上获得优势。在此基础上还可以利用社会工作实务积累的经验开发相应的培训课程，既可以丰富社会工作教育的课程内容，也可以扩展至为雇主、组织管理者、公共管理机构等提供培训和决策咨询服务。

展望未来，随着新技术革命和互联网的快速发展，人类的就业和职业生活将会发生重大变化，不确定性及其带来的就业变动将会进一步增加。巨变之下，泰勒·皮尔逊（Taylor Pearson）甚至警告说：“全职工作将成

---

① IVERSEN R R. Occupational social work for the 21st century [J]. Social work, 1998, 43 (6): 551 - 566.

为未来的危险职业!”[①] 这也意味着频繁的职业变换，尤其是它所带来的摩擦性失业将会成为常态。立于时代潮头的青年们将首当其冲，显然，如何应对这一切是一个严肃而重要的课题。

早在 1993 年，美国精神病理学家和心理学家利夫顿（Robert Lifton）在《变幻无常的自我：碎片化时代的人类抗逆力》一书的开篇就写道："我们感到自己被无法控制的历史力量和社会不确定性所束缚。……我们的行为往往是临时的，或多或少取决于我们的行动……但事实证明，自我非但没有在这些威胁和拉力下崩溃，反而具有惊人的抗逆力。……我们发现自己进化成了一个有很多可能性的自我。”[②] 虽然利夫顿关心的是现代世界——尤其是 20 世纪后半叶的历史环境——对人类心灵的塑造以及人类的防御、适应和回应，但对于充满未知的未来，这一论断同样具有意义。不论就业环境如何变幻，只要形成了抗逆力，我们终究能在不确定性中获取一份安全。显然，提升抗逆力和终身就业力是个体层面应对职业生活变迁的根本之策。

---

① 泰勒·皮尔逊．未来工作：智能时代的竞争力法则［M］．王晓鹂，译．北京：中信出版集团股份有限公司，2018.

② LIFTON R. The protean self: Human resilience in an age of fragmentation [M]. New York: Harper Collins, 1993: 1.

主要参考文献

一、中文文献

白倩如．机构安置少女复原力培育之行动研究［J］．台大社会工作学刊，2012，25：103－155.

班杜拉．社会学习理论［M］．陈欣银，李伯黍，译．北京：中国人民大学出版社，2015.

彼得．泰勒－顾柏．新风险和社会变迁［M］//新风险、新福利．北京：中国劳动社会保障出版社，2010：1.

庇古．就业与均衡［M］．王远林，译．北京：商务印书馆，2017：2.

庇古．论失业问题［M］．包玉香，译．北京：商务印书馆，2014：5.

蔡玉辉．英国早期失业法令及其动因［J］．学海，2007（6）：87－91.

曾群．青年失业与人生转型［J］．社会，2007（1）：141－163.

陈成文，胡桂英．择业观念对大学毕业生就业的影响：基于2007届大学毕业生的实证研究［J］．高等教育研究，2008（1）：46－52.

陈悦琴，蔡明宏，林明杰．建构创业家失败复原力调节机制之研究［J］．管理评论，2014，33（3）：71－92.

陈志成．抗逆力：公务员能力建设的关键［J］．中国行政管理，2005（6）：73－76.

拜斯德伯·达斯古普塔．金融化、劳动力市场弹性化、全球危机和新帝国主义：马克思主义的视角［J］．车艳秋，译．国外理论动态，2014（11）：31－43.

邓希泉，李捷，徐洪芳．中国青年人口与发展统计报告（2018）［J］．广东青年职业学院学报，2018（4）：5－13.

高中建，李鹏军．“新失业群体”就业困境的“抗逆力”介入研究［J］．青少年研究，2011（1）：6－9.

韩克庆．中国就业救助研究报告 2017［M］．北京：中国人民大学出版社，2018：26.

何雪松．叙事治疗：社会工作实践的新范式［J］．华东理工大学学报，2006（3）：7－11.

侯立文．长期失业青年就业状况分析及对策［J］．当代青年研究，2020（6）：77－82.

华智亚．韧性思维、韧性基础设施与城市运行安全［J］．上海城市管理，2021（1）：19－26.

蒋楚麟，杨力超，谢坚，等．抗逆力视角下的“绿色失业群体”研究［J］．贵州社会科学，2018（11）：135－142.

赖德胜，孟大虎，等．中国大学毕业生失业问题研究［M］．北京：中国劳动社会保障出版社，2008：161.

李开敏，陈淑芬．受暴妇女的充权：社工复原力训练及督导之整合模式［J］．应用心理研究，2006，32：183－206.

李宇．生涯低谷中的触底反弹：失业期积极心理资本开发策略［J］．心理与健康，2020（9）：12－13.

廉思．“蚁族”现象研究：问题、借鉴与对策［R］//潘晨光．中国人才发展报告 2010. 北京：社会科学文献出版社，2010：159.

林桂碧．社会工作与就业服务：个案管理于就业服务之运用［J］．辅仁社会研究，2012（2）：81－120.

刘玉兰．西方抗逆力理论：转型、演进、争辩和发展［J］．国外社会科学，2011（6）：67－74.

马永堂．关于就业、失业和不充分就业的国际定义与统计方法［J］．中国劳动，2015（1）：21－26.

泰勒·皮尔逊．未来工作：智能时代的竞争力法则［M］．王晓鹂，译．北京：中信出版集团股份有限公司，2018.

桑伟林，蔡智．改革开放40年来青年就业创业政策演进及其优化研究［J］．中国青年研究，2018（10）：12－18.

申艳娥．正、负性压力情境下教师应对方式的比较研究［J］．心理发展与教育，2004（4）：66－69.

苏超峰，冯克荣．关于开展政府购买精准就业服务的探索实践［J］．四川劳动保障，2018（8）：31.

孙立平．关注“新失业群体”［J］．发展，2004（1）：21.

谭永生．经济新常态对中国青年失业的影响及趋势研究［J］．中国青年研究，2016（9）：105－109.

谭永生．中国高校毕业生失业问题及其治理［M］．北京：中国劳动社会保障出版社，2011：3，17.

王箐．失业率会拖累公众健康吗：基于中国数据的分析［M］．北京：中国金融出版社，2016：159.

威尔逊．当工作消失时：城市新穷人的世界［M］．成伯清，王佳鹏，译．上海：上海人民出版社，2016.

沃尔什．家庭抗逆力［M］．朱眉华，译．上海：华东理工大学出版社，2013.

吴小芳．欧洲福利政策的转型及其启示［J］．学术论坛，2013（1）：96－101.

修晶，李志刚．国外促进青年创业的措施及对中国的启示［J］．青年探索，2006（3）：86－89.

徐章辉．青年失业现状与再就业政策评估研究［M］．北京：中国大百科全书出版社，2005.

杨伟国，苏静．欧洲就业战略：从就业抑制到就业激励［J］．欧洲研究，2005（6）：54－66.

叶至诚．职业社会学［M］．台北：五南图书出版公司，2001.

英克尔斯．人的现代化素质探索［M］．曹中德，等译．天津：天津社会科学院出版社，1995.

张守列．近30年中国青年失业群体分类比较［J］．中国青年研究，2010（11）：28－31.

张淑华．失业人员心理与辅导［M］．沈阳：辽宁人民出版社，2009.

张永汀．中东北非国家变局中的青年问题及对我国青年工作的启示［J］．中国青年研究，2011（8）：25－29.

张再生．中国城市社区就业促进研究［M］．天津：天津大学出版社，2007：2.

赵延东，罗家德．如何测量社会资本：一个经验研究综述［J］．国外社会科学，2005（2）：18－24.

郑丽娇．美国一九九六年“个人责任与工作机会调节法案”之政策论证分析［J］．台湾行政评论，1999，8（2）：181－229.

二、外文文献

ARTHUR M B. The boundaryless career：A new perspective for organizational inquiry［J］．Journal of organizational behavior，1994，15（4）：295－306.

ASHFORD S J，BLACK J S. Proactivity during organizational entry：The role of desire for control［J］．Journal of applied psychology，1996，81（2）：199－214.

BATEMAN T S，CRANT J M. The proactive component of organizational behavior［J］．Journal of organizational behavior，1993，14（2）：103－118.

BELLIVEAU，M A. Blind ambition? The effects of social networks and institutional sex composition on the job search outcomes of elite coeducational and women's college graduates［J］．Organization science，2005，16（2）：134－150.

BONOLI G. The political economy of active labor market policy［J］．Politics and society，2010，38（4）：435－457.

BRAND J E. The far-reaching impact of job loss and unemployment［J］．Annual review of sociology，2013，41：359－375.

BRIAR K H，FIEDLER D，SHEEAN C，et al. The impact of unemployment on young，middle-aged and aged workers［J］．The journal of sociology and social welfare，1980，7（11）：907－915.

BRIAR K H. Unemployment: Toward a social work agenda [J]. Social work, 1983, 28 (3): 211 - 216.

CATALANO R, DOOLEY D, NOVACO R W, et al. Using ECA survey data to examine the effect of job layoffs on violent behavior [J]. Hospital and community psychiatry, 1993, 44 (9): 874 - 879.

CHARLES, K K, MELVIN S. Job displacement, disability, and divorce [J]. Journal of labor economics, 2004, 22 (2): 489 - 522.

COURTENAY G, BANKS M H, ULLAH P. Youth unemployment: Social and psychological perspectives [J]. Applied statistics, 1988, 37 (2): 267 - 268.

CREED P A , MACINTYRE S R. The relative effects of deprivation of the latent and manifest benefits of employment on the wellbeing of unemployed people [J]. Journal of occupational health psychology, 2001, 6 (4): 324 - 331.

EICHHORST W, KAUFMANN O, KONLE-SEIDL R, et al. Bringing the jobless into work? An introduction to activation policies [M] //Bringing the jobless into work? Experiences with activation in Europe and the US. Berlin, Germany: Springer, 2008.

FLEISHER B M. The effect of unemployment on juvenile delinquency [J]. Journal of political economy, 1963, 71 (6): 543 - 555.

FOUGÈRE D, KRAMARZ F, MAGNAC T. Youth employment policies in France [J]. European economic review, 2000, 44 (4 - 6): 928 - 942.

FUGATE M, KINICHI A J, ASHFORTH B E. Employability: A psycho-social construct, its dimensions, and applications [J]. Journal of vocational behavior, 2004, 65 (1): 14 - 38.

GARMEZY N. Vulnerability research and the issue of primary prevention [J]. American journal of orthopsychiatry, 1971, 41 (1): 101 - 116.

HENLEY R. Resilience enhancing psychosocial programmes for youth in different cultural contexts: Evaluation and research [J]. Progress in development studies, 2010, 10 (4), 295 - 307.

HUEGAERTS K, PUIG-BARRACHINA V, VANROELEN C. The mental health of unemployed Brussels youth: The role of social and material resources [J]. Archives of public health, 2017, 75 (1).

ILO. Global employment trends for youth 2020 [R]. Geneva: International Labour Office, 2020.

KÖHLER P A, THORÉN K H, ULMESTIG R. Activation policies in Sweden: "something old, something new, something borrowed and something blue" [M] // Bringing the jobless into work? Experiences with activation in Europe and the US. Berlin, Germany: Springer, 2008.

KORPI T. Accumulating disadvantage: Longitudinal analyses of unemployment and physical health in representative samples of the Swedish population [J]. European sociological review, 2001, 17 (3): 255-273.

KURZMAN P A, AKABAS S H. Industrial social work as an arena for practice [J]. Social work, 1981, 26 (1): 52-60.

LATACK J C, KINICKI A J, PRUSSIA G E. An integrative process model of coping with job loss [J]. Academy of management review, 1995, 20 (2): 311-342.

LAW K S, WONG Chi-Sum, MOBLEY W M. Toward a taxonomy of multidimensional constructs [J]. Academy of management review, 1998, 23 (4): 741-755.

LEANA C, FELDMAN D C. Finding new jobs after a plant closing: Antecedents and outcomes of the occurrence and quality of reemployment [J]. Human relations, 1995, 48 (12): 1381-1401.

LIANG Jianqiang, NG G T, TSUI M, et al. Youth unemployment: Implications for social work practice [J]. Journal of social work, 2017, 17 (5): 560-578.

LIFTON R. The protean self: Human resilience in an age of fragmentation [M]. New York: Harper Collins, 1993: 1.

LUTHAR S S, CICCHETTI D, BECKER B. The construct of resilience: A critical evaluation and guidelines for future work [J]. Child development, 2000, 71 (3): 543-562.

MCDONALD C, MARSTON G. Workfare as welfare: Governing unemployment in the advanced liberal state [J]. Critical social policy, 2005, 25 (3): 374 –401.

MCKEE-RYAN F M, KINICHI A J. Coping with job loss: A life-facet perspective [M] // COOPER C L, ROBERTSON I T. International review of industrial and organizational psychology (Vol. 17), Chichester, NY: Wiley, 2002: 1 –29.

MCKEE-RYAN F, SONG Z, WANBERG C R. et al. Psychological and physical well-being during unemployment: A meta-analytic study [J]. Journal of applied psychology, 2005, 90 (1): 53 –76.

MEREDITH L S, SHERBOURNE C D, GAILLOT S, et al. Promoting psychological resilience in the U. S. military [M]. California: Rand corporation, 2011.

MILLAR J, AUSTIN M. The role of social workers in welfare to work programs: International perspectives on policy and practice [J]. Journal of policy practice, 2006, 5 (2/3): 149 –158.

MORSE N, WEISS R. The function and meaning of work and the job [J]. American sociological review, 1955, 20 (2): 191 –198.

MOUW T. Racial differences in the effects of job contacts: Conflicting evidence from cross-sectional and longitudinal data [J]. Social science research, 2002 (31): 511 –538.

O′HIGGINS N. The challenge of youth unemployment [R]. Geneva: Internatioal Labour Office, 1997.

PATTERSON J, GARWICK A. Levels of meaning in family stress theory [J]. Family process, 1994, 33 (3): 287 –304.

PAUL K, MOSER K. Unemployment impairs mental health: Meta-analyses [J]. Journal of vocational behavior, 2009, 74 (3): 264 –282.

PORTES A. Social capital: Its origins and applications in modern sociology [J]. Annual review of sociology, 1998, 24: 1 –24.

ROETS G, ROOSE R, VANDEKINDEREN C, et al. Reinventing the employable citizen: A perspective for social work [J]. British journal of social work, 2012, 42

(1): 94 - 110.

RUTTER M. Resilience: some conceptual considerations [J]. Journal of adolescent health, 1993, 14 (8) .

SENÉCAL C, GUAY F. Procrastination in job-seeking: An analysis of motivational processes and feelings of hopelessness [J]. Journal of social behavior and personality, 2000, 15 (5): 267 - 282.

SMITH J, PRIOR M. Temperament and stress resilience in school-age children: A within-family study [J]. Journal of the American academy of child and adolescent psychiatry, 1995, 34 (2): 168 - 179.

STRULLY K. Job loss and health in the U. S. labor market [J]. Demography, 2009, 46 (2): 221 - 246.

TARTER R E, VANYUKOV M M. Revisiting the validity of the construct of resilience [M] // Resilience and development: Positive life adaptations. New York: Plenum, 2002: 85 - 100.

TORFING J. Workfare with welfare: Recent reforms of the Danish welfare state [J]. Journal of European social policy, 1999, 9 (1): 5 - 28.

UN. World youth report: Youth social entrepreneurship and the 2030 agenda [R]. New York: United Nations, 2020.

VILLEGAS C. The youth unemployment crisis: Reference handbook [M]. Santa Barbara, California: ABC-CLIO, 2019: 4.

WALKER B, HOLLING C S, CARPENTER S R, et al. Resilience, adaptability and transformability in social-ecological systems [J]. Ecology and society, 2004, 9 (2): 11 - 20.

WALSH F. Strengthening family resilience [M]. New York: Guilford Press, 2015.

WANBERG C R, GLOMB T M, SONG Z L, et al. Job-search persistence during unemployment: A 10-wave longitudinal study [J]. Journal of applied psychology, 2005, 90 (3): 411 - 430.

WANBERG C R, WATT J D, RUMSEY D J. Individuals without jobs: An empirical study of job-seeking behavior and reemployment [J]. Journal of applied psychology,

1996，81（1）：76－87.

WARR P. Work，unemployment and mental health［M］. Oxford：Oxford University Press，1987.

YANAR B，BUDWORTH M H，LATHAM G P. The effect of verbal self-guidance training for overcoming employment barriers：A study of Turkish women［J］. Applied psychology，2009，58（4）：586－601.

后　　记

这本小书的写作和出版比原定的计划要早一些。数年之前，在考虑结束此前的研究问题之时，我开始对就业、失业以及当代社会的职业生活变迁产生兴趣。当前，青年就业面临一定压力，而全球化和新科技革命的深入发展更让未来的就业和工作充满了风险和不确定性，如何应对就业问题并适应职业变迁是一个值得关注的课题。在阅读了相关的文献之后，2020年下半年开始实施初步的调查和访谈，计划以“当代青年的就业与职业变迁”为主题开展系列研究。此后，利用空闲时间完成了部分内容的写作。2020年岁末因另一部书稿的出版计划有变，于是决定先行完成这本小书。因此，整个2021年除了无法推却的教学工作之外，差不多一年时间都花在这部书稿的写作和修改上了。原本期待将前一部书稿的出版作为过去十年工作的休止符，不料此愿难偿，那我愿意视这部书稿为新的起跑线。涉足新的领域，时间又仓促，书中一定存在很多问题与不足，好在这只是一个起点，在未来的征程中会进一步完善和丰富对这一主题的探讨。

虽然只进行了初步的调查和访谈，但接受调查和访谈的人们所分享的经历和故事让我对本书讨论的主题有了更鲜活的感受，谨向他们致以诚挚的谢意！感谢在上海政法学院就读的吴妍同学和邱旭同学，他们协助进行了部分资料的整理和录入工作。还要感谢张凯文同学，她细致地整理了书后的参考文献。

书稿得以完成要感谢上海政法学院政府管理学院的连淑芳教授、汪伟民教授、杜建军博士、闯晓燕老师等领导的支持。也感谢原社会管理学院吴鹏森教授、章友德教授、张可创教授、陈娜博士等领导一直以来的关心和帮助。张可创教授不仅为本书的出版争取了资助，还时时督促指导，其关于心理学的深厚学养和精辟见解每每让我有茅塞顿开之感。今年恰逢我在上海政法学院工作十周年，时光易逝，但曲玉波教授、李爱萍教授等众多同事老师的关爱之情宛如野马浜里的天光云影，永驻我心间。书稿的完成和顺利出版还要感谢知识产权出版社的雷春丽老师，她不仅通过辛勤的编辑工作为本书增色添彩，还通过耐心的协调为我解除了不少后顾之忧。

最后，特别要感谢家人尤其是王芳玲女士的长期支持与默默奉献。这部书稿的写作导致华观涛小朋友损失了很多出游的机会，但他大度地表示可以以后补上，这种对未来的期许让我们都感受到了生活的美好。

华智亚

2021 年 11 月 12 日